国务院发展研究中心研究丛书 2014

丛书主编■李 伟

# 中国企业国际化及全球竞争力

# The Internationalization of Chinese Enterprises and Its Implications for Global Competitiveness

主　编　赵昌文
副主编　张文魁　马　骏

中国发展出版社
CHINA DEVELOPMENT PRESS

**图书在版编目（CIP）数据**

中国企业国际化及全球竞争力/赵昌文主编．—北京：中国发展出版社，2014.8

（国务院发展研究中心研究丛书/李伟主编．2014）

ISBN 978-7-5177-0199-6

Ⅰ.①中…　Ⅱ.①赵…　Ⅲ.①企业经济—国际化—研究—中国②企业竞争—国际竞争力—研究—中国　Ⅳ.①F279.2

中国版本图书馆 CIP 数据核字（2014）第 147923 号

书　　名：中国企业国际化及全球竞争力
著作责任者：赵昌文
出 版 发 行：中国发展出版社
（北京市西城区百万庄大街 16 号 8 层　100037）
标 准 书 号：ISBN 978-7-5177-0199-6
经　销　者：各地新华书店
印　刷　者：北京科信印刷有限公司
开　　本：700mm × 1000mm　1/16
印　　张：18
字　　数：200 千字
版　　次：2014 年 8 月第 1 版
印　　次：2014 年 8 月第 1 次印刷
定　　价：45.00 元

联 系 电 话：（010）68990630　68990692
购 书 热 线：（010）68990682　68990686
网 络 订 购：http：//zgfzcbs. tmall. com//
网 购 电 话：（010）88333349　68990639
本 社 网 址：http：//www. develpress. com. cn
电 子 邮 件：bianjibu16@ vip. sohu. com

DRC

2014

国务院发展研究中心研究丛书

# 编　委　会

## “中国企业的国际化和全球竞争力研究”
## 课题组

**课 题 组 组 长：** 赵昌文

**课题组副组长：** 张文魁　马　骏

**课 题 协 调 人：** 李志能　肖庆文　周　燕

**课 题 组 成 员：** 范保群　王继承　马淑萍　项安波　王怀宇

周健奇　亓长东　周　燕　张永伟　袁东明

孙　飞　郭　巍　袁　东　李霖洁

# 总　序

## 积极发挥智库作用　全力为改革服好务

国务院发展研究中心主任、研究员　李伟

去年11月召开的党的十八届三中全会，掀开了中国改革开放新的篇章，标志着中国进入全面深化改革的历史新阶段，对于全面建成小康社会、实现中华民族伟大复兴的中国梦具有重大而深远的指导意义。

改革的成功，需要正确的方向和可行的方法。过去三十多年的实践表明，中国特色的改革道路，以“三个有利于”为标准，既坚持了正确的方向，又找到了可行的方法。进入新时期的改革，涉及面更为广泛，调整利益格局更加艰难。我们必须以全球视野、战略思维，深化改革理论研究，密切结合世情国情，积极关注社情民意，科学认识全球结构调整和体制变革的方向、趋势，正确认识和把握民众诉求，遵循经济社会发展的规律，提升驾驭改革的综合能力，确保三中全会提出的各项改革任务圆满完成。为此，需要特别处理好理论指导与实践探索、加强党的统一领导与发挥各方创造性、积极果敢与稳妥推进、效率与公平、经济体制改革与社会体制改革等方面关系。

经济体制改革是全面深化改革的重点，其核心是处理好使市场在资源配置中起决定性作用和更好发挥政府作用的关系，而使市场发挥决定性作用是当前改革的主要矛盾方面。当前，我国经济正处在向中高速增长阶段转换的关键期。增长阶段转换表面上看是速度的换挡与调整，但在本质上是增长动力的转换与接续。我国经济能否在一个新的增长平台上良好运行，规模与质量、速度与效益的关系达到一种新的平衡，关键在于切实转变发展方式和着力培育经济增长新动力。

今年以来，我国在经济下行压力加大、局部风险开始显露的同时，结构调整取得积极进展，表现为服务业发展势头良好，消费对经济增长的贡献提高，就业状况不断改善等。这些积极变化也反映了我国经济正在向新常态平稳过渡。在此情况下，我们要充分地认识到改革举措有供给侧和需求侧之分，有见效慢和见效快之别。在抓好相对慢变量重大改革的同时，适当加大需求侧的改革措施，进一步发挥扩需求、稳增长的作用，与促进需求政策形成合力效应，通过换机制、调结构，着力培育增长新动力。

具体而言，近期，应以调整投资结构、稳定投资增速、化解金融风险为重点，积极推进相关重点领域改革和政策调整。如清理规范地方融资平台，推进地方政府合规融资；发挥政策性金融机构对住房和基础设施建设的支持作用；推动资产证券化，盘活存量；做好舆论引导、风险隔离、社会保障等配套工作，积极化解局部风险；与结构性减税政策相结合，积极推进加速折旧；治理产能过剩，推动产业结构调整等等。

中长期，则应把有利于稳增长、调结构、促转型的重大改革放在优先位置。推动以破除行政性垄断、促进竞争为重点的基础产业领域改革，提高非贸易部门的效率；围绕降低企业综合成本，推动土地、金融、流通、知识产权保护等领域改革，增强企业盈利能力，促进企业转型升级；加快服务业的对内、对外开放，破除各种隐性壁垒，形成平等进入、公平竞争的市场环境；适当提高中央政府债务占 GDP 的比重和当年财政赤字率，利用中央政府的负债潜力，加大社会公共服务设施建设，缓解地方政府和企业现实的债务压力。

十八届三中全会通过的《中共中央关于全面深化改革若干重大问题的决定》明确提出：加强中国特色新型智库建设，建立健全决策咨询制度。去年 4 月和今年 1 月，习近平总书记两次对智库建设和国务院发展研究中心的工作作出重要批示，明确指出智库是国家软实力的重要组成部分，要高度重视、积极探索中国特色新型智库的组织形式和管理方式；要求我们要紧紧围绕推进全面深化改革等重大任务，不断增强综合研判和战略谋划能力，提高决策咨询服务质量和水平。

国务院发展研究中心作为直接为党中央、国务院重大决策提供研究咨询服务的智库机构，在过去一年中，紧紧围绕中央的工作中心，牢牢把握为中央决策服务的根本方向，立足全局、突出重点、发挥优势、创新体制，以深入开展党的群众路线教育实践活动为契机，以全面推进“一流智库”建设为抓手，以提高政策咨询研究的质量和水平为重点，坚持中长期重大课题研究与当前经济社会发展热点难点问题研究相结合，完成了一批具有较高政策价值和较大社会影响力的研究成果，推动形成了一系列经济社会发展新政策新举措，为中央决策服务取得了新成绩。

“国务院发展研究中心研究丛书”迄今已是连续第五年出版。五年来，我们获得了各级领导同志和社会各界读者的热情关注与支持。特别是去年的丛书出版后，受到国务院领导同志的高度肯定。这是对我们继续做好工作的重要鼓励与鞭策。

今年的“国务院发展研究中心研究丛书”共 16 部著作。其中：《追赶接力：从数量扩张到质量提升》是国务院发展研究中心 2013～2014 年度的重大研究课题报告，深入分析了中国经济增长方式的转变路径与方法；《中国新型城镇化：道路、模式和政策》、《从城乡二元到城乡一体：我国城乡二元体制的突出矛盾与未来走向》等 10 部，是国务院发展研究中心各研究部（所）的重点课题研究报告；此外，还有《中国电子商务的发展趋势与政策创新》等 5 部优秀招标课题研究报告。

这套丛书是国务院发展研究中心过去一年研究成果的优秀代表，但其中可能还存在着种种不足。衷心期望社会各界提出宝贵意见和建议，帮助我们在建设中国特色新型智库、开创政策研究咨询工作新局面、努力为全面深化改革服好务的道路上不断前进，为实现中华民族伟大复兴的中国梦做出新的更大贡献。

2014 年 8 月 18 日

# 前　言
## Preface

在当前全球化不断深入和金融危机持续演化的背景下，推动中国企业通过国际化提高竞争力，真正融入全球经济体系，具有重大的战略意义和研究价值。

本书是国务院发展研究中心企业研究所承担的2013年中心重点课题“中国企业国际化及全球竞争力”研究的成果。

第一章概括了世界金融危机以来中国企业国际化的最新进展和趋势。从机遇和挑战来看，经济全球化和产业转型继续推动资源在更大范围的流动并产出溢出效应，中国企业具备利用杠杆效应和后发优势的空间。与此同时，中国企业国际化已经并将面临更加复杂的国际环境，面临发达国家安全审查和诉讼日益增多的压力，面临与发展中国家社会和环境方面的冲突事件增多和升级的挑战。忽视文化差异和制度距离、企业核心竞争力不足、国家对外经济政策体系不能适应从“引进来”为主转向“引进来”与“走出去”并重、跨国投资经营的相关研究落后等是当前存在的突出问题。最后，提出了中国企业国际化要坚持包容性和可持续的结合，深化改革和经济转型的结合，“软实力”和“硬实力”的结合等基本原则和一些具体的政策建议。

第二章对中国企业全球竞争力进行评价。首先根据国家竞争力评价体系、企业绩效评价指标体系、企业竞争力评价指标体系和企业国际竞争力评价指标体系等分析框架，构建一个包括国家全球竞争力、规模、盈利、全球成长性、运营效率和跨国化指数为维度的指标体系。然后，着重分析影响企业全球竞争力的规模因素、效率因素、成长因素和国际化因素，综合测算一些领先企业的全球竞争力指数，并将其与行业内的国际标杆企业进行对标分析，为提升中国领先制造企业的全球竞争力提供思路和改进建议。

第三章重点分析了两类国际化因素，即中国企业跨国投资的影响和跨国企业在中国投资的影响。针对企业对外投资能否提高企业全球竞争力的问题，本报告利用可获得数据进行了定量分析和实证检验。外资企业通过推动“中国制造”融入全球产业链的分工体系、培养优秀的本土专业人才、创造双赢的竞争环境、拓展本土企业发展的新思路、激发本土企业自主创新等方式在某种程度上提升了本土企业的竞争力，但本土企业竞争力的提升还需深化合作层次。

第四章强调了如何进一步提升企业的全球竞争力。除了要关注资产、规模、成本等“硬实力”以外，还要着重培育“软实力”，如战略性供应链的管控能力、企业专利数量和质量等。

第五章提出了进一步完善中国企业国际化的体制与政策环境。如中国企业海外投资的监管服务体系、提高国际化人才竞争力的战略和消除企业海外并购的制度障碍等。

第六章以双汇集团并购史密斯菲尔德、集成电路设计产业、船舶工业和新兴制造业等为例，对中国企业国际化的进展和全球竞争力的培育状况进行了分析。

本课题在调研过程中，得到了中华人民共和国商务部、中国美国商会、中国欧盟商会、美国财政部、美国外国投资委员会、国际金融公司（IFC）、GE、中兴通讯等的大力支持，在此一并表示感谢！

# 目　录
Contents

# 第一章
# 包容性和可持续：中国企业的国际化

世界金融危机以后，中国企业的国际化投资经营增长迅猛，而且出现了一些转型升级的趋势。从机遇和挑战看，经济全球化和产业转型继续推动资源在更大范围内的流动并产生溢出效应，中国企业具备利用杠杆效应和后发优势的空间。与此同时，中国企业国际化面临已经并将更加复杂的国际环境，面临发达国家安全审查和诉讼日益增多的压力，面临与发展中国家社会和环境方面冲突事件增多和升级的挑战。忽视文化差异和制度距离、企业核心竞争力不足、国家对外经济政策体系不能适应从“引进来”为主转向“引进来”与“走出去”并重、跨国投资经营的相关研究落后等是当前存在的突出问题。本章提出了中国企业国际化“三结合”的基本原则和一些具体的政策建议。

在当前全球经济一体化不断深化和金融危机持续演化的背景下，中国能否进一步推动从“引进来”为主转向“引进来”与“走出去”并重，有步骤地融入全球经济体系，并不断提高企业的核心竞争力，对中国经济和世界发展都具有重大的战略意义。

## 第一节 现状和展望

### 一、对外投资增长迅猛，地区和行业覆盖相对全面，但存量仍然有限

图 1. 1 中总结了过去十年里中国对外直接投资的流量和存量数据。十年里，中国对外直接投资始终保持着稳步上升的趋势，而且以金融危机爆发为新起点，中国对外直接投资从 2007 年的 265 亿美元，迅速攀升至 2008 年的 559 亿美元，并在 2012 年创造了 878 亿美元的新纪录，成为仅次于美国和日本的世界第三大对外投资国。英国《经济学人》杂志认为，2005 年以来，中国的对外投资年平均增长率达到 35%，2012 年比 2011 年增长了一倍多，达到 1150 亿美元。根据商务部的数据，目前，约八成中国企业海外投资可以盈利或者持平。中国被列为最有前途的海外投资国家，成为美国等国家吸引投资的重要对象。

《2012 年度中国对外直接投资公报》的统计显示：截至 2012 年底，中国 1. 6 万家境内投资者在国（境）外设立对外直接投资企业近 2. 2 万家，分布在全球 179 个国家和地区，覆盖率达 76. 8%；其中，亚洲地区的境外企业覆盖率高达 95. 7%，欧洲为 85. 7%，非洲为 85%。

目前，中国对外直接投资基本上覆盖了国民经济的所有行业类别，其中，存量超过 100 亿美元的行业有租赁和商务服务业、金融

业、批发和零售业、制造业、采矿业、交通运输业/仓储和邮政业、建筑业，上述七个行业累计投资存量4913亿美元，占中国对外直接投资存量总额的92.4%。

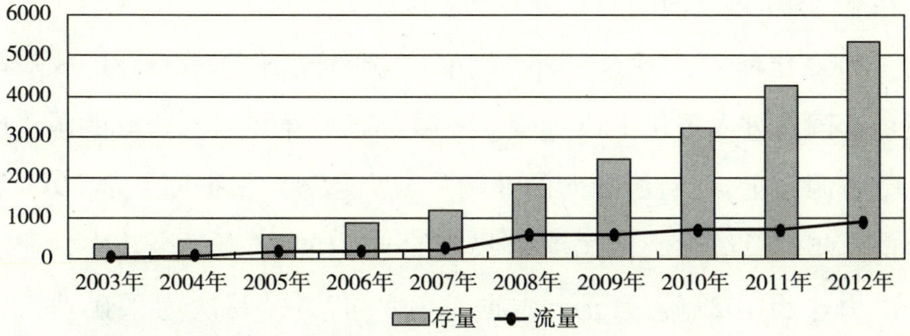


**图1.1　2003～2012年中国对外直接投资数据统计（单位：亿美元）**

注：资料来源为商务部、国家统计局、国家外汇管理局，《2012年度中国对外直接投资公报》；根据统计规则，2006年之前的数据为非金融类对外直接投资数据，2006年之后的数据为全部行业对外直接投资数据。

不过，截至2012年底，中国对外投资的存量仍然有限，仅仅相当于美国对外投资存量的10.2%，英国的29.4%，德国的34.4%，法国的35.5%，日本的50.4%，居全球第13位。2012年，中国GDP占全球的11.6%，但是，中国的对外投资只占全球的6.7%。

## 二、从阶段来看，中国对外投资的重点将从市场开拓和资源采购转向全球整合

早期中国企业海外投资，主要是为了获取国际市场渠道，建立出口产品的售后服务。通过投资收购东道国的企业获取品牌、资质和渠道，充分发挥中国的低成本制造优势，占领国际市场。大多数

投资并购是利用多年出口积累的资金和海外合作关系，可以概括为中国在出口导向型阶段，中国企业成为全球制造业基地而出现“出口引发的对外投资”。最成功的案例是浙江万向集团在美国市场的开拓和2010年以前的一系列并购扩张。

2000年前后，随着中国的汽车、房地产和化工等行业的大规模发展，国内进入重化工业阶段，中国企业对外并购以获取能源、矿产等资源为主，“资源导向的并购”成为趋势。根据商务部2011年之前5年的总统计，中国海外投资总计2159亿美元，其中，能源和电力业为1022亿美元，占据总额的47%，其次为采矿业，占28%。能源、电力、采矿等自然资源领域的投资占据了中国海外投资的四分之三。

2012年以来，中国大力治理产能过剩标志着中国的重化工业阶段告一段落，国内产业发展的重心开始转向技术密集型和要求较多新规制的产业，如农业、国防工业、高新技术产业等。虽然资源和能源类国际投资并购仍然是重点，但中国企业的海外投资并购开始走向“立足全球整合的并购”。《经济学人》杂志2013年的研究发现，品牌和技术等知识产权已经成为中国企业国际化的重要驱动力，与寻求产品出口和自然资源的诉求开始接近。最典型的例子包括双汇集团收购美国史密斯菲尔德、华大基因收购美国 Complete Genomics、万向集团收购菲斯科等。2013年5月29日，双汇国际控股有限公司和美国史密斯菲尔德宣布，双汇以71亿美元收购后者已发行的全部股份。这是迄今为止中国对美国企业最大金额的并购。在这次购并中，双汇国际是中国最大的肉类加工企业，而史密斯菲尔德是全球最大的生猪养殖和猪肉加工企业、美国最大的猪肉制品供应商。华大基因收购美国生物技术上市公司 Complete Genomics，是中国企业第一次收购美国本土的上市企业，成为全球基因测序方面的优势企业。在 2013 年收购美国最大锂电池制造商 A123 的基础上，2014 年，万向收购特斯拉的竞争对手菲斯科，形成了新能源汽车相对完整的产业链，实现了从传统汽车向新能源汽车的跨越。

走向全球整合的国际化，可能意味着中国将很快从资本净输入国转向资本净输出国。有研究预测，2017 年，中国将成为资本净输出国。

## 三、中国对外投资出现了一些转型升级的明显趋势

从投资主体来看，中国对外投资将从以国企为主转向以民企为主。这主要归结为以下几个原因。一是国有企业主导的工程承包、能源和矿产资源开发以 2012 年大力治理产能过剩为标志而相对停滞，跨国投资并购能源和资源的风险也逐渐被充分认识到，相比之下，民营企业主导的高科技产业发展更快；二是从近年来的对外投资大项目看，民营企业主导的投资并购项目不断上规模；三是随着国有企业改革的推进，混合所有制的推行会充分发挥民营企业的灵活性；四是统计方面的原因，国有企业的项目投资大，容易进入统计的视线，而民营企业悄悄干，很难统计。《经济学人》杂志的调查认为，48% 的中国企业计划投资海外，以开拓新的世界市场；只有 26% 的企业将获取自然资源作为海外投资的主要驱动因素。2012 年，民营企业的投资已经超过了国有企业的投资。总体上看，以国有企业为主的中国企业国际化经营格局被打破是迟早的事情。

从路径来看，通过中国香港的间接投资将逐步转向直接投资。由于过去中国对外投资通常经过香港中转再到目标国，因而，中国对香港的投资额居高不下。随着当前内地外汇管理政策的逐步完善，中国企业对外投资的资金可直接流向目标国，中间环节的减少提高了投资效率。2013 年前九个月的统计数据中，针对香港的投资额下滑了 11.7%。

从对外投资的水平来看，实现了一些较大的突破。例如，华为基本完成了全球化的布局，成为世界第二大电信生产企业。2012 年以来，华为被一些国家的政府针对性地围堵，从侧面说明了中国企业日益壮大的影响力。又如，联想通过收购 IBM 的个人电脑业务推动国际化经营，完成了品牌的国际化和市场的国际化，建立了涵括日本和美国研发中心的混合技术编队。2009 年，联想 IdeaPad 已经覆盖了 76 个国家和地区，覆盖率 95%。前不久，根据美国国际数据公司 IDC 统计，2012 年 6 月 30 日，作为全球第二大个人电脑厂商，联想季度市场份额再创新高，达 15%，仅比第一名惠普少 0.7 个百分点。华为、联想、万向国际化的过程，一定程度上可以说明国际化有利于促进中国企业全球竞争力的提高。

从国际经营的方式来看，建立中国海外产业园实现产业集群的组团跨国经营的新形式开始出现。中联重科通过和三家私募基金合作，联合收购意大利混凝土机械企业 CIFA，实现了产业和金融的优势互补。一些投资者参股海外的高科技企业，将其海外的技术和产品与国内的市场、资本以及国内金融市场相结合，实现多赢的结果。

## 四、跨国并购的数量增加，规模扩大

据普华永道报告，2012 年中国企业跨国并购交易数量 191 宗，比上一年减少 15 宗；交易金额 659 亿美元，比上一年增长 55%。2013 年上半年跨国并购交易数量为 78 宗，比 2012 年同期少 15 宗；交易金额 276 亿美元，同比减少 33.5%。又根据 Dealogic 的统计，截至 2013 年 9 月，中国 10 亿美元以上的跨国并购案，金额达到 333 亿美元，为去年同期的 3 倍；占全球 10 亿美元以上并购的 10%，是美国之外的第二大对外收购国，金额为美国的三分之一。

近年来，中小规模的并购一直持续，但是更大规模的并购数量开始增加，主要集中在能源、汽车装备、航空、高科技等领域。如 2010 年，吉利控股集团宣布以 18 亿美元的价格收购沃尔沃轿车公司。2011 年，中石油以 54 亿加元收购加拿大能源公司的峻岭油区（Cutbank Ridge）50% 的资产权益。中海油以 5.7 亿美元收购美国最大天然气公司 Chesapeake Energy Corporation 在 Niobrara 的页岩气项目三分之一的股权。2012 年，中海油以 151 亿美元收购加拿大尼克森（Nexen）公司，万达以 26 亿美元收购全球第二大影院美国 AMC。2013 年，中国石油天然气集团以 50 亿美元向哈萨克斯坦 KazMu - naiGaz 收购旗下 Kashagan 油田的 8.33% 的股权；8 月，中石化宣布拟以 31 亿美元收购美国阿帕奇公司在埃及的石油与天然气资产 33% 的权益；同月，中铝矿业宣布拟以 50 亿美元收购瑞士领先的全球金属矿产生产及营销商嘉能可在秘鲁的一座铜矿；万向收购美国最大锂电池制造商 A123 系统公司，华大基因收购美国上市基因测序公司 Complete Genomics，双汇以 71 亿美元收购美国最大的猪肉企业史密斯菲尔德（Smithfield）。2014 年，万向收购与特斯拉齐名的菲斯科等。

国有企业在资源领域的投资依然是中国企业跨国并购交易金额增长的主要驱动因素。主要原因为：一是自 2000 年开始国家鼓励国有大型电企“走出去”；二是监管部门要求电力企业发展新能源，设立了新能源发电占比 15% 的指标，中国企业在欧、美一些清洁能源发电项目竞价中表现踊跃。中海油以 151 亿美元收购加拿大 Nexen 公司案，是中国历史上最大的海外并购，将使中海油的油气储量增加约 30%，产量增加约 20%，在很大程度上缓解了中海油的“能源危机”。

发达国家仍是主要并购目标国。虽然中国企业对北美和欧洲等成熟市场的海外并购活动有所放缓，但是北美和欧洲仍是民营企业通过跨国并购寻求购买高科技、能源资源的最佳选择地。2013 年上半年，中国企业在北美、欧洲、大洋洲等发达国家的跨国并购数量 51 宗，占比达 67%，其中，欧盟最多。

## 五、对美投资存在结构性的障碍

关于对外直接投资的主要区域，中国香港、东盟、欧盟、澳大利亚、美国、俄罗斯和日本这七大主要经济体长期以来占据了约 2/3的投资份额。仅以 2013 年前 9 个月为例，上述 7 大经济体共吸纳来自中国内陆的直接投资总和为 424. 7 亿美元，占同期中国内地对外直接投资总额的 68. 9%，同比增长 3. 2%。此外，2013 年前 9 个月，中国内地对上述七大主要经济体的直接投资还出现了“五增二减”的变化，即对除中国香港和日本以外的 5 大经济体的投资均大幅增加，按照增幅排名依次为250%（美国）、108.1%（欧盟）、83.6%（澳大利亚）、26.4%（东盟）和22.2%（俄罗斯）；对中国香港和日本的投资减少，跌幅为11.7%和45.5%。

在对外直接投资的区域选择方面，美国已经成为继中国香港之后的中国第二大直接投资目的地。2008～2012年间，中国对美投资年增长率达到71%，是对美投资增速第一的国家。根据美国经济分析局的数据，2010年，中国对美投资存量比2008年增长了400%，从12亿美元增长到59亿美元。美国是2012年中国对外投资增幅最大的国家和地区，同比增长123.5%。

**表1.1　　中国在美国外来投资中的状况**

| | 2011年美国外来投资的总体状况 | 2012年中国在美国投资的状况 |
|---|---|---|
| 外国投资在美国的总体状况 | 美国是世界上第一大对外直接投资的目的地 | 2008～2012年间，中国对美投资年增长率达到71%，是对美投资增速第一的国家 |
| 外国投资在美国出口中的比例 | 16% | 1.2亿美元（2009年） |
| 外国投资在美国的雇佣人数 | 560万 | 1.2万 |
| 外国投资在美国的R&D投资 | 452亿美元 | 3.66亿美元 |
| 外国投资在美国的固定资产投资、厂房和设备（PP&E） | 到2011年，投资总额达到1.6万亿美元 | 到2012年，中国对美投资存量总额为190亿美元（而亚太地区为4484亿美元，其中，日本为3000多亿美元，澳大利亚为500多亿美元） |

数据来源：美国经济分析局（BEA），联合国贸发会议（UNCTAD）。

但是，从外国对美国投资的存量看，中国2012年的数据为105亿美元，排名仅为第28位。从表1.1中的数据可知，2012年中国对美国投资中在美国雇佣的人数只有1.2万人，在美国R&D投资3.66亿美元，形成的资产总量约为190亿美元，这些指标在美国外来投资的总量中都还微不足道。例如，2012年中国对美投资形成的资产为190亿美元，占亚太地区在美资产总量4484亿美元的4.23%，远低于日本的3000多亿美元和澳大利亚的500多亿美元。

2012年，中国对美投资存量总额为105亿美元，当年对美国投资增量13.7亿美元，占中国对世界投资总量8320亿美元的1.26%和2012年增量840亿美元的1.63%（见表1.2）。这与美国经济和中国经济在世界经济的比例都极不对称。

**表1.2　　全球趋势中的中美直接投资关系**

| 投资关系 | 2012年存量总额（亿美元） | 2012年增量（亿美元） | 排　名 |
|---|---|---|---|
| 中国对美投资 | 105 | 13.7 | 1 |
| 美国对中国投资 | 513 | -35 | n/a |
| 中国对世界投资 | 8320 | 840 | 15 |
| 世界对中国投资 | 5090 | 1210 | 2 |

数据来源：联合国贸发会议，美国经济分析局（BEA）。

**表1.3　　2003~2012年中国对美投资项目数量的行业分布**

| 行　业 | 比例（%） |
|---|---|
| 电子元件 | 23 |
| 通信 | 15 |
| 工业机器、设备、工具 | 13 |
| 商业服务 | 9 |
| 软件和IT服务 | 8 |
| 汽车零部件 | 6 |
| 金属加工 | 6 |
| 汽车OEM | 6 |
| 纺织 | 5 |

数据来源：www.fDiMarkets.com。

从表1.3投资项目在行业的角度来看，中国2003～2012年间对美国投资的主要行业是电子、通信和装备制造业。在美国，对先进电子和通信行业的外国投资是受行业限制的，投资需要经过事前审查才能准入，准入后也有股权比例的限制。

以上这些数据一定程度上说明了中美关系的复杂性。一方面，美国认为中国对美国的投资强度不够，与中国经济和美国经济占世界的比例都极不协调，希望中国加强对美国的投资，不希望中国对欧盟的投资短时间内超过中国对美国的投资。但是，另一方面，美国希望中国投资的领域，中国企业未必感兴趣，而中国企业希望投资的美国产业领域，美国又采取各种办法加以阻挠。

## 第二节　中国企业国际化的机遇和挑战

### 一、机遇

#### （一）在金融危机的背景下，全球化继续推进，产业调整转型，推动了资源、资产、人员的流动，形成了溢出效应

多年来，全球投资和贸易自由化不断推进，为跨国公司的全球投资和经营创造了良好的制度环境，资源、资产和人员的流动相对更加自由。金融危机冲击下的发达经济体，为中国企业提供了低成本并购的难得机遇。由于深层次结构性问题得不到有效解决，发达国家短时期内虽然经济开始恢复，但复苏乏力，加之老龄化造成一些中小企业经营者后继无人的现象严重，导致部分具有一定品牌、

技术、销售渠道能力的企业经营困难。此外，产业调整导致一些企业主动进行结构调整，选择性退出一些经营领域。金融危机导致发达国家就业机会的减少推动了人才的国际流动和转移，一些优秀人才开始在中国等新兴国家寻求发展机会。

中国自身的实力上升，企业积累了跨国投资经营的经验，具备利用杠杆效应和后发优势的空间。中国已经是世界第二大经济体，成为世界上很多产品最大的生产和消费国。例如，中国煤炭的生产和消费分别占全世界的 52% 和 59%，铁矿石分别为 17% 和 53%，铝分别为 44% 和 45%，粗钢分别为 46% 和 43%，汽车分别为 31% 和 30%①。在金融危机的背景下，中国保持中高速经济增长的前景、相对完整的产业链、一些已经规模庞大并不断增长的细分市场，成为中国企业进行跨国投资经营的强大杠杆。例如，双汇能够收购比它技术更先进、品牌更具影响力、经营更集约化的世界第一的美国猪肉生产企业史密斯菲尔德，就是依托中国猪肉行业的市场和盈利的巨大增长空间。从经济发展历史分析，后发者往往有机会超过领先的国家。例如，后发者可以借鉴先行国家积累的经验，采用最新的技术、最先进的经营管理模式，节省摸索时间。而且，一些中国企业在国内积累了一些独特的经营优势，也力图通过全球化实现最大的效益。还有一些企业通过跨国投资和经营，充分利用了全球化经营的有利条件，形成了超越母国不利因素的竞争优势。

### （二）许多国家加大了吸引外资政策的力度

一些国家为了加快经济复苏，积极吸引外资，特别是中国投

① 除了粗钢消费为 2011 年数据外，其他均为 2012 年数据。

资，如2011年6月15日，美国总统奥巴马签署行政命令，宣布发起“选择美国”计划，希望五年吸引1.5万亿美元的投资，并建立“选择美国”项目办公室。此计划将原本由各州自行推进的措施上升到联邦层次，开启了美国联邦政府主动招商引资的时代，而中国成为“选择美国”计划的优先对象。英国近期也宣布欢迎中国企业赴英投资等，并承诺提供优惠政策，进一步促进了中国企业走出去。非洲等发展中国家由于欧美国家投资的减少，更加欢迎中国企业的投资。东南亚国家也加大政策力度，如泰国促进投资委员会（BOI）出台促进南部边疆府投资的特别优惠投资法规，以最优惠的条件吸引国外企业对南部的投资。促进南部投资优惠权法律，主要放在食品加工和橡胶种植行业，包含有多项特别优惠权，放宽了对人才引进的限制等。

## 二、挑战

### （一）投资保护主义的风险仍然存在，发达国家安全审查和诉讼多

《世界投资报告2013》指出，由于全球和区域价值链的出现和迅速扩张，保护主义政策可能会对跨国投资经营的相关方产生恶劣的影响。2012年，全球共达成30项国际投资协定，包括20项双边投资条约和10项“其他国际投资协定”，其中，双边投资条约的达成数量降至25年来的最低值。

受到宏观经济政策收紧和产业转型升级的影响，目前，各国政府加强了对外国直接投资项目的审查力度，调整了先前的投资自由

化措施，收紧了筛选和监测程序，并严格审查跨境并购。例如，通过市场准入及政府采购保护本国产业、限制外资进入战略性产业，政府采购目录上对非本国企业生产的产品加以限制，加强知识产权和核心技术的保护等。例如，2012 年，全球至少有 53 个国家和经济体共通过 86 项影响外国投资的政策措施，加大了跨国并购的难度。由于竞争问题、经济效益检验标准和国家安全审查等监管上的关切或政治上的反对，出现越来越多撤销的并购计划。据统计，在 2012 年全球撤销的所有跨境并购所占比例约为 22%，而在 2010 年曾经达到逾 30% 的峰值。

从表 1.4 可知，2008 年金融危机以后，美国外国投资委员会的申报和调查出现了明显的变化，申报数量大幅减少后逐渐回升，可以看到金融危机的冲击和影响，但是申报案件被调查的数量和比例大幅增加，突出地体现了世界金融危机以后，美国的保护主义倾向。问题是，这种状况有大范围扩展的趋势，如澳大利亚、印度等国家都加强了外资投资项目的“国家安全审查”，中国企业在进入金融、能源、先进技术等敏感领域时，面临极其严峻的社会舆论环境、法律、政策和政治环境。

**表 1.4　2004～2011 年美国外国投资委员会申报和调查趋势**　单位：件

| 年份 | 申报数量 | 调查数量 |
|---|---|---|
| 2004 | 53 | 2 |
| 2005 | 65 | 2 |
| 2006 | 111 | 7 |
| 2007 | 147 | 6 |
| 2008 | 155 | 23 |
| 2009 | 65 | 25 |
| 2010 | 93 | 35 |
| 2011 | 111 | 40 |

从表 1.5 可见，1990 年以来，中国企业在美国并购失败的例子为数不少，2008 年以后数量明显增多。这些投资失败的原因，有纯粹商业性的，也有违反禁止性的条款，也有政治性的否决。其中，被美国总统签署命令否决的案例就有两项，即 1990 年中国国家航空技术公司收购 Mamco 制造和三一重工旗下的罗尔斯公司收购 Terna 能源控股公司的案例。在美国，由美国外国投资委员会审查，最后由美国总统签署否决的投资案例非常罕见。

**表 1.5　　1990～2012 年中国企业在美国并购失败的部分案例**

| 年份 | 中国企业 | 美国目标企业 | 状况 |
|---|---|---|---|
| 1990 | 中国国家航空技术公司 | Mamco 制造 | 美国总统否决 |
| 2005 | 海尔 | Maytag | 商业原因，撤回 |
|  | 中海油 | Unocal | 政治化，参议院否决 |
| 2009 | 民生银行 | UCB | 被美联储否决 |
|  | 华为 | 3Com | 美国外国投资委员会否决 |
|  | 四川腾中 | 悍马 | 美国商务部否决 |
|  | 西色国际投资有限公司 | Firstgold | 美国外国投资委员会否决 |
| 2010 | 鞍山钢铁 | 密西西比的 Greenfield | 搁置 |
|  | 唐山曹妃甸 | Emcore | 美国外国投资委员会否决 |
| 2011 | 华为 | 3Leaf | 美国外国投资委员会审查后撤销 |
| 2012 | 三一重工的罗尔斯公司 | Terna Energy Holding USA Corp | 由于风电场靠近美国海军武器系统训练场的禁飞区，美国总统奥巴马签署了禁止交易的命令 |
|  | 北京卓越航空 | Hawker Beechcraft Inc. | 商业原因未达成协议 |

造成保护主义的原因，既有结构性因素，也有歧视性因素。结构性因素是受制于中国自身的发展阶段，企业竞争力的发育和适应

国际规则需要一个过程。歧视性因素主要是国际媒体和政治等故意利用各种因素并加以夸大渲染。2012 年，美国外国投资委员会在向国会提交的报告中提到，美国情报界担心中国通过并购获取美国的关键技术。2013 年，美国网络安全公司 Mandiant 发布的报告表达了对网络安全和外国政府资助的网络黑客窃密的高度关注。美国媒体也关注，中国企业收购的标的总是和敏感的政府设施过于接近（persistent co - location）。

（二）在发展中国家冲突不断增多，世界各地冲突风险未来将进一步加剧，资源和能源类并购风险显现

2000 年以后，中国企业开始加快向非洲、南美等新兴国家进行投资。但是，随着国际政治经济技术形势的变化，美国揭开反恐战争的序幕，世界各地局部地区的冲突增加，中东地区的伊拉克、利比亚、埃及、叙利亚，非洲的苏丹，亚洲的阿富汗、缅甸等地发生的政治动荡乃至战争，对中国在这些地区的投资经营都造成了巨大的影响。不少中国企业受到当地冲突的影响，在高风险地区的投资遭受挫折，甚至在少数国家曾经出现过人员安全受到威胁或者发生伤亡的事件。

在获取境外矿产资源的过程中，很多项目都涉及社会和环境风险的问题，例如，孟加拉国巴拉普库利亚煤矿、中蒙图木尔廷敖包锌矿、中国五矿收购澳大利亚 OZ、巴布亚新几内亚瑞木镍钴矿、老挝南俄五号水电站项目、苏丹麦洛维大坝、莫桑比克姆水电站、紫金矿业秘鲁白河铜矿、巴布亚新几内亚铜金矿、纽蒙特加纳金矿项目、利比里亚棕榈树种植园、金光纸业在印度尼西亚的项目、秘

鲁卡密塞阿天然气项目等。这些冲突事件的出现和后续处理的过程，一方面凸显了中国企业国际投资过程中冲突风险管理的盲区，即冲突意识淡薄和公共关系失衡、上层关系有余和群众路线不足等突出问题，另一方面中国企业社会责任意识薄弱，在开展国际化经营时面临考验。

## 第三节　存在的问题

### 一、对国际环境认识不足，忽视文化距离和制度距离，导致跨国投资经营的困难

一些研究认为，中国企业在发展中国家和发达国家的表现截然不同，是因为司法等制度水平更接近发展中国家，而与发达国家有更大的差距。例如，与中国方面通常认为的中国企业跨国经营遭受歧视性待遇的说法不同，西方学者认为，很多结构性负面因素的存在，使中国对外直接投资面临误解和歧视是必然的事情。如中国虽然是最大的对外直接投资的目的地之一，但是，对外来投资的形式和行业领域有很多的限制和严格的监管；中国的国有企业和一些龙头企业可以优先得到各种国家支持的产业政策，这些企业对外投资使东道国企业蒙受不正当竞争；中国采取不结盟政策，和绝大多数发达国家都没有密切的政治、战略或者军事等方面的联盟关系，这些导致中国投资企业成为东道国国家安全审查的重要对象；中国企业对外投资过于功利，主要兴趣是获取国际品牌、能源、战略性技

术，但是缺乏社会和环境责任意识，对于当地的产业生态以及就业等漠不关心，这很容易影响一些利益攸关体，如媒体中介和咨询机构等。

**表 1.6　　　　对美国 FDI 中的主要司法合规性问题**

| | 主题 | 部门和相关立法 | 主要进展或趋势 | 对策 |
|---|---|---|---|---|
| 事前审查 | 外国投资的行业限制 | 主要限制是股权比例，主要行业为军工、民航、航运、通信、能源/天然气、银行、先进电子和生物技术，在清洁能源、基础设施、零售、服务和一般制造业没有限制 | | |
| 事前审查 | 国家安全审查 | 美国外国投资委员会（CFIUS），财政部牵头，涉及 8 个行政部门和 7 个白宫机构；一般审查是否涉及美国国防生产能力，是否涉及向特定国家销售、转售军事技术，以及是否影响美国在国家安全领域的技术领先地位等三大因素 | 2013 年批准了中国华大基因对美国上市的生物基因测序公司 Complete Genomics 的收购案和双汇对 Smithfield 的收购；安全审查公众关注度高，美国试图淡化安全审查对外国投资的影响；中介机构的选择至关重要 | 注意各方对投资者性质的认知；事先公关规划，寻求公众支持，改善公众形象；对监管和政治问题进行事情的尽职调查；对企业的政府背景、合规记录和美国国家安全政策的关联度要事先考虑 |
| 事前审查 | 反垄断审查 | 由美国司法部（DoJ）的反垄断局和联邦贸易委员会（FTC）执行，主要调查不正当竞争和并购以及相关的行为 | 反垄断审查更加重视经济全球化背景、国家利益维护、从提高经济效率角度创新反垄断规制、在反垄断规制中促进技术创新 | 反垄断审查可能非常耗时，应提前考虑反垄断审查的时机问题；在交易结构设计时充分预期相关的问题；聘请与美国司法部和 FTC 有密切联系和丰富经验的法律顾问 |

续表

| | 主题 | 部门和相关立法 | 主要进展或趋势 | 对策 |
| --- | --- | --- | --- | --- |
| 投资后跟踪 | 反海外腐败法 | FCPA 颁布于 1977 年，期间经过 1988 年、1994 年、1998 年三次修改 | 最初旨在限制美国公司及个人贿赂国外政府官员的行为，后来致力于将 FCPA 国际化，1998 年修正案将外国企业或自然人在美国境内实施的、违反 FCPA 的行为也列入管辖范围，而且今后执法力度会不断加大 | 对潜在的违法行为加强内部审计和实行反腐败尽职调查；在内部报告流程、凭据保存和内部控制上建立内部合规审查部门；积极主动地处理相关事件。 |
| | 劳动法 | 异常复杂、相互重叠的法律和规范，包括纯粹的劳动法、薪酬和工资法、就业安全法、劳资关系和工会、平等机会和反歧视法等 | | 美国的劳工问题很容易政治化，引起媒体高度关注导致企业声誉的风险；劳工问题容易引发集体诉讼；要注意美国不同地区文化和管理风格的差异；要在企业内部建立相对完善的培训和体系来管理劳工关系和合规问题 |
| | 知识产权 | 美国专利商标局（PTO） | 专利诉讼日益增多，金额日趋庞大；专利钓鱼案件增多 | 对被收购方的知识产权记录以及可能的侵权行为有详细的评估；对目标行业中知识产权的重要性和目标企业的知识产权的积累和保护能力事先仔细评估 |

续表

| | 主题 | 部门和相关立法 | 主要进展或趋势 | 对策 |
|---|---|---|---|---|
| 投资后跟踪 | 消费者保护 | 联邦机构包括联邦贸易委员会、消费品安全委员会、联邦食品和药品管理局、农业部；州消费者事务部；三大消费者民间机构包括美国消费者利益委员会、美国消费者联合会和美国消费者联盟；私营消费者保护机构如 Better Business Bureau 等 | 近年来，消费者权益保护的重点发生了变化；美国的消费者诉讼尤其是其中针对消费产品的集体诉讼出现量大面广的状况；由联邦政府和州总检察官推动的政府强制执行案件呈增长态势 | 企业内部建立专门的部门确保在制造、安全、广告、标签标准等方面的合规性；为所有的营销和宣传材料从司法部门寻求批准；聘请专门的经验丰富的集体诉讼专家 |
| | 税制 | 美国有复杂的多层次的税法（联邦、州和地方）；美国公司税有很多减免和优惠政策；联邦资本利得税 | 有很多联邦立法提案希望简化税法，但是短期内不可行；近期美国的关注重点在双边投资协定上 | 提前聘请专业的税务专家以专业和有效的方式建立交易结构；充分利用各级政府的税收减免和优惠政策 |
| | 美国证券市场监管 | 美国证券交易委员会（SEC）具有准立法权、准司法权、独立执法权，美国证券法规高度复杂 | 自 2000 年初的安然和 Worldcom 等公司治理丑闻和金融危机出现后，加强了相关的立法；2011 年以来出现了由做空者发动的大量针对在美上市的中国企业的股东诉讼案；还有一些股东的诉讼是围绕中国企业逆向收购的合法性 | 应充分注意上市融资的类型以及适用的证券法规；注意考虑企业感觉愿意接受的信息披露水平；融资前就考虑好退出战略；具有与 SEC 打交道经验丰富的顾问和审计师极端重要；注意股票价格异常变动时的信息披露；有对中美的监管政策都熟悉的专业团队 |

表 1.6 整理了对美国直接投资过程中的主要事前审查和事后合规的问题。从表中可以看出，首先，各种法律交叉重叠，异常复

杂，没有经验的外来投资者很难在短时间内学会，不置身于相应的环境也很难理解和掌握。从这个角度可以说，企业不经历国际化的过程，是不可能形成全球竞争力的。其次，法律、政策和政治相结合，不断动态变化和调整，离开专家和职业化的中介，基本上寸步难行，而且，企业内部必须有专门的团队和组织管理流程对应跟踪处理。第三，忽略这些合规性的问题，代价很高，后果很严重，如事前审查时被否决导致并购失败会被没收保证金，以及进入后面临集体诉讼等被赶出市场或者承受巨额的赔偿。例如，2011 年 1 月下旬，丰田宣布在美国召回汽车，几天之内从 230 万辆增加到 430 万辆，最后达到 540 万辆。“召回门”导致丰田公司在美国市场销量同比下降 15.8%，市场份额环比下降 4.1 个百分点，低至 14.1%，品牌影响力由召回事件发生前的第一位，直线下降至第五位。

## 二、企业核心竞争力不足

首先，在应对金融危机的表现方面，中国企业和跨国公司的距离甚远。联合国贸发会议估计，2013 年全球直接外资仍将接近 2012 年的水平，上限为 1.45 万亿美元，相当于 2005 ~ 2007 年危机前的平均水平。之后，直接外资流量可能会在 2014 年攀升至 1.6 万亿美元，在 2015 年达到 1.8 万亿美元。这实际上主要是跨国公司推动的结果。金融危机爆发后，跨国公司是真正的抄底者，加快了注资和销售，逐步将其在金融危机爆发前所囤积的数额创纪录的现金转化为新的投资，结果是海外分支的总销售额、总资产等都实现了逆势巨幅增长。相比之下，中国企业跨国经营选择最佳投资机会的能力较弱。国际金融危机引发全球大宗商品暴跌，国际资源企业陷入经营困难，给中国企业带来难得的并购机遇。一些企业为了追求眼前利益和实现业绩目标，以非理性价格进行收购，造成企业经营困难。中国民营企业 2013 年上半年跨国并购交易数量 51 宗，比 2012 年同期减少 19 宗，对跨国经营明显趋于谨慎。

其次，在一些战略性机遇的把握上缺乏前瞻性。例如，由于对中国重化工业阶段的发展整体的认识和估计不足，在大宗原材料和装备上缺乏前瞻性的战略部署，中国基本上丧失了大宗商品的定价权和矿产资源的议价权。中国企业资源导向的并购，基本上是不得不从海外资源类基金或者机构的手中高价转让。例如，铁矿石从 2005 年起轮番涨价，极大地推高了中国城镇化的成本。到 2010 年前后，国内钢铁企业才恍然大悟，原来世界各地大多数铁矿的股权早在 2000 年左右就被日本商社控制了。

第三，具体实施跨国投资经营时手法单一，人才储备不足，缺乏企业之间以及企业与政府、金融机构、研究机构、媒体等的协同。跨国公司通常拥有强大的品牌和优越的技术，在产业链中充当“系统集成商”和“组织者”，通过大量采购支出给供应链施加压力，通过瀑布效应迅速提高产业集中度。在跨国经营的过程中，日本的银行和商社建立了全球性的网络，企业基本上是以银行为“父亲”，以商社为“母亲”。相比之下，中国的金融机构未建立全球性的网络，中国企业缺乏金融支持的情况比较普遍，一些企业不得不通过多年的经营在东道国重新建立资信。由于中介服务费用高，或中介机构水平有限，利用中介公司进行投资并购的企业较少。国有企业和民营企业进入不同的行业，采用不同的经营方式，基本上是各自为战。只有极少数的企业培养了优秀的跨国经营团队。

## 三、国家政策需要实现从“引进来”为主转向“引进来”与“走出去”并重

《经济学人》杂志调查发现，受访的中国对外投资企业中，14%的企业认为对外投资最大的风险是国内政策和监管的风险。相比之下，12%的企业认为最大的风险是文化差异带来的风险，只有2%的企业认为最大的风险是运营风险。首先，境外投资行政干预的问题表现在：一是核准仍是企业海外投资的前提条件，核准手续仍很繁琐，自由裁量权过大，核准时间不确定等。审批核准手续仍需要经过发展改革委、商务部、外汇局、国资委，以及财税部等多部门，没有建立类似“引进来”的一个窗口制度，部门重复核准、行政低效的问题未得到解决。二是央企并购受到政府部门直接干预过多。发展改革委要审查并购项目的管控能力，央企投资海外资源必须相对控股的规定有碍海外资源的开发。三是外汇管理和人员出入境等审批不能适应企业跨国经营的要求。国企人员通过外交部的审批及办理签证等需要一个月。

其次，跨国投资经营服务水平低。表现在提供指导选择目标企业的信息不多，组织开展国际对接活动很少，为企业提供法律、财务、融资、信息、人才等专业化咨询服务的公共服务平台较少。例如，一些境外子公司的经营状况无法和国内证监会的监管要求对接。从总体上看，围绕着中国企业大规模国际化的大多数要素准备的机制不存在。

第三，中国企业海外投资经营相互恶性竞争，缺乏协调机制。窗口指导和“发路条”等行政性措施存在突出的问题，不足以遏制

中国企业之间的恶性竞争。如2012年，三一重工和中联重科在竞购德国混凝土制造商普茨迈斯特过程中出现“路条”之争。2013年，紫光集团收购美国上市公司锐迪科的过程中也出现了“路条”的插曲。

## 四、国内对跨国投资的趋势、理论和实证的研究相对落后

一些研究者对世界经济发展和跨国投资的趋势被动迎合。对跨国投资理论的研究跟踪不够及时，研究理论和方法停留于企业职能等一些浅层面的问题。对各种论调（例如阴谋论、责任论等）缺乏清醒而理性的认识，导致国内各方在中国企业跨国投资的过程中相对被动应对。

例如，在对中国企业进行国际投资行为和风险取向的分析和解读后，美国学者认为，中国的国有企业在选择投资东道国的时候，往往会比民营企业选择更具风险性的国家。他们选择了宏观经济风险、政策不稳定性、合同风险、国家安全审查或者政治风险、腐败、战争或政权不稳定性、劳工纠纷等指标来衡量民营企业和国有企业对跨国投资风险的认知，发现并不是国有企业没有意识到风险，而是国有企业对潜在风险的认识更清醒更深刻，因此，他们认为，国有企业国际化愿意选择风险较大的国家，不是因为作为国际投资领域的后来者不得已而选择，而主要是依托中国政府的政策和中国与一些国家的双边协定（如中国政府援助）开展的，这些政策有一定的中国政府资源战略的考量。他们的调查发现，与民营企业相比，中国国有企业在低息贷款、汇率优惠、再进口等方面得到了更多的政府支持。

现有的实证跨国研究做得不够深入，难以客观、全面、如实地反映当地的实际情况，一些研究难以自圆其说。在帮助中国企业应对国际社会舆论的困境方面，政府部门和研究机构未能提供强有力的理论和数据支持，使一些中国企业在国外遭遇的真相难以得到还原。

## 第四节　推动中国企业国际化的对策建议

### 一、“三结合”基本原则

#### （一）结合包容性和可持续的原则

这要求在国际化的过程中，一是注重经济和社会协调发展，强调机会均等，避免贫富分化和社会阶层对立；二是应运用创新方法与各种利益相关体达成相对公平的共识，寻求经济价值上的建设性和政治文化上的兼容性，充分尊重和包容历史形成的国际秩序和利益格局；三是避免投资经营行为短期化，对东道国的社会和生态环境造成负面影响，有利于各国的可持续发展。

#### （二）结合中国的改革深化和经济转型的原则

当前中国的经济管理模式，虽然总体上能够适应社会主义市场经济体制不断完善的要求，但也有一些方面阻碍了中国社会经济的发展，落后于当前国际发展的潮流，不利于中国企业与国际社会的对接；与此同时，另一些好的方面的潜力还需要充分挖掘，有利于提升中国独有的社会文化的价值，有利于增强中国模式的吸引力和竞争力。

（三）结合“软实力”和“硬实力”的原则

在尊重市场经济规律的基础上，提升社会环境责任感、法律法规的合规性、文化价值的吸引力和兼容性，形成政府、企业、金融机构、智囊机构、媒体中介服务等有机结合的生态集群，推动公益性、非营利性和商业性机构共同促进中国企业发展全球竞争力。

## 二、国家层面的政策

（一）扩大政府间合作，积极推动双边投资保护协定、自由贸易区建设以及区域层次的投资保护协定

双边投资协定在东道国国内司法救济之外，增加了一重法律保障。这重保障通过双边投资保护协定中的“保护伞”条款，可以将东道国政府违反合同之诉，提升到违反条约之诉。支持企业利用政府间合作对话机制，利用 WTO 贸易争端解决机制，保护企业权益。

（二）深化大型国有企业的改革，把中国企业的国际化和推动混合所有制经济相结合

当前，国有企业对外投资项目很容易受到东道国的国家安全审查，国外媒体总是质疑和渲染中国政府对国有企业的支持，对于当前国有企业仍占较大比重的中国企业国际化造成了困扰。通过建立国有和民营企业、外资企业的混合所有制企业进行国际投资，有利于规避相关的审查和质疑，发挥混合所有制的优势。

（三）加快法制建设和廉政建设的国际接轨，跨越合规性障碍，减少中国企业跨国经营的司法风险

中国虽然有《反不正当竞争法》规制市场秩序，对于官员受贿

也有严厉的刑事制裁，但是，对于本国公司对外国官员的行贿行为，还没有明确的法律规定。因此，可以适当推动相关立法与国际趋势接轨，考虑参加相关国际协定或进行国内立法。

（四）政府应建立对跨国投资冲突事件的应急响应机制

政府应加强使领馆人员和商务人员的相关培训，建立专项国际舆情监测和应对体系，准确把握和引导舆论方向。从国家的信誉入手，将海外投资的社会环境影响纳入到国内的环境管理体制内。除了立法或者行政干预手段外，政府应该鼓励行业协会、商会和非政府组织密切协作，推动有效的民间外交，采用具体可操作的海外投资的行业规则。

（五）加强融资服务和财政支持，减轻企业税负

国家开发银行、中国进出口银行、海外投资基金、产业基金、政策性担保基金、出口信用保险、对外援助机构等，对体现国家重大利益的投资活动提供贷款、融资和投资担保，降低投资风险。参照国际经验，进一步完善中国国际投资企业的税收制度。

（六）实行事前核准和事后申报相结合的投资项目分类监管模式，减少重复性的部门审核

将海外投资分为需要事先核准和只需事后申报的两类，下放权限。一方面，应着力减少投资核准和申报环节的泄密问题；另一方面，提高国际投资项目核准和申报规则的透明度和程序的规范性，明确核准期限，降低交易成本。

（七）完善信息收集和统计调查体系，建立相对完整的公共投资信息服务网络和平台

充分发挥政府部门、驻外使领馆、政策性金融机构、贸易投资

促进机构、媒体、咨询机构和研究单位的信息收集和服务功能，为企业跨国经营提供高质量、强针对性的信息服务。适当调整《海外直接投资统计制度》调查的对象范围、信息项目分类结构；进一步明确各有关部门的职责，建立信息及时公布和共享机制；根据有关法律强化企业申报信息的责任；鼓励企业和研究机构实用信息进行相关的研究和评估，以助于政府制定和优化政策以及企业制定战略和战术。美国和日本的法律都规定不提供或虚假提供申报信息者，不仅罚款，还有一年以内的刑狱；规定要特许或事前报告而没执行的，除罚款外，可处5年以内的刑狱。

（八）加强知识产权保护，防止IP的不平等授权和垄断

一方面，应适当简化国内知识产权侵权的直接和间接经济损失的认定办法，从直接和间接经济损失补偿转向相对严厉的知识产权侵权的惩罚性条款，并在司法解释和实践方面逐步趋于严厉，加大对侵权行为的惩处力度；另一方面，为了应对国际大企业利用宣称专利侵权和高额海外诉讼等不公平竞争手段，政府应该充分发挥利用中国在全球分工中的产业链及市场优势，针对海外诉讼司法管辖权等问题采取一些行之有效的司法和行政手段。例如，针对专利侵权和海外诉讼的不公平竞争立法，各行业协会为会员企业提供海外诉讼和国内反诉讼的司法协助，海关对涉及不公平竞争企业的产品实施禁运或临时性关税惩罚等。国家可以考虑制定出新的专利游戏规则，由主管部门成立建立知识产权交易平台，实行国际同步统一公平的知识产权交易价格，可考虑强制要求国内外产权拥有者平等、透明地对待所有的专利用户，以减少国际间的知识产权贸易摩

擦，并有效地解决国际大厂知识产权不公平授权问题。

## 三、企业层面的政策

### （一）企业应加强社会环境的责任和冲突风险意识，完善企业社会责任和利益相关方管理

认真研究东道国的法律、政治和文化背景，在当地法律不完备时，主动遵守更高的环境社会标准，积极与所在社区沟通，遵守“自由、事前和知情同意”的原则（FPIC）。对发展中国家的投资要注意民生产业的配套和设计，企业的社会责任要落到实处，切实惠及民生。加入国际领先的组织，采用最佳实践。加强和当地政府、非政府组织、媒体、社区的关系沟通和协调平衡。加强企业与国内新闻媒体沟通，更及时客观地报道事实，加强项目信息的透明度，争取话语权，还原事实真相，争取当地居民和国际社会的理解。

### （二）企业应建立跨国投资的政治和司法风险（例如，国家安全审查、集体诉讼等）的应对机制

例如，在投资决策之前进行全面综合的风险评估，明确投资项目的政治敏感度；建立背景良好、相关经验丰富、密切合作的团队，有能力对交易各方进行全面深入的尽职调查；建立严格的内部合规部门；针对事先预料的问题制订完整的应对计划；事前与公共关系、各级政府部门、智囊机构、媒体中介以及其他利益群体有主动的非正式沟通，征询可能问题，避免出现意外；与相关利益方（例如，并购交易对象、工会）密切合作，利用其关系赢得东道国

政府部门和政客的理解，共同应对问题；及时掌握有关国家国会和行政部门监管审批的动态；尽量避免出现竞价对手，绝对避免进入禁止的产业领域和接近敏感的政府设施等。

（三）制定全球化的组织结构和管理机制

组织设计可以提高企业执行能力，确保战略目标的实现。精心设计的组织结构会突出强调组织的最重要因素，同时，确保一些非核心业务仍能得到相应的支持；在控制和放权之间通过建立协调性的组织结构来平衡；减少组织层级，经营业务和支持职能之间协同管理；推动内部的知识创新和传播推广。

（四）发展多样化的人才培养渠道，加强跨文化培训

语言和文化障碍使中国企业倾向于雇佣中国本土人才并在企业内部晋升员工，导致人才来源单一，授权失当，而且中国企业往往基于信赖和经验而不是制度来进行决策。中国企业应该加强全球化人才的培养，通过跨文化培训提高对文化方面问题的敏感性。应该积极鼓励人才的本地化，由当地人来管理当地业务，为本地团队提供较高的灵活性和自主性，让他们根据本地市场特征来开发本地市场，而不是由万里之外的集团总部来控制决策。

（五）强化跨国经营企业的并购整合能力

并购可以帮助中国企业获得自身难以在短时间内培养的技术、资质、能力、关系等。中国企业跨国投资的失败案例表明，中国企业还不适应国际化的管理实践，只为海外业务任命官员；中国企业尚未建立备受尊重的全球品牌，尚未与东道国的政策制定者、高管以及其他利益相关者建立信任和强有力的关系，使成熟市场中的潜

在合作伙伴和目标充满疑虑，导致了东道国政府加大了审查力度；中国企业尚未熟练掌握并购和并购后整合的流程，还未熟悉并购的战略准备、执行以及整合的典型模式和流程。因此，中国企业应借助东道国机构的并购能力，学会曲线救国，对收购后的企业采取“放手并学习”的方式。

### （六）积极利用香港和上海自贸区等政策优势，进行全球布局

双边贸易协定和自由贸易区构成了当前全球化的高速公路。充分利用自由贸易区，可以在一定程度上规避国内环境政策不适应企业国际经营要求的内容，如避免不合理税赋等。

执笔：李志能

## 参考文献

[1] BCG. 中国公司全球化的下一个时代，2012－9

[2] 国务院发展研究中心企业研究所．中国企业国际化战略．北京：人民出版社，2006

[3] 国务院发展研究中心企业研究所．中国企业发展报告2012. 北京：中国发展出版社，2012

[4] 国务院发展研究中心企业研究所．中国企业发展报告2013. 北京：中国发展出版社，2013

[5] 国务院发展研究中心企业研究所．中国企业发展报告2014. 北京：中国发展出版社，2014

[6] 联合国贸易和发展组织．世界投资报告2012：迈向新一代投资政策．北京：经济管理出版社，2012

[7] 隆国强．中国对外投资与培育中国跨国公司研究．国务院发展研究中心2012年中心重点课题，2013

[8] 清华国际会议资料．中国的对外直接投资：风险和对策，2013－9

# 第二章
# 中国企业全球竞争力评价

## 第一节　中国企业全球竞争力及其评价指标体系

本节对目前国内外有关国家和企业国际竞争力与全球竞争力的研究，从评价体系和指标体系方面进行了梳理和综述。基于四类分析框架：国家竞争力评价体系、企业绩效评价指标体系、企业竞争力评价指标体系和企业国际竞争力评价指标体系，本章建议构建一个包括国家全球竞争力、规模、盈利、全球成长性、运营效率和跨国化指数等维度的、反映中国企业全球竞争力的指标体系。

在关于企业竞争力的学术研究上，虽有一些共识，但在竞争力的内涵、竞争力的形成机理、竞争力的表现等关键问题上仍存在着分歧。基于对企业竞争力源泉的不同理解，现有的研究可归纳为三方面：一是能力论，侧重于从企业能力分工角度来考察企业的竞争力问题；二是环境论，侧重于从企业外部市场结构进行分析，强调市场环境和市场结构变化对企业竞争力的影响；三是资源论，侧重于从资源的差异性来分析企业的竞争优势。

## 一、世界经济论坛全球竞争力评价体系及指标

世界经济论坛（WEF）指标体系。世界经济论坛（World Economic Forum，WEF）是一个非官方的国际组织，总部位于瑞士日内瓦。其前身是1971年由现任论坛主席、日内瓦商学院教授克劳斯·施瓦布创建的“欧洲管理论坛”。1987年，“欧洲管理论坛”更名为“世界经济论坛”。

世界经济论坛因“竞争力报告组”撰写的许多年度经济报告产生广泛的影响。例如，1979年起连续发布的《全球竞争力报告》、2001年发布的《全球信息技术报告》、2006年发布的《全球风险报告》、2008年发布的《全球贸易促进报告》等。

世界经济论坛“竞争力报告组”把竞争力定义为：决定一国生产力水平从而决定一国经济所能达到的繁荣程度的因素、政策和制度的结合。其竞争力决定模型为：

生产率＝G［基础条件，效率提升，创新与成熟度］

世界经济论坛2001～2005年使用发展竞争力指数来排名世界各国竞争力。发展竞争力指数由宏观经济环境指数、公共制度指数、技术指数三个方面的指数计算产生。由于各国的发展阶段不同，因而技术对一国的重要程度也各异。为区分这种重要性，世界经济论坛“竞争力报告组”将所有国家分为两类：核心创新国家与非核心创新国家。核心创新国家定义为每百万人拥有15项以上实用专利登记的国家，非核心创新国家定义为除核心创新国家以外的其他所有国家。

核心创新国家发展竞争力指数 = 1/2 技术指数 + 1/4 公共制度指数 + 1/4 宏观经济环境指数

非核心创新国家发展竞争力指数 = 1/3 技术指数 + 1/3 公共制度指数 + 1/3 宏观经济环境指数

宏观经济环境指数、公共制度指数、技术指数三个方面的指数的数据来源通过硬指标和软指标方式获得。在各种资料中收集有助于合理的理解支持经济增长因素的硬指标，以及对于难以获得的具体数据通过意见调查方法来获得的软指标。

**表 2.1.1　世界经济论坛原评价方式中中国 2001 ~ 2005 年的排名**

| 年度 | 2001 ~ 2002 | 2002 ~ 2003 | 2003 ~ 2004 | 2004 ~ 2005 | 2005 ~ 2006 |
|---|---|---|---|---|---|
| 发展竞争力指数排名 | 39 | 33 | 44 | 46 | 49 |
| 宏观经济环境指数排名 | 6 | 8 | 25 | 24 | 33 |
| 公共制度指数排名 | 50 | 38 | 52 | 55 | 56 |
| 技术指数排名 | 53 | 63 | 65 | 62 | 64 |

2005 年后，世界经济论坛国家竞争力评价体系发生较大变化，其评价依据由“发展竞争力指数”调整为“全球竞争力指数”。全球竞争力指数围绕九个不同的支柱而建立（2007 年以后修改为十二个支柱），每一个支柱对于驱动各国的生产力和竞争力都至关重要。这些支柱囊括了原来包含于“发展竞争力指数”中的所有要素以及许多其他因素。世界经济论坛“竞争力报告组”根据世界各国处于不同的发展阶段（依据人均 GDP），将各国分成三个特定阶段（表 2. 1. 2），即要素驱动阶段、效率驱动阶段和创新驱动阶段，每一阶段的复杂性程度呈增加趋势。世界经济论坛“竞争力报告组”根据国家所处阶段的不同，给予不同的权重赋权。赋权权重见表 2. 1. 3。

**表 2.1.2　　不同发展阶段的定义标准　　单位：美元**

| 发展阶段 | 人均 GDP |
|---|---|
| 阶段一：要素驱动 | <2000 |
| 过渡阶段 | 2000 ~ <3000 |
| 阶段二：效率驱动 | 3000 ~ <9000 |
| 过渡阶段 | 9000 ~ <17000 |
| 阶段三：创新驱动 | ≥17000 |

**表 2.1.3　　不同发展阶段对应的权重赋权（%）**

| 支柱分类 | 因素驱动阶段 | 效率驱动阶段 | 创新驱动阶段 |
|---|---|---|---|
| 基本条件 | 60 | 40 | 20 |
| 效率增强因子 | 35 | 50 | 50 |
| 创新和成熟度影响因素 | 5 | 10 | 30 |

世界经济论坛十二大支柱及具体指标评价体系见表 2.1.4。

**表 2.1.4　　世界经济论坛竞争力评价体系及指标**

| | 支柱 | 具体指标 |
|---|---|---|
| 基本条件 | 制度 | 财产权利、知识产权保护、司法独立性等 18 个指标 |
| | 基础设施 | 公路质量、铁路质量、航空运输质量、电力供应质量等 8 个指标 |
| | 宏观经济 | 财政盈余、储蓄率、利率差等 5 个指标 |
| | 健康与基础教育 | 平均寿命、小学入学率等 11 个指标 |
| 效率增强因素 | 高等教育与培训 | 中学入学率、大学入学率等 8 个指标 |
| | 商品市场效率 | 当地竞争强度、市场垄断程度等 15 个指标 |
| | 劳动力市场效率 | 劳资关系中的合作性质、人才流失等 10 个指标 |
| | 金融市场成熟度 | 融资能力、获得贷款的容易性、风险资本的可获得性等 9 个指标 |
| | 技术准备状况 | 与 ICT 相关的法律、FDI 与技术转让等 8 个指标 |
| | 市场规模 | 国内市场规模、国外市场规模 2 个指标 |
| 创新和成熟度影响因素 | 企业成熟度 | 本地供应商数量、价值链广度等 9 个指标 |
| | 创新 | 创新能力、科学研究机构质量等 7 个指标 |

基于上述评价指标体系，世界经济论坛每年对世界各国进行排名，2005~2013年中国的排名情况见表2.1.5。

**表2.1.5 世界经济论坛新评价方式中中国2005~2013年的排名**

| 年份 | 2005 | 2006 | 2007 | 2008 | 2009 | 2010 | 2011 | 2012 | 2013 |
|---|---|---|---|---|---|---|---|---|---|
| 排名 | 46 | 48 | 35 | 34 | 30 | 29 | 27 | 26 | 29 |

## 二、洛桑国际管理学院（IMD）全球竞争力评价体系及指标

瑞士洛桑国际管理学院（IMD）成立于1990年，其前身是1946年在日内瓦创立的国际管理学院（IMI）和1957年在洛桑创立的国际经济管理与发展学院（IMEDE）。从1990年开始，IMD每年对全世界主要国家和地区的竞争力，以及该国家和地区内的企业竞争力，进行分析和排名。

IMD提出的竞争力决定模型为：

国家全球竞争力（综合能力）= F（经济运行，政府效率，商务效率，基础设施）

主要指标体系见表2.1.6。

**表2.1.6 IMD国家全球竞争力模型主要支柱和指标**

| 要素 | 主要支柱和指标 |
|---|---|
| 国内经济 | 1. 生产率反映短期的增加值<br>2. 长期的竞争力需要资本的投入<br>3. 一个国家的繁荣是其过去业绩的反映<br>4. 市场竞争力量能够促进业绩的改善<br>5. 国内竞争越激烈，国内企业在国外越有竞争力 |
| 国际化 | 1. 国际贸易中的成功是国内竞争力的反映（消除贸易壁垒）<br>2. 经济对外开放会增加一国的经济绩效<br>3. 在全球范围内投资布局会使经济增值空间扩大<br>4. 出口方向常常和国内经济增长相联系 |

续表

| 要素 | 主要支柱和指标 |
|---|---|
| 政府 | 1. 国内干预应当最小化，除非为企业创造竞争环境<br>2. 政府应当提供一个可预测、风险小的宏观经济环境<br>3. 政府应当能够灵活地改变其政策以适应环境变化 |
| 金融 | 1. 活跃的金融活动使创造价值的活动更加容易<br>2. 一个良好发展的、融入国际社会的金融业能够支持一个国家国际竞争力的提高 |
| 基础设施 | 1. 一个发展较好的基础设施（包括政府服务系统）能够支持经济活动<br>2. 发展良好的基础设施包括完善的信息技术和有效的环境保护 |
| 企业管理 | 1. 价格/质量之比的竞争力反映了一国企业的管理能力<br>2. 基于长远考虑的管理能够增强竞争能力<br>3. 经营有效性和应变能力是管理能力的反映<br>4. 创业精神是经济起步的基础<br>5. 经营业务一体化和差异化是公司成熟阶段的管理技术 |
| 科学与技术 | 1. 有效地、创造性地应用现有技术会建立竞争优势<br>2. 基础研究和创新活动的投资所创造的新知识对经济发展的成熟阶段非常重要<br>3. 在研发方面的长期投资有可能增强企业竞争力<br>4. 在研发领域的非国防投资对国家的竞争力的贡献大于国防研发投资 |
| 国民素质 | 1. 技术熟练的劳动力增强国家竞争力<br>2. 劳动态度影响国家竞争力<br>3. 竞争提高生活质量 |

目前，IMD 分析样本包括 61 个国家和地区。IMD 评测的指标主要分为国内经济、国际化、政府、金融、基础设施、企业管理、科学与技术、国民素质八大类指标，其中又细分出 323 个指标。

## 三、国内有关国际竞争力或全球竞争力的评价体系及指标

中国人民大学竞争力评价与研究中心在《中国国际竞争力发展报告》中提出了国际竞争力的评价指标体系，主要由劳动生产率、劳动力成本、公司业绩、管理效率和公司文化五个维度组成。

中国社会科学院工业经济研究所主编的年度《中国企业竞争力报告》，提出了以中国境内上市公司为对象的企业竞争力测评体系。评议指标采用公众评价与特殊人群评价相结合的问卷调查。通过企业经营管理者问卷调查和德尔菲法（Delphi method）相结合的办法，确定指标的选取，既考虑企业竞争力的外在表现即显性指标，也考虑企业竞争力的决定因素即潜在指标。既考虑竞争力的静态因素，如研发能力指标等，也考虑竞争力的动态因素，如成长性指标。提出不同产业即不存在直接竞争关系的企业之间也可以进行竞争力比较，并进行实际的测量与比较。

在该研究中，企业竞争力评价指标包括销售收入、近三年销售收入年均增长率、利润总额、近三年利润总额年均增长率、净资产、净资产利润率、总资产贡献率、全员劳动生产率、总收益率、出口收入占销售收入的比重、近三年技改投资占销售收入的比重、占销售收入的比重、拥有专利数、公众评价人气指数、财经记者评价企业家及管理水平、行业分析师资本市场表现等多个指标。这些指标可分别归类到规模实力、盈利能力、成长能力、研发能力与公众评价五个评价要素之中。

中国企业联合会1996年启动中国企业国际竞争力评价，每年发布中国企业发展报告，2006年以后，放弃原来的研究方式开始启用中国企业500强研究及与世界500强对标研究。中国企业联合会对国际竞争力评价的体系包括七大方面：经济效益、财务状况、管理水平、科技进步、员工素质、对外开放程度和社会效益。具体的指标体系如表2.1.7所示。

**表 2.1.7　　中国企业联合会关于国际竞争力评价指标体系**

| 经济效益 | 财务状况 |
|---|---|
| 101A 销售收入（营业收入）（万元） | 201A 净资产（万元） |
| 102A 利润总额（万元） | 202A 净资产近两年平均增长率（%） |
| 103A 缴税总额（万元） | 203A 资产负债率（%） |
| 104A 销售收入近两年平均增长率（%） | 204A 流动比率（%） |
| 105A 利润总额近两年平均增长率（%） | 205A 速动比率（%） |
| 106A 缴税总额近两年平均增长率（%） | 206A 存货周转率（%） |
| 107A 总资产贡献率（%） | 207A 应收账款周转率（%，天） |
| 108A 资本收益率（%） | 208A 总资产周转率（%，天） |
| 109A 销售利润率（%） | 209A 无形资产（万元） |
| 110A 成本费用利润率（%） | 210A 资产总额（万元） |
| 111A 资产增值率（%） | 211A 年现金净流量（万元） |
| 112A 人均利税总额（万元/人，年） | 212A 流动资金周转率（%，天） |
| 113A 全员劳动生产率（万元/人，年） | |
| 114A 员工平均年收入增加率（%） | |
| 115A 所有者权益报酬率（%） | |
| **管理水平** | **科技进步** |
| 301A 主导产品国内市场占有率（%） | 401A 设备新度（%） |
| 302A 安全事故率（%） | 402A 设备利用率（%） |
| 303A 万元产值综合能耗（吨标煤/才万元） | 403A 设备折旧率（%） |
| 304A 近两年万元产值综合能耗降低率（%） | 404A 近三年技术开发费用占销售收入比重（%） |
| 305A 能源消耗占生产成本的比重（%） | 405A 近三年技术改造费用占销售收入比重（%） |
| 306A 销售人员占全体员工的比重（%） | 406A 技术改造投入收益率（%） |
| 307A 管理人员占全体员工的比重（%） | 407A 科研开发人员占全体员工的比重（%） |
| 308A 产销率（%） | 408A 近三年新产品销售额占销售额的比重（%） |
| 309A 主导产品合格率（%） | 409A 近三年科研成果转化率（%） |
| 310A 期间费用占总成本的比重（%） | 410A 企业拥有的专利技术数量 |
| 311A 制造费用占总成本的比重（%） | |
| 312A 近三年文化设施投资与企业基建、技改投资总额的比重（%） | |
| **员工素质** | **对外开放程度** |
| 501A 具有中高级职称人员占企业员工的比重（%） | 601A 近三年企业利用外资金额（万元） |
| 502A 具有技师职称人员占企业员工的比重（%） | 602A 近两年产品出口创汇平均增长率（%） |
| 503A 具有大专以上学历人员占企业员工的比重（%） | 603A 国际销售比率（%） |
| 504A 员工教育培训费占销售额的比重（%） | |
| 505A 员工年接受培训时间（小时） | |

续表

| 社会效益 |
| --- |
| 701A 近三年环保措施投资占技改投资的比重（%）<br>702A 近三年企业为当地社会提供就业人数占企业员工比重（%）<br>703A 参加社会保险人数占企业员工的比重（%）<br>704A 缴纳国税、地税情况（%）<br>705A 社会贡献率（%） |

国资委对大中型企业国际竞争力也进行了相关的评价和指标体系构建，其评价要素及指标体系见表2.1.8。

**表2.1.8　　大中型企业国际竞争力评价要素及指标体系**

| 评价要素 | 评价子要素 | 评价指标 |
| --- | --- | --- |
| 规模与效率 | 规模 | 总资产、员工总数、营业收入 |
| | 效率 | 劳动生产率、产品出口率、销售利润率、总资产报酬率、销售收入增长率 |
| 管理与实践 | 财务与资本 | 资产负债率、流动资产周转率、所有者权益报酬率、市盈率、EVA |
| | 人力资源 | 人才结构、培训费用支出率、人才机制、人才可获得性、金融与资本运营人才可获得性、人才流失、国际高素质人才、国际经验、决策层效率 |
| | 信息化 | 信息与决策、信息能力、信息与生产、互联网对商业的影响、网络销售率 |
| | 文化与战略 | 企业竞争战略、企业理念、企业行为、企业形象、企业家、企业员工、战略实施能力、战略独特性、伦理实践 |
| 学习与创新 | 学习 | 学习能力 |
| | 研究与开发 | 研发投入、研发人员 |
| | 创新 | 专利授权量、创新的机制与效率、创新能力、产品独特性 |
| | 技术设施 | 技术时间差、技术设施水平 |
| 市场与营销 | 业务 | 业务的种类、新业务比重 |
| | 客户满意度 | 问题反应速度、客户满意度、产品（或服务）质量 |
| | 市场 | 区域销售的范围、市场敏感度 |
| | 营销 | 营销网络、营销队伍素质、知名度、广告策划、广告投入、产品销售率 |

续表

| 评价要素 | 评价子要素 | 评价指标 |
|---|---|---|
| 环境与影响 | 地域与行业 | 地域环境的硬性水平、地域环境的软件水平、行业海外发展政策、行业税收与投融资政策 |
| | 国内外影响 | 对国内外经济的影响、对国内外企业文化的影响、对经济全球化的态度 |

《中国大企业（集团）竞争力研究报告》从现实竞争力、发展竞争力、潜在竞争力、机制竞争力四个方面进行评价，采用了相关性分析和主成分分析相结合的办法，既考虑指标体系的完整性、全面性，同时兼顾指标体系的科学性、代表性、实践性与可操作性，是构建一个科学、实用的企业国际竞争力评价指标体系的有效方法。

**表 2.1.9　中国大企业（集团）竞争力研究报告的指标体系**

| 要素层 | 准则层 | 指标层 | 指标数 |
|---|---|---|---|
| 现实竞争力 | 规模 | 资产总额、净资产、营业收入、利润总额 | 4 |
| | 市场 | 市场占有率、出口比例 | 2 |
| | 收益 | 总资产贡献率、营业利润率、权益收益率、成本费用利润率 | 4 |
| | 运营 | 劳动生产率、流动资产周转率、总资产周转率、成本费用率 | 4 |
| | 偿债 | 资产负债率、流动比率、速动比率 | 3 |
| 发展竞争力 | 实力增长 | 总资产增长率、资产保值增值率、固定资产投资增长率 | 3 |
| | 市场扩张 | 营业收入增长率、出口增长率 | 2 |
| | 收益增长 | 利润总额增长率 | 1 |
| 潜在竞争力 | 投资积累 | 年度固定资产投资比例、投资收益率、折旧率 | 3 |
| | 产品开发 | 新产品销售比重、国际认证产品比例 | 2 |
| | 技术能力 | 研发费用比重、二次技术开发比重、技术转让总值、设备转让总值 | 4 |
| | 人才资源 | 研发人员比重、国际科技人员开放度、培训费用比重 | 3 |

续表

| 要素层 | 准则层 | 指标层 | 指标数 |
|---|---|---|---|
| 机制竞争力 | 制度 | 企业制度、产权制度、组织结构 | 3 |
| | 决策 | 决策层、决策系统、决策支持系统 | 3 |
| | 激励 | 激励技术、激励的组织管理 | 2 |
| | 管理 | 战略管理、市场策略、实物形态与价值形态的管理 | 3 |
| | 创新 | 管理创新、技术创新、制度创新 | 3 |

## 四、中国企业全球竞争力评价指标体系建议

针对中国企业，我们认为，构建评价体系要考虑国家全球竞争力的间接影响，要突出硬实力评价（硬指标）以及与国际化有关的指标。为此，我们提出，中国企业全球竞争力的决定模型如下：

中国企业的全球竞争力 = G（国家全球竞争力，规模，盈利，全球成长性，运营效率，跨国化指数）

相应的评价体系及指标评价体系及指标见表 2. 1. 10。

**表 2. 1. 10　　本文提出的全球竞争力评价指标体系**

| 要素 | 权重 | 指标 |
|---|---|---|
| 国家全球竞争力 | 10 | WEF 和 IMD 排名 |
| 规模 | 20 | 资产总额<br>营业收入<br>公司市值<br>员工受教育程度（本科及以上）<br>研发费用占营业收入比 |
| 盈利 | 20 | 总资产报酬率<br>海外资产报酬率<br>主营业务利润率<br>海外业务利润率<br>净利润率<br>海外净利润率<br>EVA |

续表

| 要素 | 权重 | 指标 |
|---|---|---|
| 全球成长性 | 15 | 海外营收增长率<br>海外净利润增长率<br>国际市场网络<br>国际战略伙伴数 |
| 运营效率 | 15 | 流动资产周转率<br>劳动生产率<br>资产负债率<br>全要素生产率 |
| 跨国化指数 | 20 | （海外资产占比＋海外营收占比＋海外员工占比）/3<br>企业对外投资额 |

执笔：范保群

## 参考文献


[1] 国务院发展研究中心企业研究所．中国大企业集团年度发展报告（紫皮书）．北京：中国发展出版社，各年度

[2] 国务院发展研究中心企业研究所．中国企业发展报告．北京：中国发展出版社，各年度

[3] 王忠明，白津夫等．大企业定位国际竞争力．北京：中国财政经济出版社，2003

[4] 中国人民大学竞争力与评价研究中心研究组．中国国际竞争力发展报告．北京：中国人民大学出版社，各年度

[5] 中国大中型企业国际竞争力评价报告专家委员会．中国大中型企业国际竞争力评价报告．北京：中国财政经济出版社，各年度

[6] 金碚．中国企业竞争力报告．北京：社会科学文献出版社，各年度

## 第二节　中国领先制造企业的全球竞争力评价[①]

目前，中国已有越来越多的企业进入了全球企业“500 大”，但这些企业是否真正具有全球竞争力？它们与行业内国际优秀企业相比还有多大差距？存在哪些不足？这些问题是我们需要深入思考的。本节中，我们以国内多个制造领域的领先企业为研究对象，着重分析了影响企业全球竞争力的规模因素、效率因素、成长因素和国际化因素，综合测算了这些领先企业全球竞争力指数，并将这些企业与行业内的国际标杆企业进行详细对标，找出差距，分析原因，为提升中国领先制造企业的全球竞争力提供思路和改进建议。

企业全球竞争力是企业在全球竞争环境中具有使其在国内外市场中保持和增加市场份额的各类能力、素质和条件。对企业全球竞争力的评价如果仅从企业的资产规模和营业收入来看是不够的，这种“大”只是“体型、体重”，而不能充分反映“体能、体力”。对企业全球竞争力的评价还要看企业资产经营所带来的效益、能够实现效益的效率以及企业持续成长的能力，而国际化因素也反映了企业面对国际市场竞争的能力。

① 本部分研究方法来源于 2013 年 11 月中国企业评价协会接受工业和信息化部委托的《大企业国际竞争力指标体系研究》（课题组成员：李兆熙、李春伟、禤俊名、袁东明、项安波、贾涛），并引用和参考了其中的部分内容与数据。

## 一、企业全球竞争力评价体系构建

根据企业全球竞争力的含义、国内外关于企业竞争力的理论研究与评价分析，我们认为，决定企业全球竞争力的因素主要包括四个方面：规模因素、效率因素、成长因素和国际化因素。为客观、科学地评价中国制造业领先企业的全球竞争力，实现引导和培育具有全球竞争力的大企业的目的，评价指标体系选择应遵循以下几项原则：第一，指标相关性原则。指标应与企业全球竞争力高度相关，能从多个侧面反映企业的全球竞争能力和核心竞争力。第二，数据统一性原则。指标体系的设计，与现行的国际会计统计制度相衔接，考虑数据的可获得性。第三，指标代表性原则。指标的含义要准确、简单、综合性强且具有代表性。第四，各类指标所反映的能力之间具有制约性和互补性特征。据此，我们对这四个指标进一步作了分解。

（1）规模因素。企业具备全球竞争力的一个主要因素是规模，反映一个企业规模大小的指标主要是销售收入和利润。

（2）效率因素。效率是反映企业竞争力的重要因素。反映企业效率因素的指标设定为总资产报酬率、销售利润率和人均收入。

（3）成长因素。也指企业持续发展的能力，包含了企业近三年平均销售收入增长率、近三年平均利润增长率和研发投入比例等三个指标。

（4）国际化因素。企业参与全球竞争，融入世界生产价值链，是体现企业全球竞争力的主要因素。体现企业国际化因素的指标主要有三个：海外资产占总资产的比例、海外收入占总销售收入的比例、海外员工占总员工的比例。

按照德尔菲咨询法，我们对各指标权重进行了赋值，规模因素占30%，销售收入和净利润各占15%；效率因素占30%，总资产收益率、销售利润率和人均收入各占10%；成长因素占25%，其中，近三年销售收入和净利润平均年增长率各占10%，研发投入占5%；国际化因素占15%，其中，海外收入占比、海外资产占比和海外员工占比各5%（见表2.2.1）。

**表2.2.1　企业全球竞争力指标体系及权重**

| 一级指标 | 二级指标 | 三级指标 | 权重（%） |
|---|---|---|---|
| 企业全球竞争力指数 | 规模因素（30%） | 销售收入 | 15 |
| | | 净利润 | 15 |
| | 效率因素（30%） | 总资产收益率 | 10 |
| | | 销售利润率（利润/收入） | 10 |
| | | 人均销售收入 | 10 |
| | 成长因素（25%） | 近三年销售收入平均年增长率 | 10 |
| | | 近三年净利润平均年增长率 | 10 |
| | | 研发投入比例 | 5 |
| | 国际化因素（15%） | 海外资产占总资产比例 | 5 |
| | | 海外收入占总销售收入比例 | 5 |
| | | 海外员工占总员工比例 | 5 |

## 二、国内领先制造企业全球竞争力测算

我们选择了石油化工、汽车制造、钢铁、电解铝、通信设备制造和家电等六个制造行业，每个行业选取1~2家国际标杆企业和3~5家国内领先企业，共计37家企业。我们采用数据“归一化”的办法，对每个企业的三级指标数据进行标准化处理，得出每项指

标数值，然后，以线性加权法计算各个专项指数和综合指数。最终测算结果如表2.2.2所示。

**表2.2.2　　37家企业全球竞争力指数排名**

| 排名 | 公司 | 规模指数 | 效率指数 | 成长指数 | 国际化指数 | 综合指数 |
|---|---|---|---|---|---|---|
| 1 | 埃克森美孚 | 0.2899 | 0.2730 | 0.0887 | 0.1055 | 0.7569 |
| 2 | 荷兰皇家壳牌公司 | 0.2461 | 0.2332 | 0.0889 | 0.1235 | 0.6917 |
| 3 | 大众汽车公司 | 0.1754 | 0.1906 | 0.1357 | 0.0980 | 0.5997 |
| 4 | 三星电子 | 0.1318 | 0.2530 | 0.0974 | 0.0877 | 0.5699 |
| 5 | 丰田汽车公司 | 0.1331 | 0.1995 | 0.0883 | 0.0822 | 0.5031 |
| 6 | 中国石油天然气集团公司 | 0.2156 | 0.1322 | 0.1037 | 0.0409 | 0.4924 |
| 7 | 中国海洋石油总公司 | 0.0760 | 0.2589 | 0.1148 | 0.0393 | 0.4891 |
| 8 | 思科系统公司 | 0.0527 | 0.2525 | 0.1008 | 0.0650 | 0.4709 |
| 9 | 中国石油化工集团公司 | 0.1905 | 0.1451 | 0.0938 | 0.0372 | 0.4667 |
| 10 | 上海汽车工业（集团）总公司 | 0.0544 | 0.2257 | 0.1091 | 0.0013 | 0.3905 |
| 11 | 联想控股有限公司 | 0.0276 | 0.1985 | 0.1014 | 0.0598 | 0.3872 |
| 12 | 中国第一汽车集团公司 | 0.0496 | 0.2416 | 0.0949 | 0.0007 | 0.3868 |
| 13 | 爱立信 | 0.0275 | 0.1207 | 0.1250 | 0.1097 | 0.3830 |
| 14 | 华为技术有限公司 | 0.0327 | 0.1481 | 0.1146 | 0.0647 | 0.3600 |
| 15 | 荷兰皇家飞利浦公司 | 0.0255 | 0.1061 | 0.0819 | 0.1394 | 0.3529 |
| 16 | 索尼公司 | 0.0419 | 0.1414 | 0.0677 | 0.0959 | 0.3469 |
| 17 | 安赛乐米塔尔 | 0.0302 | 0.0804 | 0.0767 | 0.1454 | 0.3326 |
| 18 | 中国有色矿业集团有限公司 | 0.0227 | 0.1320 | 0.1463 | 0.0303 | 0.3312 |
| 19 | 美铝 | 0.0224 | 0.1197 | 0.0754 | 0.0984 | 0.3160 |
| 20 | 北京汽车工业控股公司 | 0.0311 | 0.1703 | 0.0947 | 0.0048 | 0.3010 |
| 21 | 东风汽车公司 | 0.0447 | 0.1698 | 0.0756 | 0.0008 | 0.2909 |
| 22 | 海尔集团公司 | 0.0261 | 0.1456 | 0.0825 | 0.0353 | 0.2895 |
| 23 | 珠海格力电器股份有限公司 | 0.0229 | 0.1429 | 0.1146 | 0.0085 | 0.2889 |
| 24 | 江苏沙钢集团有限公司 | 0.0260 | 0.1808 | 0.0711 | 0.0086 | 0.2865 |
| 25 | 南山集团有限公司 | 0.0213 | 0.1670 | 0.0948 | 0.0015 | 0.2845 |

续表

| 排名 | 公司 | 规模指数 | 效率指数 | 成长指数 | 国际化指数 | 综合指数 |
|---|---|---|---|---|---|---|
| 26 | 山东魏桥创业集团有限公司 | 0.0274 | 0.1379 | 0.1139 | 0.0012 | 0.2804 |
| 27 | 美的集团有限公司 | 0.0224 | 0.1339 | 0.0905 | 0.0275 | 0.2743 |
| 28 | 中国电子信息产业集团公司 | 0.0249 | 0.1056 | 0.0904 | 0.0411 | 0.2620 |
| 29 | 海信集团有限公司 | 0.0205 | 0.1428 | 0.0807 | 0.0155 | 0.2595 |
| 30 | TCL 集团股份有限公司 | 0.0184 | 0.0974 | 0.0951 | 0.0420 | 0.2530 |
| 31 | 宝钢集团有限公司 | 0.0325 | 0.1219 | 0.0790 | 0.0168 | 0.2503 |
| 32 | 中兴通信股份有限公司 | 0.0174 | 0.0654 | 0.0907 | 0.0556 | 0.2290 |
| 33 | 武汉钢铁（集团）公司 | 0.0253 | 0.1046 | 0.0852 | 0.0079 | 0.2230 |
| 34 | 首钢总公司 | 0.0246 | 0.0984 | 0.0654 | 0.0110 | 0.1994 |
| 35 | 河北钢铁集团有限公司 | 0.0266 | 0.1016 | 0.0622 | 0.0062 | 0.1966 |
| 36 | 中国铝业公司 | 0.0220 | 0.0691 | 0.0868 | 0.0182 | 0.1962 |
| 37 | 蒂森克虏伯 | 0.0154 | 0.0258 | 0.0319 | 0.1042 | 0.1773 |

由表2.2.2中可知，与国际标杆企业的全球竞争力相比，除电解铝之外，其他五个行业的领先企业普遍存在一定差距，其中，石油化工、汽车和通信设备制造的差距较大，钢铁和家电制造较为接近。石油化工领域，国内企业中，中石油的综合指数最高，为0.4924，但远低于埃克森美孚的0.7569；汽车制造领域，上汽的综合指数最高，为0.3905，也远低于大众汽车的0.5997；通信设备制造领域，联想控股和华为的综合指数较高，分别为0.3872和0.3600，也显著低于三星电子的0.5699和思科的0.4709；钢铁领域，江苏沙钢最具竞争力，综合指数为0.2865，略低于安赛乐米塔尔的0.3326，但远高于蒂森克虏伯的0.1773；家电制造领域，海尔综合指数最高，为0.2895，略低于飞利浦公司的0.3529；电解铝行业，中国有色矿业集团的综合指数最高，为0.3312，也略高于

美铝的0.3160。

从专项指标来看：①规模因素。电解铝和家电企业的规模因素已经高于同类国际标杆企业；石油化工和钢铁制造接近于同类国际标杆企业；汽车制造和通信设备企业的规模因素与同类国际标杆企业有较大差距。②效率因素。效率指数有的行业高，有的行业低，行业间差异大，如石油化工和通信设备制造显著低于国际标杆企业，汽车制造、钢铁、电解铝和家电企业已接近和超过国际标杆企业。③成长因素。除汽车制造外，各行业领先企业的成长因素普遍高于国际标杆企业，上汽的成长指数为0.1091，低于大众汽车的0.1357。④国际化因素。除通信设备制造业外，其余五个行业领先企业的国际化程度都比较低，远远低于同类国际标杆企业。

## 三、分行业国际对标评价

### （一）石油化工行业

通过石油化工企业的国际对标分析可以发现，与国际标杆企业相比，中国石油石化领先企业依托国内市场规模的快速扩大与大力拓展海外资源，全球竞争力得到了大幅提升，但中国石化企业在企业效率、成长后劲及综合国际化水平等方面与标杆企业还有很大差距（见表2.2.3）。

第一，国内领先石油石化大企业的全球竞争力提升主要来自企业规模的扩大和国际化水平的提高。首先，受国内市场规模快速扩大的影响，中石油和中石化的规模已基本与国际知名石油石化企业相当，但这种增速效应近年来正在大幅减缓，中石化、中石油、中海油2012年的收入增速已下降到个位数。其次，三大石油石化公司近几年快速拓展海外业务，海外收入和资产占比大幅提升，成为全球竞争力提升的一个重要因素。

**表2.2.3　　　　石油石化领先企业全球竞争力国际对标**

| 指数\最佳企业对标 | 埃克森美孚 | 荷兰皇家壳牌集团 | 中国石油天然气集团 | 中国海洋石油总公司 | 中国石油化工集团 |
|---|---|---|---|---|---|
| 规模指数 | 0.2899 | 0.2461 | 0.2156 | 0.0760 | 0.1905 |
| 销售收入（亿元） | 28278 | 30278 | 26835 | 5266 | 28306 |
| 净利润（亿元） | 2821 | 1671 | 1392 | 748 | 698 |
| 效率指数 | 0.2730 | 0.2332 | 0.1322 | 0.2589 | 0.1451 |
| 总资产收益率（%） | 13.45 | 7.38 | 4.08 | 9.14 | 3.57 |
| 销售利润率（%） | 9.98 | 5.52 | 5.19 | 14.20 | 2.47 |
| 人均销售收入（万元） | 3213 | 3480 | 162 | 514 | 279 |
| 成长指数 | 0.0887 | 0.0889 | 0.1037 | 0.1148 | 0.0938 |
| 平均销售收入增长率（%） | 19.35 | 19.10 | 30.11 | 35.95 | 26.69 |
| 平均净利润增长率（%） | 32.53 | 28.55 | 25.64 | 24.61 | 21.08 |
| 研发投入比例（%） | 0.60 | 0.80 | 1.02 | 0.48 | 0.29 |
| 国际化指数 | 0.1055 | 0.1235 | 0.0409 | 0.0393 | 0.0372 |
| 海外收入比例（%） | 73.05 | 60.12 | 49.88 | 42.94 | 31.43 |
| 海外资产比例（%） | 64.71 | 85.86 | 24.60 | 29.79 | 36.54 |
| 海外员工比例（%） | 60.29 | 83.33 | 6.30 | 4.66 | 5.14 |
| 综合指数 | 0.7569 | 0.6917 | 0.4924 | 0.4891 | 0.4667 |

第二，国内领先石油石化企业利润普遍低于标杆企业，且增长后劲乏力。中石化与埃克森美孚收入规模相当，但利润仅有埃克森美孚的1/4，而且三大石油石化企业近几年收入的快速增长并没有带来相应的利润大幅增长，2009~2012年间，中石化、中石油和中海油的利润平均年增长率还略低于埃克森美孚和壳牌。

第三，国内领先石油石化企业效率普遍较低，劳动生产率和总资产报酬率均远低于国际标杆企业。埃克森美孚、壳牌2012年的人均销售收入都在3000万元以上，而中石化仅有279万元，中石油则更低，为162万元，中海油相对较高，但也不到埃克森美孚的1/6。总资产报酬率与销售利润率方面，除中海油与国际石油石化公司相当外，中石油和中石化都要低得多，如中石油和中石化的总资产报酬率2012年均在4%左右，远低于埃克森美孚13%的总资产报酬率，销售利润率方面中石化仅有2.5%，而埃克森美孚则高达10%。

第四，国内领先石油石化企业的国际化程度还远远落后于国际标杆企业。埃克森美孚和壳牌按海外收入、海外资产、海外员工等因素计算的综合国际化水平均在70%左右，而中石油、中石化和中海油近几年尽管有较大提升，但相比之下仍然非常低，其中，中石油最高，海外收入已占近50%，而包含海外资产和海外员工比重的综合国际化水平仅有26.8%。

（二）汽车制造行业

通过表2.2.4汽车企业的国际对标分析可以发现，中国领先汽车企业的发展速度非常快，正在利用国内市场的规模扩张快速迎头赶上，效率和成长方面的竞争力大幅提升，但由于缺乏自主技术和品牌，"走出去"困难，国际化程度非常低，也更加难以形成世界级规模的汽车企业，严重制约了中国汽车企业全球竞争力的提升。

第一，中国领先汽车企业在企业效率和成长两个方面已与国际标杆企业相当，部分指标甚至高于标杆企业。效率方面，上汽和一汽的效率指数都已高出大众和丰田，其中，总资产收益率普遍较好，上汽和一汽都在10%以上，而丰田仅有的3.1%；人均销售收入的差距在缩小，上汽、一汽已接近于丰田。成长方面，国内四大领先汽车企业的成长指数已高于或接近丰田，略低于大众，其中，近三年的年收入增长率普遍在20%上下，是丰田的2倍，与大众相当；利润增长率普遍低于大众和丰田。这说明中国汽车企业在提升全员劳动生产率、利用先进生产技术和设备等方面已在快速赶上。

**表 2.2.4　　汽车制造领先企业全球竞争力国际对标**

| 指数\最佳企业对标 | 大众汽车 | 丰田汽车 | 上海汽车 | 一汽集团 | 北京汽车 | 东风汽车 |
|---|---|---|---|---|---|---|
| 规模指数 | 0.1754 | 0.1331 | 0.0544 | 0.0496 | 0.0311 | 0.0447 |
| 销售收入（亿元） | 15564 | 16701 | 4810 | 4094 | 2106 | 3894 |
| 净利润（亿元） | 1754 | 728 | 335 | 311 | 131 | 227 |
| 效率指数 | 0.1906 | 0.1995 | 0.2257 | 0.2416 | 0.1703 | 0.1698 |
| 总资产收益率（%） | 6.84 | 3.07 | 10.57 | 12.75 | 7.68 | 9.96 |
| 销售利润率（%） | 11.27 | 4.36 | 6.97 | 7.59 | 6.21 | 5.84 |
| 人均销售收入（万元） | 283 | 512 | 454 | 479 | 259 | 221 |
| 成长指数 | 0.1357 | 0.0883 | 0.1091 | 0.0949 | 0.0947 | 0.0756 |
| 平均销售收入增长率（%） | 19.20 | 9.19 | 27.93 | 25.61 | 21.83 | 13.10 |
| 平均净利润增长率（%） | 175.55 | 72.54 | 66.15 | 24.93 | 38.93 | 15.14 |
| 研发投入比例（%） | 4.50 | 4.20 | 1.29 | 1.39 | 1.47 | 1.40 |
| 国际化指数 | 0.0980 | 0.0822 | 0.0013 | 0.0007 | 0.0048 | 0.0008 |
| 海外收入比例（%） | 78.28 | 60.75 | 0.18 | 0.87 | 3.11 | 1.78 |
| 海外资产比例（%） | 51.96 | 57.47 | 2.16 | 0.39 | 3.50 | 0 |
| 海外员工比例（%） | 54.23 | 37.94 | 0.28 | 0.24 | 2.62 | 0 |
| 综合指数 | 0.5997 | 0.5031 | 0.3905 | 0.3868 | 0.3010 | 0.2909 |

第二，中国领先汽车企业在销售收入和利润方面与国际标杆企业相比还不在一个档次，差距非常大。上汽的销售收入不到丰田的1/3，利润不到大众的1/5。这一方面说明中国汽车制造行业规模化

发展的大企业比较少，还没有形成世界级的汽车制造商；另一方面可能也说明中国汽车产品还处于中低档次，并高度依赖于国际大企业，这一点从研发投入指标上也可以看出，2012 年，中国四大领先汽车企业的研发投入占收入的比重均低于 1.5%，而大众与丰田都高于 4%。

第三，国际化程度低是国内领先汽车企业与国际标杆企业全球竞争力差距大的另一个重要因素。国际标杆汽车企业的国际化程度都非常高，大众的综合国际化水平为 61.49%，丰田为 52.05%，而中国四大领先汽车企业均只有个位数，最高仅有 3% 多。这说明，一方面，国际标杆汽车企业在中国快速发展的汽车市场上占据了较大份额，进一步提高了其国际化程度；另一方面，中国汽车企业在“走出去”方面除民营企业有较多出口及吉利并购沃尔沃等个别突破外，主要领先企业“走出去”还是困难重重。

（三）钢铁制造行业

在全球钢铁行业正处于下行的大背景下，中国钢铁企业依托国内相对较好的钢铁行业发展环境，与国际标杆企业的差距正在缩小，全球综合竞争力已基本处于同一层级，但在国际化方面还存在非常大的差距（见表 2.2.5）。

第一，企业规模和成长的提升是中国领先钢铁企业全球竞争力提升的重要源泉。在国内钢铁行业快速增长及国家鼓励提高行业集中度的产业政策支持下，中国钢铁领先企业规模不断扩大，销售收入已提升到了世界级钢铁企业的水平。企业利润及增长情况也普遍好于安赛乐米塔尔和蒂森克虏伯等标杆企业。

第二，企业效率提升是中国钢铁领先企业全球竞争力提升的另外一个重要因素。中国钢铁领先企业的效率指数均已超过安赛乐米塔尔和蒂森克虏伯，这一方面是由于全球钢铁行业处于下行周期，国际钢铁企业普遍亏损，因而总资产收益率、销售利润率均远远落后于国内领先钢铁企业；另一方面也是中国钢铁企业本身的效率提升所决定的，如中国钢铁企业的人均销售收入已超过或接近标杆企业，2012 年沙钢人均销售收入为 530 万元，是安赛乐米塔尔和蒂森克虏伯的两倍多，其他国有钢铁企业则普遍接近于安赛乐米塔尔和蒂森克虏伯。

**表 2.2.5　　钢铁制造领先企业全球竞争力国际对标**

| 指数 \ 最佳企业对标 | 安赛乐米塔尔 | 蒂森克虏伯 | 江苏沙钢 | 上海宝钢 | 武汉钢铁 | 首钢 | 河北钢铁 |
|---|---|---|---|---|---|---|---|
| 规模指数 | 0.0302 | 0.0154 | 0.0260 | 0.0325 | 0.0253 | 0.0246 | 0.0266 |
| 销售收入（亿元） | 5293 | 3739 | 2180 | 2882 | 2138 | 2166 | 2478 |
| 净利润（亿元） | -234 | -381 | 13 | 77 | 30 | -14 | -5 |
| 效率指数 | 0.0804 | 0.0258 | 0.1808 | 0.1219 | 0.1046 | 0.0984 | 0.1016 |
| 总资产收益率（%） | -3.25 | -12.29 | 0.80 | 1.55 | 0.13 | -0.37 | -0.16 |
| 销售利润率（%） | -4.42 | -10.2 | 0.61 | 2.68 | 0.14 | -0.66 | -0.21 |
| 人均销售收入（万元） | 216 | 227 | 530 | 203 | 190 | 184 | 187 |
| 成长指数 | 0.0767 | 0.0319 | 0.0711 | 0.0790 | 0.0852 | 0.0654 | 0.0622 |
| 平均销售收入增长率（%） | 8.95 | 2.76 | 14.22 | 13.85 | 15.06 | 18.43 | 11.85 |
| 平均净利润增长率（%） | — | — | -29.01 | -14.10 | -47.42 | — | — |
| 研发投入比例（%） | 0.33 | 0.57 | 1.76 | 2.24 | 3.30 | 1.85 | 1.17 |
| 国际化指数 | 0.1454 | 0.1042 | 0.0086 | 0.0168 | 0.0079 | 0.0110 | 0.0062 |
| 海外收入比例（%） | 99.69 | 67.10 | 7.62 | 24.20 | 8.99 | 13.87 | 9.55 |
| 海外资产比例（%） | 99.01 | 66.58 | 7.77 | 8.37 | 6.69 | 6.11 | 2.99 |
| 海外员工比例（%） | 75.67 | 61.61 | 1.50 | 0.82 | 0.23 | 1.73 | 0 |
| 综合指数 | 0.3326 | 0.1773 | 0.2865 | 0.2503 | 0.2230 | 0.1994 | 0.1966 |

第三，国际化水平低是制约中国钢铁领先企业全球竞争力提升的主要制约。中国钢铁企业普遍以国内市场为目标，无论是资源地还是销售地都集中在国内，仅有少量出口，国际化综合水平普遍远低于国际标杆企业。2012 年，安赛乐米塔尔和蒂森克虏伯的国际综合水平分别为 91.46%、65.10%，而国内领先钢铁企业中，宝钢的国际化综合水平最高，但也仅有 11.13%。

（四）电解铝行业

比较国内外电解铝企业的全球竞争力指数及分指标情况可以发现（见表 2.2.6），在近几年国际铝市场不景气的大背景下，国际知名铝公司经营状况同样不佳，很多企业出现巨额亏损，如挪威海德鲁和美铝在 2009 年均出现了 14 多亿美元的亏损，其综合竞争力大受影响。相比之下，国内领先电解铝企业依托国内相对较好的市场行情，效率和成长指标均已超越国际标杆企业，中国有色、南山集团和山东魏桥等企业的全球综合竞争力已处于国际领先水平。

第一，国内领先电解铝企业在收入规模上已经与美铝处于同一量级。2009 年以来的收入增长率也要优于美铝，一些企业的效率指数和成长指数均已超过美铝，尤其是成长指数全面超越，全球竞争力居世界前列。如中国有色的综合全球竞争力指数已超过美铝，南山集团和山东魏桥也已接近于美铝。

第二，2008 年国际金融危机发生后，各企业从 2009 年开始呈现恢复性增长，美铝尽管收入增长不如中国铝业等企业，但其利润增长情况在各企业中较好。2012 年，在中国铝业出现巨额亏损的情况下，美铝仍保持了较大的盈利额度。这说明美铝的企业效率较高，风险抵御能力较强。

表 2.2.6　　电解铝制造领先企业全球竞争力国际对标

| 指数 \ 最佳企业对标 | 美铝 | 中国有色 | 南山集团 | 山东魏桥 | 中国铝业 |
|---|---|---|---|---|---|
| 规模指数 | 0.0224 | 0.0227 | 0.0213 | 0.0274 | 0.0220 |
| 销售收入（亿元） | 1490 | 1523 | 708 | 1865 | 2449 |
| 净利润（亿元） | 12 | 14 | 72 | 78 | -100 |
| 效率指数 | 0.1197 | 0.1320 | 0.1670 | 0.1379 | 0.0691 |
| 总资产收益率（%） | 0.48 | 1.38 | 8.91 | 7.85 | -2.33 |
| 销售利润率（%） | 0.81 | 0.95 | 10.12 | 4.16 | -4.08 |
| 人均销售收入（万元） | 244 | 283 | 153 | 137 | 140 |
| 成长指数 | 0.0754 | 0.1463 | 0.0948 | 0.1139 | 0.0868 |
| 平均销售收入增长率（%） | 8.13 | 76.96 | 22.80 | 32.26 | 21.78 |
| 平均净利润增长率（%） | — | 25.59 | 23.23 | 16.70 | — |
| 研发投入比例（%） | 0.70 | 1.63 | 2.80 | 3.70 | 1.29 |
| 国际化指数 | 0.0984 | 0.0303 | 0.0015 | 0.0012 | 0.0182 |
| 海外收入比例（%） | 50.72 | 16.06 | 0.70 | 2.51 | 2.80 |
| 海外资产比例（%） | 76.45 | 24.62 | 2.05 | 0 | 33.23 |
| 海外员工比例（%） | 57.38 | 16.43 | 0.33 | 0 | 0.26 |
| 综合指数 | 0.3160 | 0.3312 | 0.2845 | 0.2804 | 0.1962 |

第三，国内专业电解铝公司的劳动生产率与美铝还有较大差距。美铝 2012 年的人均销售收入为 244 万元，仅有中国有色超过美铝，其他几家均远低于美铝，如中国铝业仅为美铝的一半。对于总资产收益率和销售利润率，除中国铝业外，国内其他几家电解铝企业均要高于美铝，尤其是南山集团和山东魏桥。

第四，国内领先电解铝企业的国际化水平远不如美铝。美铝的国际化综合水平高达 61.5%，国内电解铝企业中，中国有色和中国铝业稍高，国际化综合水平分别为 19.0% 和 12.8%，其中，海外资产占比相对较高，海外收入和海外人员比重则远远低于美铝，而其他国内电解铝公司的国际化水平近乎为0。

（五）通信设备制造业

对比国内外通信设备制造领先企业可以发现，三星电子和思科的全球竞争力处于第一集团，联想、华为和爱立信处于第二集团，中兴通信和中国电子则处于第三集团。国内通信设备领先企业在成长和国际化两个方面已基本追上甚至超越国际标杆企业，但在规模和效率方面还存在较大差距（见表2.2.7）。

第一，国内领先通信设备企业的成长指数和国际化指数已普遍与国际标杆企业相当。企业成长方面，联想的收入与利润增长在各个企业中均列第一，华为和中兴通信的收入增长也要高于思科和爱立信；国际化方面，联想、华为和中兴通信的海外收入与海外资产占比已都超过国际标杆企业，仅有海外员工占比一项稍低。

第二，国内领先通信设备制造企业的规模指数与标杆企业相比有很大差距。三星电子作为一家综合性的电子制造企业，销售收入遥遥领先，是联想控股的近5倍。在单一通信设备制造企业中，中国华为技术公司的销售收入已与思科和爱立信处于同一量级，中兴通信仅有这些企业的一半。企业间利润差异是规模指数差距较大的重要原因，华为2012年盈利154亿元，不到思科的1/3，中兴通信则亏损26亿元。

第三，国内领先通信设备制造企业的效率指数大大低于国际标杆企业。联想控股和华为技术的效率指数已超过爱立信，但与三星电子和思科相比，还有较大差距。总资产收益率方面，仅有华为与思科相当，但大大低于三星电子，其他企业则普遍要远低于三星和思科；销售利润率则全部低于三星和思科，如思科的销售利润率高达17.5%，而国内企业中华为最高，也仅有不到7%；人均销售收入方面，联想控股以573万元/人排第一，而华为、中国电子和中兴通信则远低于三星和思科，甚至低于爱立信。

**表2.2.7　　通信设备制造领先企业全球竞争力国际对标**

| 指数\最佳企业对标 | 三星电子 | 思科系统 | 爱立信 | 联想控股 | 华为技术 | 中国电子 | 中兴通信 |
|---|---|---|---|---|---|---|---|
| 规模指数 | 0.1318 | 0.0527 | 0.0275 | 0.0276 | 0.0327 | 0.0249 | 0.0174 |
| 销售收入（亿元） | 11223 | 2895 | 2115 | 2266 | 2202 | 1830 | 842 |
| 净利润（亿元） | 1294 | 505 | 54 | 38 | 154 | 28 | -26 |
| 效率指数 | 0.2530 | 0.2525 | 0.1207 | 0.1985 | 0.1481 | 0.1056 | 0.0654 |
| 总资产收益率（%） | 12.17 | 8.76 | 2.02 | 2.02 | 7.32 | 1.77 | -2.42 |
| 销售利润率（%） | 11.53 | 17.46 | 2.54 | 1.67 | 6.98 | 1.55 | -3.09 |
| 人均销售收入（万元） | 476 | 434 | 191 | 573 | 147 | 141 | 107 |
| 成长指数 | 0.0974 | 0.1008 | 0.1250 | 0.1014 | 0.1146 | 0.0904 | 0.0907 |
| 平均销售收入增长率（%） | 17.90 | 8.44 | 7.61 | 28.68 | 13.88 | 6.68 | 11.80 |
| 平均净利润增长率（%） | 39.63 | 9.44 | 21.13 | 46.00 | -0.56 | 77.19 | — |
| 研发投入比例（%） | 6.19 | 11.90 | 14.40 | 1.64 | 13.66 | 2.45 | 10.48 |
| 国际化指数 | 0.0877 | 0.0650 | 0.1097 | 0.0598 | 0.0647 | 0.0411 | 0.0556 |
| 海外收入比例（%） | 83.28 | 42.50 | 51.30 | 53.69 | 74.67 | 54.21 | 52.96 |
| 海外资产比例（%） | 36.22 | 32.00 | 67.30 | 40.21 | 34.49 | 17.84 | 44.24 |
| 海外员工比例（%） | 46.04 | 45.90 | 83.30 | 20.98 | 16.43 | 8.28 | 11.26 |
| 综合指数 | 0.5699 | 0.4709 | 0.3830 | 0.3872 | 0.3600 | 0.2620 | 0.2290 |

### （六）家电制造业

对比国内外领先家电制造企业可以发现，中国家电业领先制造企业虽然在销售收入和国际化水平上还不如国外巨头，但从收益率、成长性等方面看已经具备全球竞争力，综合竞争力已接近国际标杆企业（见表2.2.8）。

第一，中国家电业领先企业在规模指数上已与国际标杆企业处于同一层级。尽管销售收入上还有很大差距，如索尼2012年销售收入达到5148亿元，是中国最大家电企业海尔的3倍多，但由于中国家电企业利润普遍好于标杆企业，如海尔2012年净利润75亿元，而索尼仅有33亿元，因而，综合计算收入和利润的规模指数相对较为接近。

第二，中国家电领先企业在效率和成长方面已全面超越国际标杆企业。在效率指标方面，从总资产收益率和销售利润率来看，海尔、美的、格力、海信都排在前列，远高于飞利浦和索尼公司；人均销售收入则多数低于飞利浦和索尼，除海尔和海信稍高外，格力、美的和TCL与标杆企业的差距较大，索尼是TCL的3.5倍，飞利浦是TCL的1.7倍。成长指标上，国内领先家电企业已完全超越国际标杆企业，收入和利润增长率均远远高于飞利浦和索尼公司，仅有研发投入占比一项还有较大差距。

第三，在国际化程度方面，国内领先家电企业与国际标杆企业相比差距还很显著。飞利浦和索尼的国际化综合水平分别为87.66%、68.94%，而国内领先家电企业中，TCL的国际化程度最高，海外资产占比达到44%，海外收入占到37%，而海外员工占比则不到3%，综合国际化水平为27.7%，与国际标杆企业还有很大差距。

表 2.2.8　　　　家电制造领先企业全球竞争力国际对标

| 指数\ 最佳企业对标 | 飞利浦 | 索尼 | 海尔 | 格力 | 美的 | 海信 | TCL |
|---|---|---|---|---|---|---|---|
| 规模指数 | 0.0255 | 0.0419 | 0.0261 | 0.0229 | 0.0224 | 0.0205 | 0.0184 |
| 销售收入（亿元） | 2048 | 5148 | 1631 | 1001 | 1027 | 811 | 694 |
| 净利润（亿元） | 18 | 33 | 75 | 74 | 61 | 45 | 13 |
| 效率指数 | 0.1061 | 0.1414 | 0.1456 | 0.1429 | 0.1339 | 0.1428 | 0.0974 |
| 总资产收益率（%） | 0.76 | 0.34 | 5.02 | 6.92 | 7.00 | 6.07 | 1.60 |
| 销售利润率（%） | 0.89 | 0.63 | 4.59 | 7.44 | 5.98 | 5.52 | 1.83 |
| 人均销售收入（万元） | 173 | 352 | 218 | 122 | 103 | 170 | 101 |
| 成长指数 | 0.0819 | 0.0677 | 0.0825 | 0.1146 | 0.0905 | 0.0807 | 0.0951 |
| 平均销售收入增长率（%） | 0.36 | 1.78 | 9.30 | 32.91 | 9.30 | 13.13 | 16.18 |
| 平均净利润增长率（%） | -20.17 | — | 36.69 | 36.44 | 10.18 | 26.03 | 21.84 |
| 研发投入比例（%） | 7.83 | 6.68 | 5.46 | 3.04 | 6.03 | 4.01 | 3.85 |
| 国际化指数 | 0.1394 | 0.0959 | 0.0353 | 0.0085 | 0.0275 | 0.0155 | 0.0420 |
| 海外收入比例（%） | 96.94 | 67.59 | 28.40 | 15.77 | 41.69 | 15.50 | 36.97 |
| 海外资产比例（%） | 93.53 | 45.69 | 22.85 | 0.37 | 8.19 | 14.11 | 44.00 |
| 海外员工比例（%） | 72.50 | 93.53 | 16.00 | 0.74 | 4.24 | 1.14 | 2.26 |
| 综合指数 | 0.3529 | 0.3469 | 0.2895 | 0.2889 | 0.2743 | 0.2595 | 0.2530 |

## 四、政策建议

过去中国制造业领先企业全球竞争力的提升主要来自于企业规模的快速扩大，随着中国经济逐渐由速度效益型向质量效率型转变，依靠规模和快速成长提高竞争力的传统路径空间已很小，未来必须尽快填补短板，通过企业效率提升和全面的国际化运作挖潜力、促增长，进一步提升国内领先制造企业的全球竞争力，培育一批国际领先的制造业企业。

（一）采取多种手段提高领先制造企业的资本使用效率和劳动生产率

首先，要完善使经济保持持续增长活力的微观主体，也就是要通过健全公司治理、改进企业管理等方式来推动企业效率提升，满足不断升级的国内外市场需求。第二，利用先进的互联网生产管理理念，大力推动互联网在工业生产中的应用与融合，快速提升制造企业的自动化、信息化水平，提高资本使用效率和劳动生产率，有效解决劳动力、土地、资源环境和管理成本等生产要素瓶颈制约。第三，深化国有企业内部改革，继续减员增效，尤其是要深化石油化工、钢铁、电解铝等行业的国有企业改革。国有企业劳动生产率低下的一个重要原因是企业历史包袱重，企业办社会问题远未解决，企业冗员严重，办法就是继续推进企业内部改革，通过业务外包等形式分流富余员工；继续加强地方与企业的合作，将医院、学校等功能交还给社会。第四，加快落实创新驱动发展战略，加强关键核心技术攻关，实施工业强基工程和共性技术开发。围绕装备制造、电子信息等重点领域，以发展关键基础材料、核心基础零部件（元器件）、先进基础工艺和产业技术基础等“四基”为目标，集中力量实施一批工程化、产业化和公共服务平台示范项目，组织企业、科研院所开展“一条龙”攻关，努力解决行业共性技术研发难题，推动工业基础能力迈上新台阶。

（二）化解产能过剩矛盾，为大企业提升全球竞争力创造条件

钢铁、电解铝、石化等行业产能过剩对企业全球竞争力的提升有较大制约。中国需要按照“尊重规律、分业施策、多管齐下、标

本兼治”的总原则和“四个一批”的思路，通过深化改革，落实责任，建立长效机制，稳扎稳打做好化解产能过剩工作。加大企业技术改造力度，对应用新技术、新工艺进行节能和环保改造、生产高附加值产品、有市场需求的项目继续给予支持。积极推动企业开展跨地区、跨所有制的兼并重组，支持优势企业兼并或重组布局合理、技术装备先进、节能环保达标，提高产业集中度。对于大多已进入产业发展成熟阶段、存在产能过剩和过度竞争的传统制造领域，通过联合建立境外工业园区等方式，加快“走出去”步伐，充分利用国际市场消化过剩产能。

### （三）推动领先企业的全面国际化运作，提升企业国际化综合水平

国内领先制造企业要面向国内国外两个市场、两个资源供应地，加强技术、专业能力和人才的输出，形成一批进行全方位国际化运作的全球领先企业。分行业来说，石油化工领域要在以获取油气资源为核心的前提下，加强石油石化企业在海外的一体化运作，抢渠道占市场，扩大企业的海外资产和海外员工布局；汽车领域要支持和鼓励领先汽车企业抓住全球汽车产业处于发展调整期的机遇，引导汽车企业重视企业品牌和知识产权等核心资产，适时“走出去”和扩大产品出口，积极稳妥地整合国际资源，加快资产和市场的全球布局；电解铝和钢铁制造领域，要尽快将“目光”转向国外，并重国内和国外两个市场，积极输出已有较高竞争力的生产能力和技术能力；通信设备和家电制造领域，要推进更高水平的国际化运作，通过在海外设生产企业、设研发机构等途径扩大海外员工

比重，充分吸纳世界各国的优秀人才和宝贵知识。

（四）促进行业规制改革，推动产业转型升级

党的十八届三中全会指出："经济体制改革是全面深化改革的重点，核心问题是处理好政府和市场的关系，使市场在资源配置中起决定性作用和更好发挥政府作用。""必须积极稳妥从广度和深度上推进市场化改革，大幅度减少政府对资源的直接配置，推动资源配置依据市场规则、市场价格、市场竞争实现效益最大化和效率最优化。政府的职责和作用主要是保持宏观经济稳定，加强和优化公共服务，保障公平竞争，加强市场监管，维护市场秩序，推动可持续发展，促进共同富裕，弥补市场失灵。"从我们的分析结果来看，目前一些被产业政策重点关注的产业，如石化、汽车、钢铁等行业的企业与国际标杆企业相比，差距明显；相反，那些不是产业政策关注重点的产业，如家电、通信设备制造等行业的企业与国际标杆企业的差距不是那么巨大，一些甚至已经达到了国际领先水平。这说明我们的产业政策还有较大的调整和优化空间。

执笔：袁东明　贾涛　项安波

## 参考文献

[1] 刘文炳．中央企业国际竞争力研究——并购重组的视角．北京：中国经济出版社，2011

[2] 金碚．中国企业竞争力报告（2011）．北京：中国社会科学文献出版社，2011

[3]〔爱尔兰〕伯纳德特·安德鲁索，戴维·雅各布森．产业经济学与组织——一个欧洲的视角（第二版中译本）．北京：经济科学出版社，2009

**附表** **37 家国内外领先制造企业的基本数据**

| 企业名称 | 营业收入（万元） | | | | 利润（万元） | | | | 总资产（万元） | 人员（人） | 研发投入占收入比重（%） | 海外收入比重（%） | 海外资产比重（%） | 海外员工比重（%） |
|---|---|---|---|---|---|---|---|---|---|---|---|---|---|---|
| | 2009 年 | 2010 年 | 2011 年 | 2012 年 | 2009 年 | 2010 年 | 2011 年 | 2012 年 | | | | | | |
| 中国石油化工集团公司 | 139195196 | 196904221 | 255195093 | 283060946 | 3931714 | 5164026 | 8313986 | 6979107 | 195682732 | 1015039 | 0. 29 | 31. 43 | 36. 54 | 5. 14 |
| 中国石油天然气集团公司 | 121827809 | 172088519 | 238127823 | 268348030 | 7017232 | 9725232 | 13052784 | 13917459 | 340942037 | 1656465 | 1. 02 | 49. 88 | 24. 06 | 6. 3 |
| 中国海洋石油总公司 | 20957831 | 35476183 | 48819940 | 52656649 | 3865433 | 7423092 | 8666910 | 7478734 | 81809720 | 102500 | 0. 48 | 42. 94 | 29. 79 | 4. 66 |
| 壳牌（百万美元） | 285129 | 378152 | 484489 | 481700 | 12518 | 20127 | 30918 | 26592 | 360325 | 87000 | 0. 8 | 60. 12 | 85. 86 | 83. 33 |
| 埃克森美孚（百万美元） | 264650 | 354674 | 452926 | 449886 | 19280 | 30460 | 41060 | 44880 | 333795 | 88000 | 0. 6 | 73. 05 | 64. 71 | 60. 29 |
| 中国铝业公司 | 13560700 | 19543309 | 23170175 | 24493959 | -696737 | -27805 | 181971 | -998604 | 42841462 | 174999 | 1. 29 | 2. 8 | 33. 23 | 0. 26 |
| 中国有色矿业集团 | 2749023 | 4547986 | 6408199 | 15234511 | 72779 | 117136 | 145698 | 144158 | 10473859 | 53811 | 1. 63 | 16. 06 | 24. 62 | 16. 43 |
| 南山集团有限公司 | 3826019 | 5120064 | 6360389 | 7084631 | 382958 | 568462 | 708435 | 716629 | 8037211 | 46213 | 2. 8 | 0. 7 | 2. 05 | 0. 33 |
| 山东魏桥创业集团 | 8061821 | 11845598 | 16101478 | 18651498 | 488538 | 854619 | 785883 | 776542 | 9886256 | 135935 | 3. 7 | 2. 51 | 0 | 0 |
| 美铝（百万美元） | 18745 | 21013 | 24951 | 23700 | -1151 | 254 | 611 | 191 | 40179 | 61000 | 0. 7 | 50. 72 | 76. 45 | 57. 38 |
| 三星电子（百万美元） | 108927 | 133781 | 148944 | 178555 | 7562 | 13669 | 12059 | 20586 | 169155 | 236000 | 6. 19 | 83. 28 | 36. 22 | 46. 04 |
| 宝钢集团有限公司 | 19530748 | 27298409 | 31624500 | 28822553 | 1217607 | 1987703 | 1500888 | 771807 | 49843762 | 142031 | 2. 24 | 24. 2 | 8. 37 | 0. 82 |
| 河北钢铁集团有限公司 | 17709075 | 22709711 | 25034171 | 24782802 | 206410 | 277760 | 292329 | -52175 | 31682540 | 132186 | 1. 17 | 9. 55 | 2. 99 | 0 |
| 首钢总公司 | 13038232 | 19753446 | 23349783 | 21659589 | 43544 | 25986 | -115266 | -142656 | 38443279 | 117607 | 1. 85 | 13. 87 | 6. 11 | 1. 73 |

**续表**

| 企业名称 | 营业收入（万元） | | | | 利润（万元） | | | | 总资产（万元） | 人员（人） | 研发投入占收入比重（%） | 海外收入比重（%） | 海外资产比重（%） | 海外员工比重（%） |
|---|---|---|---|---|---|---|---|---|---|---|---|---|---|---|
| | 2009 年 | 2010 年 | 2011 年 | 2012 年 | 2009 年 | 2010 年 | 2011 年 | 2012 年 | | | | | | |
| 武汉钢铁（集团）公司 | 14033158 | 19069111 | 22148880 | 21377324 | 203402 | 272676 | 500075 | 29562 | 22303793 | 112330 | 3.3 | 8.99 | 6.69 | 0.23 |
| 江苏沙钢集团有限公司 | 14631303 | 17862398 | 20750672 | 21803592 | 368941 | 737424 | 520208 | 131992 | 16442777 | 41145 | 1.76 | 7.62 | 7.77 | 1.5 |
| 安赛乐米塔尔（百万美元） | 65110 | 83443 | 94444 | 84213 | 118 | 2916 | 2263 | -3726 | 114573 | 244890 | 0.33 | 99.69 | 99.01 | 75.67 |
| 蒂森克虏伯（百万美元） | 54816 | 57586 | 68791 | 59484 | -2510 | 1113 | -1799 | -6054 | 49245 | 167961 | 0.57 | 67.1 | 66.58 | 61.61 |
| 华为技术有限公司 | 14910000 | 18520000 | 20392900 | 22019800 | 1830000 | 2380000 | 1164700 | 1538000 | 21000600 | 150000 | 13.66 | 74.67 | 34.49 | 16.43 |
| 中兴通讯股份有限公司 | 6027256 | 7026387 | 8625446 | 8421936 | 269566 | 347648 | 224309 | -260462 | 10744631 | 78402 | 10.48 | 52.96 | 44.24 | 11.26 |
| 中国电子信息产业集团 | — | 16084475 | 16823613 | 18303462 | — | 90620 | 287656 | 284500 | 16090885 | 129948 | 2.45 | 54.21 | 17.84 | 8.28 |
| 联想控股有限公司 | 10637514 | 14669743 | 18307801 | 22664582 | 121331 | 323484 | 401983 | 377579 | 18720327 | 39553 | 1.64 | 53.69 | 40.21 | 20.98 |
| 思科（百万美元） | 36117 | 40040 | 43218 | 46061 | 6134 | 7767 | 6490 | 8041 | 91759 | 66639 | 11.9 | 42.5 | 32 | 45.9 |
| 爱立信（百万美元） | 26997 | 28226 | 34958 | 33644 | 480 | 1547 | 1879 | 853 | 42286 | 110638 | 14.4 | 51.3 | 67.3 | 83.3 |
| 东风汽车公司 | 26915955 | 36883383 | 40672043 | 38942093 | 1489728 | 2322133 | 2443345 | 2274090 | 22836523 | 176580 | 1.4 | 1.78 | 0 | 0 |
| 上海汽车工业（集团） | 22972314 | 36727716 | 43480395 | 48097967 | 731046 | 1295615 | 3498963 | 3352825 | 31720300 | 105953 | 1.29 | 0.18 | 2.16 | 0.28 |
| 中国第一汽车集团公司 | 20655087 | 29401552 | 36852527 | 40938423 | 1593348 | 2489577 | 2650978 | 3106479 | 24355661 | 85552 | 1.39 | 0.87 | 0.39 | 0.24 |
| 北京汽车工业控股公司 | 11647433 | 15769729 | 20077517 | 21056943 | 487740 | 844413 | 1184165 | 1307770 | 17026515 | 81409 | 1.47 | 3.11 | 3.5 | 2.62 |

续表

| 企业名称 | 营业收入（万元） | | | | 利润（万元） | | | | 总资产（万元） | 人员（人） | 研发投入占收入比重（%） | 海外收入比重（%） | 海外资产比重（%） | 海外员工比重（%） |
|---|---|---|---|---|---|---|---|---|---|---|---|---|---|---|
| | 2009 年 | 2010 年 | 2011 年 | 2012 年 | 2009 年 | 2010 年 | 2011 年 | 2012 年 | | | | | | |
| 大众汽车公司（百万美元） | 146205 | 168041 | 221551 | 247613 | 1334 | 9053 | 21426 | 27909 | 408173 | 549763 | 4.5 | 78.28 | 51.96 | 54.23 |
| 丰田汽车公司（百万美元） | 204106 | 221760 | 235364 | 265702 | 2256 | 4766 | 3591 | 11587 | 377482 | 325905 | 4.2 | 60.75 | 57.47 | 37.94 |
| 海尔集团公司 | 12491161 | 14053629 | 15092957 | 16309769 | 293339 | 452649 | 627466 | 749180 | 14909397 | 74693 | 5.46 | 28.4 | 22.85 | 16 |
| 美的集团有限公司 | 8657202 | 11671971 | 13411615 | 10271302 | 459072 | 695515 | 664138 | 614089 | 8773653 | 99539 | 6.03 | 41.69 | 8.19 | 4.24 |
| 珠海格力电器股份有限公司 | 4263730 | 6080724 | 8351725 | 10011010 | 293166 | 430321 | 529734 | 744592 | 10756689 | 82000 | 3.04 | 15.77 | 0.37 | 0.74 |
| 海信集团有限公司 | 5598526 | 6374092 | 7157576 | 8105139 | 223334 | 303233 | 327328 | 447097 | 7362697 | 47669 | 4.01 | 15.5 | 14.11 | 1.14 |
| TCL 集团股份有限公司 | 4428722 | 5183357 | 6075155 | 6944835 | 70354 | 47240 | 167105 | 127271 | 7974479 | 68935 | 3.85 | 36.97 | 44 | 2.26 |
| 索尼公司（百万美元） | 77696 | 83845 | 82237 | 81897 | -439 | -3031 | -5784 | 518 | 151131 | 146300 | 6.68 | 67.59 | 45.69 | 64.92 |
| 荷兰皇家飞利普（百万美元） | 32232 | 33667 | 35152 | 32579 | 570 | 1915 | -1801 | 290 | 38332 | 118087 | 7.83 | 96.94 | 93.53 | 72.5 |

注：国内企业数据来源于中国企业联合会调查数据，企业总资产、人员、研发占比、海外收入比重、海外资产比重和海外员工比重均为 2012 年数据。国外企业数据来源于财富 500 强、联合国贸发组织等，其中，研发投入占收入比重、海外收入比重、海外资产比重、海外员工比重为 2011 年数据，总资产和人员为 2012 年数据。

# 第三章
# 中国企业全球竞争力的影响因素

## 第一节　中国企业跨国投资对竞争力的影响

通过分析 1998 ~ 2008 年中国工业企业数据和中国企业对外直接投资的面板数据，本节重点研究了对外直接投资对母公司企业全要素生产率的影响。根据定量分析结果，中国企业的对外直接投资可以显著提高母公司的生产率；多次对外直接投资，存在学习和累积效应，可以更好地提高母公司生产效率；对外直接投资不仅短期内有效果，还存在长期效应，在子公司存续期内，母公司生产率均可以因为子公司的存在而获益。

出口贸易和对外直接投资是内资企业提升国际化水平的两种重要模式，与出口贸易相比，对外直接投资对企业的各方面能力的要求更高，也能更好地发挥配置全球资源的能力，促进企业竞争力提升。但在一国开始对外投资的初期，由于经验和能力的缺乏，以及对外国环境的把握能力较弱，投资失败或者效率较低，并不能促进企业竞争力提升，甚至影响了企业发展的情况，这在其他国家也很常见。本研究主要通过上市公司数据，实证分析企业对外投资与竞争力的关系。

## 一、研究方法

随着经济全球化的推进，中国企业国际化进程在近年取得了长足进步。2002 年以来，中国企业对外直接投资额（OFDI）以平均每年 37.5% 的速度增长。到 2013 年达到 902 亿美元，自 2012 年起即成为世界三大对外投资国之一（见图 3.1.1）。

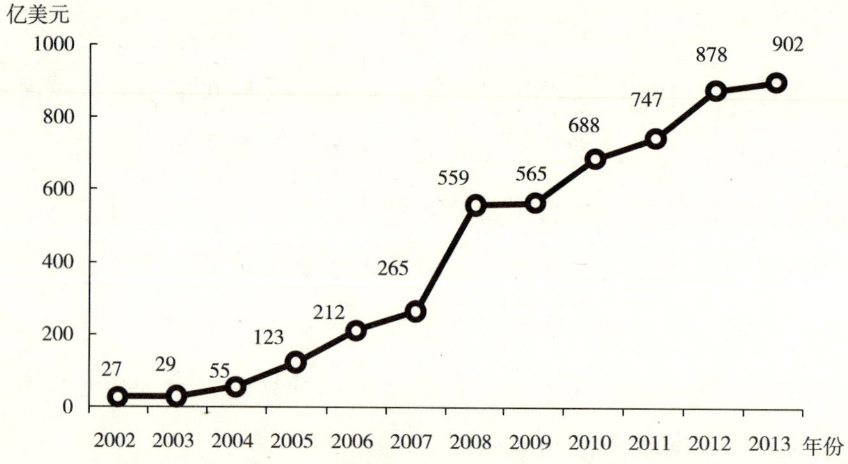


**图 3.1.1　近年来中国对外直接投资增长情况（单位：亿美元）**

数据来源：《中国对外投资合作发展报告 2011 ~ 2012》，《2012 年度中国对外直接投资统计公报》及商务部部长高虎城的讲话（2013 数据）。

快速增长的对外投资是否有利于提高企业的生产率，是否有利于企业发展，对此目前还鲜有实证研究。尽管有许多文献研究了企业的对外直接投资对于投资东道国的影响，但定量研究企业对外直接投资对于母公司生产率影响的文章还非常稀少。目前，与外商直接投资相关的知识外溢效应研究主要涉及两个方面：一是 FDI（IF-DI）对东道国的溢出效应，一般来说，跨国公司的技术和管理水平较为先进，来自发达国家或地区的 FDI 对东道国，特别是发展中国家有正向溢出效应，即 FDI 的先进技术和知识向东道国企业扩散的影响；二是外向 FDI（OFDI），即研究本国的企业对外直接投资对于母公司所在国（简称“母国”）的影响。

从理论上说，对外直接投资应该有利于企业竞争力的提升。虽然一般认为，进行跨国投资的企业比投资地的本土企业有某种优势，也就是说跨国投资企业对自身的提升效果有限，但也有大量关于 FDI 的研究表明，企业进行跨国投资不仅希望充分利用它们已有的优势，也希望通过跨国投资获得新的技术、知识以及资产。例如，Kogut 和 Chang（1991）的研究表明，在 1976～1987 年间，美国充足的 R&D 对于日本跨国公司进入美国市场有显著的正向影响。

本章集中关注研究中国企业跨国投资对国内母公司竞争力的影响，主要采用如下方法。

一是使用改进后的 Olley－Pakes（1996）方法（简称“OP法”）来度量企业的生产率，把生产率作为企业竞争力的核心指标。由于选择性偏误和联立性偏误的存在，直接用 OLS 方法估计索洛残差得到的企业全要素生产率是有偏的，必须考虑到各个企业的特点，用修正后的 OP 法才能准确度量企业生产率（如 De Loecker，2011；Yu，2014）。

二是将企业的 OFDI 分为两种类别：一种是绿地投资，另一种是兼并联合。在此基础上运用计量模型分析投资规模、投资类别、投资地和企业自身特点对企业生产率变化的影响。

## 二、中国企业跨国投资对竞争力影响的实证模型

### （一）对外直接投资提升企业生产率的主要机制

对于新兴经济体而言，OFDI 能够通过以下几种机制促进母国生产效率的提高：

其一，技术和人力资本的溢出效应能够使新兴经济体获益。由于世界上企业的研发支出主要集中于许多发达国家的跨国公司，靠近这些跨国公司使这些不具有优势的新兴经济体能够与有新技术和先进人力资本的企业建立合同，从而对于这些投资公司的母公司技术进步起推动作用。

其二，资源的最优配置促使母公司生产率提高。标准的贸易理论表明 OFDI 为企业专业化生产提供便利，从而促使资源再分配、实现资源最优配置。OFDI 不仅促使企业间生产资源再分配，而且使跨国公司调节国内外的生产布局，促使企业内部生产效率的提高。OFDI 使跨国公司能够以更低的价格从国外分支机构进口中间投入品，从而以更低的价格生产大量的最终产品；并且 OFDI 使跨国公司能够调节国内和国外生产，从而降低生产成本、提高新兴经济体的竞争力。

其三，竞争效应促使母公司努力提高技术。由于身处国际竞争中，国外的新兴经济体企业会努力提高效率，并将新技术、先进管理方式反馈给母公司，从而促使后者生产率提高。

### （二）实证分析的几点假设

基于以上文献及分析，我们提出本报告的第一个假设。

假设一：新兴经济体的 OFDI 会提高这些跨国公司母公司的生产率[①]。

由于对外进行投资的次数越多，遭遇到的国际竞争可能越强，受到其他企业技术外溢的可能性越大，故本报告提出第二个假说。

假设二：对外直接投资越多的企业，母公司生产效率从对外直接投资中获益越大。

由于国外子公司在生存期内可能会一直获益于东道国的技术溢出以及竞争效应，故对外直接投资在长期也可能对母公司生产率起促进作用。

假设三：在子公司存续期内，母公司仍可以从对外直接投资中获益。

### （三）实证模型的建立

本部分主要描述企业生产率的度量和回归模型的构建。

1. 企业生产率的度量

本报告采用普通的 Cobb – Douglas 生产函数来刻画企业的生产行为：

$$Y_{it} = A_{it} L_{it}^{\beta_m} M_{it}^{\beta_m} K_{it}^{\beta_k} \tag{1}$$

其中，$Y_{it}$、$L_{it}$、$M_{it}$、$K_{it}$ 和 $A_{it}$ 分别表示企业 $i$ 在第 $t$ 年的产出、劳动力、中间投入、资本和生产率。通过对（1）式两边取对数，应用回归估计可以得到 $\hat{\ln}Y_{it}$，通过计算索洛残差可以估算出企业的生产率：

① OFDI 对于母公司生产率的促进作用中究竟是通过哪一种机制来起主导作用并不是本章研究的重点，但却是有待日后研究的有意思的问题。

$$TFP_{it} = \ln Y_{it} - \hat{\ln Y_{it}} \tag{2}$$

虽然该方法简单易操作，但由于受到联立性偏误和选择性偏差的影响，简单通过索洛残差来估算企业生产率得到的结果也是有偏的。一方面，当以利润最大化为目的的企业选择投入要素时，企业生产率对于这些决策者来说是已知的，也就是说，如果不控制随时间变化的企业生产率，估计结果将会受到联立性偏误的影响。另一方面，如果企业的退出决策受到预期生产率的影响，而企业未来生产率又受到现在生产率的影响，那么企业的退出决策在一定程度上就会被当前生产率所决定（Olley 和 Pakes，1996）；如此，能够观测到的企业都是生产率相对较高的，而其他企业则已经退出市场，这就产生了选择性偏差问题。

本报告参考余淼杰（2011）、Yu（2014）对全要素生产率的估计方法，并且将企业年龄引用生产率的估计方程，用扩展的 OP 方法对企业生产率进行了估计。

2. 回归模型

本报告建立的基准回归方程如下：

$$\ln TFP_{it} = \beta_0 + \beta_1 OFDI_{it} + \gamma X_{it} + \alpha_i + \eta_t + \varepsilon_{it} \tag{3}$$

其中，$\ln TFP_{it}$、$OFDI_{it}$ 分别表示企业 $i$ 在第 $t$ 年的全要素生产率和对外直接投资的情况；$X_{it}$ 包含一系列控制变量，如企业资本利用率、所有权类型以及资产总计、企业利润总额等表示企业规模和研发投入可能性的变量。由于企业规模会影响到企业研发投入①，从

① 最理想的情况是控制企业层面每年的研发（R&D）投入情况，但由于数据限制，工业库数据中许多年份并未披露企业研发费用。

而企业规模可能影响企业生产率，故本报告将其归为控制变量；另外，由于企业经营绩效的不同，本报告还直接控制了可能影响企业研发投入的企业利润总额。在稳健性检验部分，本报告将企业规模分为三类，用两个虚拟变量来表示（是否为大型企业，是为1，否则为0；是否为小企业，是为1，否则为0）①。参考余淼杰（2011）的做法，本报告还将企业层面的资本利用率（企业资本劳动之比的对数值）加入控制变量，以控制其与生产率的相关关系。

本报告将模型误差项分为三个部分，以尽量将其他可能影响企业生产率的变量进行控制：一是企业固定效应，用 $\alpha_i$ 表示，以控制不随时间变化的因素，如企业的所在地等；二是时间效应，用 $\eta_t$ 表示，以控制随年份变化的效应时间效应；三是异质性的其他影响因素，用 $\varepsilon_{it}$ 表示。

### （三）实证分析的数据来源

本报告所用数据来源于两个数据库：一个是“中国工业企业数据库”，该数据库包含了全部国有企业和年主营业务收入在500万元及以上的非国有工业企业②。本报告采用的数据年份为1998～2008年，工业企业样本从1998年超过16万到2008年超过41万；该数据库涵盖了中国工业约40个两分位行业，指标包括会计三大

① 根据本报告所选用数据的年份，我们使用《中小企业标准暂行规定（2003）》来作为样本中中小企业的分类标准（因为最新正式版的《中小企业划型标准规定》于2011年才开始确定，这已经在本文样本期外），其中，工业中的中小企业标准如下：职工人数2000人以下，或销售额30000万元以下，或资产总额为40000万元以下。其中，中型企业须同时满足职工人数300人及以上，销售额3000万元及以上，资产总额4000万元及以上；其余为小型企业。

② 事实上《中国统计年鉴》的工业部分以及《中国工业统计年鉴》的基础数据就来源于此数据库。

报表（即资产负债表、利润表、现金流量表）上的财务指标、产品信息（生产的产品类别）等100多个变量。

虽然该数据库样本量大、指标丰富，但由于部分企业会计报表不规范、上报登记错误等原因，数据存在一些异常值，需要在做分析之前对异常样本进行剔除。本报告先将缺失主要财务指标（如资产总额、工业总产值和固定资产净值）的样本剔除。再将从业人员数少于8人的样本剔除，因为这些企业处于不同的法律制度下。最后按照一般公认的会计准则将存在以下情况的样本剔除：①流动资产大于总资产；②总固定资产大于总资产；③固定资产净额大于总资产；④企业的法人代码缺失；⑤无效的成建立时间（如成立时间在1月之前或12之后）。

本报告使用的另一个数据库是来源于商务部对外投资和经济合作司提供的“境外投资企业（机构）名录”，考虑到目前使用该数据进行研究的文章还比较少，所以，本报告有利于丰富从全国层面看待对外直接投资对母公司影响的认识。

通过法人代码和企业名称两种匹配方式，将两个数据集合并到一起。

## 三、中国企业跨国投资对竞争力影响的实证结果

### （一）对外直接投资短期内显著提高了企业的生产率

本报告用固定效应回归对方程进行了估计，表3.1.1给出了相关估计结果。从第（1）列可知，在控制住是否是外资企业、是否是国有企业、资本劳动比以及衡量企业规模的总资产和利润总额的

情况下，对外直接投资（OFDI）对于母公司生产率有显著的正向影响；在其他条件不变的情况下，进行对外直接投资可以给企业的对数化全要素生产率带来0.025的提高。

**表3.1.1　　OFDI与企业生产率**

| 因变量 ln*TFP* | (1) | (2) | (3) |
|---|---|---|---|
| OFDI | 0.020*** | | |
| | (3.35) | | |
| 滞后 OFDI | | 0.036*** | 0.037*** |
| | | (3.98) | (4.02) |
| FINV | -0.018 | -0.006 | -0.006 |
| | (-0.85) | (-0.29) | (-0.29) |
| SOE | -0.050* | -0.052* | -0.052* |
| | (-1.94) | (-1.80) | (-1.78) |
| Log（资本劳动比） | 0.007 | 0.010 | 0.010 |
| | (1.12) | (1.35) | (1.34) |
| Log（总资产） | 0.092*** | 0.091*** | 0.090*** |
| | (14.83) | (12.61) | (12.44) |
| Log（利润总额） | 0.048*** | 0.047*** | 0.047*** |
| | (13.39) | (11.64) | (11.63) |
| 该年有多次 OFDI | | | 0.027** |
| | | | (2.00) |
| 产业固定效应 | 是 | 是 | 是 |
| 企业固定效应 | 是 | 是 | 是 |
| 年份固定效应 | 是 | 是 | 是 |
| 测值数量 | 7946 | 6810 | 6810 |
| $R^2$ | 0.403 | 0.394 | 0.394 |

注：括号内报告的是稳健的t统计量；显著性水平：*** $p<0.01$，** $p<0.05$，* $p<0.1$。模型（2）和（3）使用的是滞后一期的OFDI作为自变量，模型（3）还考虑了企业在同一年份中有多次OFDI的情况。

从回归结果中也可以看到，其他条件不变的情况下，总资产和利润总额越大，企业的生产率也越高；国有企业的生产率仍然显著低于其他非国有企业，这也与以往的研究普遍相同。另外，与以往研究结果不相同的是，外资企业并没有显示出比其他企业有更高的生产率，当然，这主要是因为本报告所用合并后的样本在考察期内至少都进行了一次对外直接投资，而能够进行对外直接投资的企业通常被认为是有某方面优势，从而有相对较高的生产力。

滞后一期的 OFDI 对于全要素生产率的推动作用更大，说明从开始对外直接投资到取得成效需要一定的时间。由于对外直接投资的效应往往具有滞后性，而且能够进行对外直接投资的企业通常都具有某方面的优势（如有融资优势等），从而很可能具有更高的生产率，这种反向因果就导致了内生性问题的出现。本报告采用滞后一期的 OFDI 作为当期 OFDI 的代理变量①，再运用固定效应方法对方程进行估计，结果见表 3. 1. 1 第（2）列。该结果显示，对外直接投资对母公司生产率的促进作用不仅仍然显著为正，而且和当期 OFDI 相比数值更大，效果更明显。

多次进行对外投资有利于产生学习和累积效应，对企业提升生产率更有帮助。由于部分企业在某些年份存在着多次 OFDI②，而这种情况就可以比一次对外投资所带来的竞争反馈效应、技术外溢收益更大。为了检验一年进行多次 OFDI 是否对母公司生产率有正向

---

① 此外，由于对外直接投资对母公司带来的竞争效应反馈以及投资东道国技术溢出的反馈很可能在下一期才会产生明显效果，这是本文使用滞后一期 OFDI 作为当期 OFDI 的代理变量的另一个重要原因。

② 即一个企业在同一年中通过绿地投资或兼并整合方式建立了多家海外子公司。

的影响，我们在原模型中引入“该年有多次 OFDI”的虚拟变量[①]，再用固定效应方法进行估计，结果见表 3. 1. 1 第（3）列。估计结果表明，若一个公司在某年进行了多次对外直接投资，那么这种投资行为将对第二年的母公司企业生产率产生正的影响，平均来说，母公司生产率会提高 0. 027 个 ~0. 028 个百分点。

（二）对外直接投资对企业生产率提高的长期效应更加显著

对外直接投资对于母公司企业生产率的影响还可能会有持续性[②]，即进行跨国投资以后，不仅当年或者第二年的企业生产率会因投资受益，而且子公司存在的年份母公司都会受益。基于此思想，我们重新定义了 OFDI[③]，以检验对外直接投资对于母公司生产率的长期影响。

我们按照前文的实证步骤使用新定义的 OFDI 对方程重新进行了估计（结果略）。结果表明，对外直接投资确实对企业生产率有着显著的正向影响，而且在各种设定下，长期中 OFDI 对于企业生产率的影响均要大于 OFDI 对于企业生产率的短期影响，比如，新结果中的滞后 OFDI 的系数大于表3. 1. 1 中滞后的 OFDI 的回归系数(0. 048 >0. 034)。在新的 OFDI 的定义下，表示企业性质、企业规模的控制变量回归结果并未发生显著变化。

① 若企业在该年进行了两次及以上的 OFDI，则该变量为 1，否则为 0。

② 虽然对来自于新兴市场的跨国投资者而言，刚进入一个市场时获得的东道国技术效应、竞争反馈效应应该是最大的，但母公司获得的生产率后续收益也时常是存在的。

③ OFDI 的新定义为：若企业某年进行了对外直接投资，则该年及以后各年的变量 OFDI 均为 1，否则为 0。

## 四、中国企业跨国投资对竞争力影响的实证分析结论

本报告着眼于研究对外直接投资对于母公司企业生产率的影响，并结合中国工业企业数据和对外直接投资数据对此进行了实证检验。研究发现：①中国工业企业的对外直接投资确实能够促进母公司企业生产率的发展；②对外直接投资次数越多的企业，生产率的获益越大；③对外直接投资对企业生产率的影响可以分为长期、短期，在长期中，企业仍可以从对外直接投资中获益。

近年来，中国内地劳动力价格普遍上涨，“中国制造”的劳动力成本优势正在逐渐减弱，迫切需要寻找新的竞争优势和提升竞争力的途径。本报告的研究结果表明，有条件的企业通过对外直接投资可以显著提升企业竞争力，因此，在新的国际竞争形势下，创造有利条件，促进中国企业增加对外投资，不仅是企业自身发展的战略需要，也是提升中国整体竞争力的重要举措。

执笔：许召元　周健奇　袁东　李霖洁

### 参考文献

[1] Kogut B，S J Chang. Technological Capabilities and Japanese Foreign Direct Investment in the United States. The Review of Economics and Statistics，1991，73（3）：401 –413

[2] Olley GS，A Pakes. The Dynamics of Productivity in the Telecommunications Equipment Industry. Econometrica，1996，64（6）：1263 –1297

[3] Yu M，Processing Trade，Tariff. Reductions and Firm Productivity – Evidence from Chinese Firms. The Economic Journal，2014，(forthcoming)

[4] 余淼杰．加工贸易、企业生产率和关税减免——来自中国产品面的证据．经济学（季刊），2011（4）

## 第二节　外资企业对本土企业竞争力的影响

从20世纪80年代开始，越来越多的外资企业涌入中国，它们带来先进的技术和管理，也创造了新的就业岗位，为中国经济的快速崛起作出了重要的贡献。当前，在新的历史时期，我们有必要重新审视外资企业的到来对国内本土企业的发展究竟是利大于弊，还是相反。不可否认，在华外资企业在培养优秀的本土专业人才、创造双赢的竞争环境、拓展本土企业发展的新思路、激发本土企业自主创新等方面推动了国内许多行业的发展，同样，也不可避免地对本土企业竞争力的提升造成了冲击。在今后一段时期，应当正确地认识外资企业在中国经济发展中的地位，通过加快完善有利于内、外资公平竞争的制度环境，让外资经济更好地为国内产业转型升级服务。

自2004年6月，中国遵守对世贸组织的承诺，全面取消对外资企业在数量、地域和股权等方面的限制，实施《外商投资商业领域管理办法》以来，以世界500强为代表的外资企业加快了来华投资的步伐。外资企业在把先进生产技术、管理经验和产品服务引进中国的同时，也不可避免地侵占了许多民族企业的生存空间，制约了本土企业竞争力的提升。在当前发展的新阶段，提升本土企业的竞争力、促进产业转型是推动中国完成从“经济大国”向“经济强国”转变的重要手段。因此，全面、客观地分析在华外资企业对本土企业竞争力的影响，提出下一阶段政策调整的思路和对策，对于中国更好地利用外资服务国民经济的健康发展，具有重要的意义。

## 一、在华外资企业促进了国内行业的发展

### （一）带来了先进的生产技术和管理方法

中国实行改革开放政策，鼓励引进外资的一个重要考虑即希望引进国外先进的生产技术和管理方法。随着中国对外开放的不断深入，来自各国的外资企业纷纷涌入内地市场，竞争的加剧导致它们提供的产品必然代表或者接近世界最先进的技术水平。另一方面，基于产品生命周期理论和利润最大化的考虑，本土企业如果单纯寄希望于利用技术引进直接缩短与国际同行的技术差距自然是不可行的，但这并不妨碍本土企业借助合作、合资等方式，通过技术外溢分享技术成果。家电行业是国内最早开放的行业之一，尽管如今中国已经成为名副其实的家电制造大国，但在20世纪80年代，本土企业也曾有过引进海外生产线，模仿创新的艰难历程，这就是“琴岛—利勃海尔”和“美菱—阿里斯顿”的由来。正是通过不断的引进、吸收、消化再创新，海尔集团的创新能力才取得了引人注目的成就。除了先进生产技术，外资企业还为本土企业带来了许多经营管理方面领先的理念和方法。具体体现在对企业声誉的重视和维护、对成果知识产权的保护、对员工的培养和管理等方面。例如，作为国际医疗行业知名企业的GE集团，在与中国内地500多家医院开展业务合作时，曾成功地将国际通行的“6西格玛质量管理方

法”进行了推广，极大地改善了医院的日常管理流程，提高了运营效率。

（二）培养了优秀的本土专业人才

在外资企业进入中国的早期，往往仅仅是把中国看作加工制造车间，在华跨国公司更多地承担“微笑曲线”中附加值相对偏低的中间环节，而将上游的研发环节留在了母国或欧美发达地区。然而，近年来，随着中国政府“科教兴国”战略的逐步落实和各级部门对知识产权保护的重视，越来越多的外资企业在华设立了研发中心。2011 年，中国超越日本成为研发领域投资额排名第二的国家。国内从事研发工作的人员数量也在短短几年间从 100 万跃升至 280 万人，研发投入占国内生产总值的比重提高至 1.75%，超过了其他“金砖国家”。目前，中国共有 1600 家研发中心，其中，跨国公司投资成立的超过 1300 家。而且世界主要跨国公司中，超过 60% 已经在华成立了至少 1 个研发中心①。据统计，在华跨国公司研发中心的人员构成里，超过 90% 的都是本土化员工，其中既有国内名校毕业生，也不乏海归精英。相对丰厚的薪酬待遇和管理宽松的工作环境，不仅有助于本土研究人员的快速成长，也有力地吸引了海外精英的回归，在某种程度上扮演了培养本土人才的功能。

（三）创造了双赢的竞争环境

以国内市场竞争化程度较高的零售业为例，20 世纪 90 年代中期，以家乐福和沃尔玛为代表的国际零售巨头首次出现在内地市场时曾引起本土超市的集体恐慌。但竞争的结果表明，家乐福并没能

① 陈一鸣：“中国成为全球研发新前沿”，《人民日报》，2014 年 1 月 24 日。

通吃一切，相反，本土零售企业在经历了残酷的竞争后更加强大。在2012年中国零售百强名单中，外资企业仅有22家，其销售总额占百强总额的比重不足18%。跻身前十强的外资企业仅有2家（大润发排名第8位，沃尔玛排名第9位）；电梯生产行业曾诞生了国内改革开放后第一个中外合资项目，日本和欧美企业凭借技术优势在国内市场上抢占了绝大部分的份额。但随着中国城镇化的不断推进和房地产市场的繁荣，国内电梯市场持续扩大。本土企业依靠性价比优势和杰出的售后服务打破了外资电梯的大规模垄断，逐步将本土品牌市场占有率从2008年的25%快速增长到如今的接近40%。在按照企业的销售业绩、产品创新能力、品牌影响力、产品安全性等各项表现评选出的“2013年中国市场电梯制造商20强”的名单中，7家中国企业榜上有名，表现最好的上海永大排名第6位。

（四）拓展了本土企业发展的新思路

欧美社会由于发展程度较高，很多生活观念都领先于中国内地，因此，来自上述地区的外资企业所提供的产品服务常常被中国消费者追捧，这也启发了本土企业的经营思路。运动鞋产业就是一个典型的代表，在阿迪达斯和耐克等国际运动品牌进入中国之初，内地只有双星和李宁等少数品牌，不仅颜色单一，而且样式稀缺。一方面，本土企业借助为耐克等品牌做代工的机会提升了制造工艺；另一方面，通过近距离模仿学习，本土企业懂得了运动鞋门类下可以进一步精细分工，例如，篮球鞋、登山鞋、跑步鞋和排球鞋等。于是，在21世纪的十年里诞生了著名的“晋江品牌集群”，包括安踏、特步、鸿星尔克、361 和匹克等专业运动品牌。它们具备完整的从皮革、鞋材、化工原料、鞋机直至数字制模的配套厂家，聘请了来自国际运动品牌企业的职业经理人，并汇集了一大批技术人员，采取差别化经营的营销策略，找准目标市场，取得了经营的巨大成功。通过登陆资本市场、冠名体育赛事、赞助体育代表队等方式，目前，晋江运动品牌已经享誉海内外。

### （五）激发了本土企业积极开展自主创新

自主创新有三种形式：原始创新，集成创新，引进、吸收、消化再创新。自主创新是保持企业活力、提升竞争力的重要途径，在对外开放的时代，自主创新更意味着整合外部创新资源和遵循传统内源式创新的有机结合。据统计，国内工业行业研发经费中外资研发经费所占比重每提升 1 个百分点，本土企业的专利创新水平将提升 1.2 个百分点，由此可见，外资企业的到来充分发挥了“鲶鱼效应”的功效。国内通信行业里的华为和中兴两家公司都是本土企业里坚持自主创新的佼佼者，作为竞争对手，国际巨头思科集团早在 1994 年就进入中国市场。在当时，思科的综合实力和研发水平远远超过了华为和中兴，但上述两家本土企业面对技术封锁，十多年来坚持以不少于销售收入 10% 的费用投入研发，即使在金融危机最严重的时候也没有放弃。期间，华为公司还经历过思科集团的“侵权指控”，但都顺利度过危机。从 2008 年起，华为和中兴在年度国际专利申请量排名中相继跃升第一，结束了飞利浦连续 10 年占据榜首位置的历史，也宣告中国本土通信企业在技术研发方面已取得了巨大突破。

## 二、跨国公司对本土企业竞争力的提升造成了冲击

客观而言，在经济全球化的今天，本土企业要想提升全球竞争力、充分利用好“两个市场、两种资源”，不可避免地要直面跨国公司的竞争。不过，由于过去十多年里各级政府基于招商引资考虑，为吸引外商投资建厂给予了许多过分优惠的条件，这也造成了外资和内资企业间的不公平竞争，制约了后者竞争力的提升。

### （一）抢夺东道国人才资源

企业之间竞争的关键是人才，作为在全球组织生产经营的跨国公司更加深谙此道。与本土企业相比，外资企业在吸引人才方面不仅优势明显，而且方式多样。除了传统的高薪、福利待遇、股票期权等手段，组织员工定期回母国总公司业务培养同样有助于留住优秀人才。此外，很多在华外资企业还将目光瞄准了在校大学生，索尼、三星、IBM 和通用等国际知名企业无一不在国内一流大学里设立了奖学金。以北京大学和清华大学为例，前者的奖学金里接近 3/4 来自于外企的赞助，后者目前的 100 多种奖学金里外资参与的超过一半。外资企业通过设立奖学金，为优秀在校大学生提供实习机会，持续关注这部分“潜力型”人才的成长，从而达到强占未来竞争先机的目标。

### （二）通过并购限制国内行业健康发展

过去二十多年里，在华外资企业通过并购本土企业，在不断提升自身市场份额的同时，也给行业里其他本土企业的生存造成了威胁。而且，在华外资企业常常凭借资金和技术优势，战略性地选择

并购中国某些行业里排名前几位的龙头企业。一旦并购完成，要么雪藏原有本土品牌，要么转卖给其他外商竞争对手，从而达到控制行业发展的目的，这就是经济学中的“掠夺式并购”，俗称“斩首行动”。几年前凯雷收购徐工、可口可乐收购汇源被紧急叫停就是基于上述的担心，事实上，美国政府近年来常常凭借《外商投资与国家安全法案》否决了中国企业对美国本土企业的并购，而中国目前只有一部《反垄断法》，且缺乏对“国家经济安全”的官方考核标准。

（三）运用不正当手段侵害本土企业合法利益

鉴于各级政府在招商引资过程中对外资企业的青睐，长期以来，本土企业和外资企业之间的竞争就未能处在一个相对公平的环境里。然而，被媒体曝光出的在华外资企业还借助了其他不正当手段来参与竞争，这自然更加侵害了本土企业的合法利益。典型的不正当手段是贿赂和避税。经媒体曝光的在华外企向有关部门行贿寻租案件时有发生，例如“力拓案”“西门子案”和“大摩案”。商业贿赂的盛行必然扰乱正常的市场交易秩序，暗箱操作的结果会让遵纪守法的本土企业被淘汰出局，民族企业的发展空间被挤占，自主研发的经费来源进一步被压缩；避税也是提高许多跨国公司集团总部经营利润的有效途径，据一项初步估算，跨国公司每年从发展中国家转移的利润就多达350亿元。而中国税务总局早前公布的数据显示，跨国公司每年的避税活动给中国造成的税收损失就超过了300亿元[①]。由于监管方式的落后和监管人才的缺乏，在未来相当

① 王超：“跨国公司在华避税数额惊人”，《江苏经济报》，2012年5月3日。

长的时间里，在华外资企业的避税行为还会继续存在，它们在享受政策优惠和资源优势的同时却还侵害着本土企业的利益，这种不公平的局面必须得到扭转。

## 三、新时期应辩证地看待跨国公司的影响

跨国公司进入中国是内地实行改革开放的产物，也是时代发展的必然，正如目前越来越多的中资企业也走出国门，在海外建立了子公司。经过二十余年的发展，在华外资企业已经融入中国社会，成为推动国民经济持续发展的重要力量。在新的发展阶段，我们不应过分地夸大外企的行业地位，也不必排斥它们的社会贡献，应当给予辩证地认识。

### （一）要正确认识外资企业在中国经济发展中的地位

党的十八届三中全会的《决定》中指出，公有制经济和非公有制经济都是社会主义市场经济的重要组成部分，都是中国经济社会发展的重要基础。而外资经济和私营经济、个体经济都是非公有制经济的重要构成。根据 2013 年的一组不完全统计数据，目前，中国的经济构成中私有经济在快速成长壮大，而外资经济的重要性却在逐步降低。具体体现在企业数量上，私营企业约有 1160 万家，而外资企业约为 44 万家。以过去十年作为考察期，十年中私营企业数量增加了 3 倍多，外企也实现了数量翻番，但就占总注册资本的比重而言，外企从 21% 下滑至 13%，而私营经济却从 14.9% 攀升至 40% 左右①。此外，出于盈利和资源整合等多种因素考虑，很

① 甘思德："跨国公司在华优势日渐减弱"，《江苏经济报》，2014 年 1 月 10 日。

多在华外资企业也相继出现关闭门店和调整业务等举措。甚至在就业市场上，外资企业也不再是求职大学生的首要选择。这些事实都充分说明，经过二十余年的洗礼，民众对外资企业的认识也从最初的疯狂追捧回归至如今的理性认识，因此，有关部门在招商引资和政府采购时应平等对待外资企业和本土企业，彻底摒弃过去给予外企的“超国民待遇”。

（二）要合理引进外资为国内产业转型升级服务

2013 年底，中国外汇储备余额增加至 3.82 万亿美元，再创历史新高。与改革开放初期相比，中国已完全告别了资金缺乏的阶段。在后金融危机时代，合理利用各种资源加快产业转型升级已经成为中国经济建设的中心工作，因此，对外资的引进也应当符合这个目标。应当结合当地的产业结构和区位优势科学制定中长期战略规划，招商引资的重点是促进本土企业向产业链高端转移。一方面，积极邀请生物制药、现代服务业、高端装备制造业等新兴产业里的国外知名企业来华投资；另一方面，也要引导现有的在华外资企业向科技含量高、资源消耗低、人力资源得到充分发挥的方向转型。鼓励外资企业去中西部地区投资建厂，以其为核心组建产业集群，通过产业链的形式组织当地企业从事配套零部件生产，从而借助技术外溢等手段加快产业升级。与此同时，应当坚决拒绝来自欧美地区的高能耗、高污染、低附加值产业向内地的转移，不能以牺牲“青山绿水”的代价换取短期漂亮的 GDP 数据。

（三）要加快完善有利于内外资公平竞争的制度环境

直到 2010 年底，国内统一了内外资企业的城市维护建设税和教育费附加制度，才宣告内外资企业在税制方面完成了全面统一。然而，在现实中仍然存在内外资企业之间的不公平竞争。以上文提及的电梯制造业为例，作为技术密集型行业，电梯制造业技术创新需要大量的资金投入。然而，目前各级政府对本土电梯行业缺少必要的政策扶持，而且在政府采购时还常常明文规定非合资品牌不予考虑①。事实上，有关部门对本土企业技术的不自信很容易导致“市场不认可—缺乏资金—放弃研发”的恶性循环，从而造成本土企业主动放弃市场。此外，鉴于本土企业实施海外并购时频频遭遇东道国政府以“威胁国家经济安全”为由否决交易，建议全国人大尽快以立法形式规范外资企业并购本土企业时启动的国家安全审查标准，落实《关于建立外国投资者并购境内企业安全审查制度的通知》的法律地位。

（四）要科学利用外资推动自主创新

二战后，日、韩两国经济崛起的经验证明，技术引进并不妨碍自主创新，自主创新并不等于关起门来搞创新。在信息技术日新月异的今天，如果排斥引进国外先进技术，必然会付出更多的精力和成本。然而，引进技术不等于引进技术创新能力，创新能力决定了国家的竞争力，而且真正领先的技术也是不可能通过引进获得的。目前，本土企业应当重视技术引进后的消化吸收，昔日，日、韩电子产业的崛起无一不是在充分吸收、消化国外先进技术的基础上取得成功的。据测算，当年日、韩两国在技术引进和消化吸收两个环节的资金投入大致在 1∶7 上下。而中国很多企业贪图眼前利益，不

① 任天笑：“本土电梯品牌崛起点评”，中国行业研究网，2010 年 12 月 24 日。

舍得在技术的消化吸收环节下功夫投入精力，所以落入了“引进—落后—再引进—再落后”的循环，直至彻底依附于外资企业，甘当国外巨头的代工工厂。当然，要想改变上述现状，除了企业管理者要有战略性眼光愿意长期投入，政府部门也应当给予必要的支持。例如，为企业和高校搭建合作平台，充分发挥科研机构的功能联合企业共同创新并开发新产品，同时，还要对在自主创新方面表现突出的本土企业适时给予税收、融资等方面的直接支持。

执笔：郭巍

# 第四章
# 提升中国企业全球竞争力的两个方向

## 第一节　增强企业战略供应链管控能力

战略供应链管控能力的差距是中国钢铁企业与世界领先企业的主要差距之一。当前是中国钢铁企业构建战略供应链的有利时机。中国钢铁企业应以保障资源稳定供应为目标，加强与国内外资源企业的战略合作，贸易与投资相结合获取矿产资源，充分挖掘国内矿产资源潜力，提高废钢资源掌控能力和低品位铁矿利用技术水平，形成多渠道的资源保障体系；根据下游战略用户的生产特征和需求特点，构建快速响应、稳定高效的钢铁供应链，巩固与拓展市场；通过改造体系结构、应用低碳技术、优化碳资产配置等提升供应链"绿色度"，突破国际竞争的绿色壁垒，实现转型发展。

从供应链体系来看，中国企业在制造环节虽仍存在进一步提高运营能力等战术层面的问题，但在战术层面已经具有一定的国际竞争优势，面临的挑战主要来自战略层面，即如何在全球供应链体系中获得主导能力。大批企业长期处于价值链低端，规模巨大的“中国需求”未能转化成“中国优势”及“买什么什么贵、卖什么什么贱”等，均表明中国企业面对供应链上下游缺乏纵横捭阖的博弈能力和长远规划的战略能力。中国优秀企业亟须通过战略手段，改变、提升与优化供应链结构，力求获取、巩固本企业所处供应链的“链主”地位，尽快形成供应链体系组织者的战略能力。

一批走在中国发展前列的先进企业在实践中逐渐认识到，必须将在战术层面的竞争优势拓展至形成供应链体系的整体竞争优势。在全球范围内构建战略供应链、提升战略供应链管控能力成为中国优秀企业在新的发展时期的共同要求。

## 一、构建战略供应链是钢铁企业应对竞争、加快发展的共识

在全球供应链体系中组织、协调和主导能力薄弱的中国钢铁企业，对构建与掌控战略供应链这方面的要求尤为迫切。中国钢铁企业缺乏战略供应链管控能力的突出表现是：有规模巨大的铁矿石需求却形成不了定价优势，有超过全球一半的钢铁生产能力但对全球市场格局的影响甚微。国内资源紧张状况长期存在，市场波动性及竞争性与资源环境约束加剧，使中国钢铁企业与上下游企业广泛结盟，建设稳定、高效、低碳、合理成本和面向全球的战略供应链显得尤为迫切。

当前钢铁企业经营困难，并且不得不面对为时更长、可能会更困难的转型发展期。然而，铁矿石市场格局多年来终于发生了有利于钢铁企业的改变，钢铁产业众多下游行业也出现了大调整，这为

中国钢铁企业构建战略供应链和提升国际竞争力提供了有利条件；同时，资源环境约束加剧和落后产能过剩也促进了中国钢铁企业转变发展方式倒逼机制的形成，强化了构建战略供应链的压力和动力。

钢铁企业必须加强与上下游优秀企业的合作、避免被边缘化，是当今钢铁企业的普遍共识。如安赛乐米塔尔通过并购具有资源或市场优势的钢铁企业，成为全球最大的钢铁公司。新日铁与同属三井财团的三井物产（控制铁矿权益）、商船三井（负责物流）等企业各司其责、密切配合，以最大化供应链体系的整体利益为目标，战略供应链管理能力成为其全球竞争力的主要体现之一。浦项制铁近90%的原料供应依靠进口，其与澳大利亚和巴西等国资源企业形成的战略合作关系是其保障稳定供应的基础；同时，浦项制铁在下游造船、家电、汽车等行业通过投资参股等方式选择合作企业，形成利益共同体，保障了自身钢铁产品销售的稳定性。

中国钢铁业的集中度与上游铁矿石和下游汽车等产业相比明显偏低①，更需要在全球范围内与资源供应商、战略客户和重要第三方服务商等建立密切的合作关系，积极构建基于竞合理念、强调协调合作的战略供应链，将在冶炼制造环节的优势拓展至形成供应链体系的整体竞争优势。这是中国钢铁企业加快转型发展和提高国际竞争力的有效途径和现实选择。

---

① 2012年，中国钢铁业集中度CR10约为46.1%；中国汽车产业CR10约为87.3%；铁矿石全球CR3为62.3%。

## 二、贸易与投资、国外与国内相结合，保障重要资源的稳定供应

钢铁产业资源及市场的全球化趋势日益明显。进入21世纪以来，中国钢铁业所需铁矿石对外依赖程度偏高①。中国钢铁企业更主动向沿海大港靠拢，主要目的便是以更低的物流成本利用海外优质铁矿，销售钢铁产品。

### （一）重要资源供应格局对中国钢铁企业可持续稳定发展具有战略性影响

铁矿石、焦煤和废钢是钢铁业最主要的原料。中国目前的炼钢工艺，生产1吨粗钢约需1.54吨铁矿石、0.58吨焦炭和0.15吨废钢，原料成本占产品总成本的70%以上。全球铁矿石供应充裕，但由于供方垄断能力较强导致供需关系紧张，其名义价格具短期剧烈波动性。铁矿石供应的不确定性是影响中国钢铁企业供应链体系稳定性和成本的最主要原因。中国焦煤供给可满足需求，但因安全事故和铁路运输瓶颈制约等因素影响，对钢铁企业供应链体系的稳定性和成本产生一定影响。中国目前的钢铁蓄积量较低，废钢资源尚难以满足需求；预计2015年后，随着中国钢铁积蓄量增长，可回收废钢将不断增加，同时，钢铁年产量增速趋缓，中国废钢供应紧张局势将有所缓解。

### （二）加强与国外资源企业的战略合作

中国钢铁企业主要通过贸易或投资权益矿获取国外铁矿石等重

① 中国铁矿石进口依存度从1991年的15.3%稳步上升到2005年的56.7%，2006～2008年有所回落，但2009年又升至历史高值的69.6%，2010年回落到53.6%，2011年升到56.4%，2012年继续上升到63%左右，维持在较高水平。

要资源。全球铁矿石供应的量不存在较大问题。但中国钢铁企业从权益矿获取资源的比例过低[①]，所面对的挑战是如何综合运用贸易和投资等手段，以合理的价格获取稳定的铁矿石供应。中国钢铁企业要从“以贸易获取重要资源为主”逐步努力向“贸易与投资相结合获取重要资源”发展。借鉴新日铁和安赛乐米塔尔等钢铁企业投资资源产业获取权益矿的经验，结合中国钢铁企业实际，中国钢铁企业可利用当前铁矿石市场格局处于调整的有利时机，着重寻找合适机会参股或收购国外矿产企业。中国钢铁企业投资权益矿要重点关注澳洲、巴西等地中小型矿山及新兴矿企，以获取长期稳定、合理价格的矿石供应为主要目标；要研究和理解主要资源出产国的资源战略和政策，理解对方可能接受的商业模式及投资条件，按商业原则处理对外国资源产业的投资。

（三）充分挖掘国内矿产资源潜力

在利用全球资源的同时，中国钢铁企业应争取各级政府支持，挖掘国内矿产资源潜力，努力扩大自有矿山资源的供应比例；由于国内铁矿品位一般较低，相应要加强低品位铁矿石利用技术的研发和应用。有重点、分层次地利用国内资源，增强、提升对国内铁矿石和焦炭等重要资源的掌控能力。以此作为保障资源合理成本和稳定供应的另一渠道，增加与国际矿业巨头的博弈筹码。

（四）积极构建完善的废钢循环利用体系

随着中国工业化进程的推进，钢铁积蓄量快速增加，预计到

---

① 2011 年，中国钢铁企业进口铁矿石中来自权益矿的比例约为 15%（2012 年还出现大幅下降，不足 10%），日本这一数据约为 66.5%。欧洲钢铁企业拥有的权益矿占需求量的比例均在 50% 以上，安赛乐米塔尔钢铁公司宣布到 2014 年要将铁矿石自给率提高到 75%。

2020年左右，废钢供应量将能基本满足国内炼钢对废钢的需求，届时中国废钢投入比率将达30%以上。此外，废钢与铁矿石价格具有同步波动性质，多利用废钢可抑制铁矿石价格上扬。“减少铁矿石比例，提高废钢比重”既是行业发展规律也是中国钢铁业的既定方针。中国钢铁企业需高度重视这一发展趋势，加大废钢循环利用力度，完善废钢回收物流体系，稳步增加废钢在炼钢原料中的比重，提高掌控废钢资源的能力，构建完善的废钢循环利用战略。这对中国钢铁企业节能减排，降低生产成本，逐步改变对进口矿石的高度依赖，增加在铁矿石谈判中的博弈能力均有重要意义。

（五）构建可靠的低成本物流保障体系

中国钢铁企业可通过战略合作或投资自建等多种方式提升对配套港口等物流枢纽节点的控制能力，采用长期运输合同、战略联盟、合资组建运输公司等方式加大与船运公司的合作，构建高效的物流保障体系，降低物流成本，保障重要资源的稳定供应。

## 三、提升服务战略用户的能力，巩固与拓展市场

钢铁企业的产品是下游行业的重要原材料。中国钢铁企业要根据下游战略用户的生产特征和需求特点，构建快速响应和稳定效率两种类型的钢铁供应链，巩固与拓展战略用户。构建快速响应型钢铁供应链以灵敏响应市场需求为重要指标，重点关注家电、汽车、工程机械等产业内的龙头企业。这些产业的共同特点是：产品生产周期和供货周期短，需求波动较大；钢铁企业要尽可能提前介入，

根据其订单信息及时组织生产和供应，按时交付钢材。构建稳定效率型钢铁供应链以提高效率、降低成本为重要指标，重点关注石油天然气、造船、交通基建、大型基建工程与房地产等产业的大型企业。这些产业的共同特点是：产品生产或项目建设周期长，能较好地预测需求和进度；用钢规模较大，对钢材价格波动敏感；钢铁企业可共享其需求信息，了解其需求计划，通过生产和运输的规模效应来降低钢材供应的总成本。通过快速响应型钢铁供应链的快速反应、快速生产和快速运输，中国钢铁企业要及时满足家电、汽车、工程机械等产业的多样化需求，以此保持市场份额，巩固战略合作关系；通过稳定效率型钢铁供应链的规模生产、规模运输和协同优化，降低完成订单的总成本，更加经济有效地满足石油天然气、造船、交通基建、大型基建工程与房地产等产业的需求，以共赢模式来稳定和巩固下游战略客户。

钢铁业下游的输变电和汽车等产业所需钢铁具有高技术和高附加值等属性。钢铁企业与这些产业内的大型企业存在开展研发合作的可能。双方可建立研发合作产业联盟，共同提升技术创新能力。这既有利于下游企业巩固市场优势，也有利于钢铁企业更好地满足战略客户的需求，提高在相应产品领域的技术地位和市场份额，分享高技术产品的较高利润。

中国钢铁企业可通过拓展钢材深加工服务和贴近客户设置剪配中心等方式延伸产业链，为客户提供产品定制加工、技术解决方案和信息咨询等方面的配套服务，形成完整的钢铁供应链服务体系。对大型战略客户，应尽可能先期介入客户研发过程，派驻客户技术服务代表提供驻场技术服务、收集客户个性化信息，了解其需求和期望；在汽车用板、造船用板等产品领域需完善“剪配中心提供定制化服务”这一锁定客户的直销模式；对市场比较分散、量大面广的一般性产品，需要尽量发挥分销商的积极性，协助其提高终端客户服务能力。

## 四、提升供应链“绿色度”实现转型发展

在气候变化问题日益受到关注、绿色发展倍受重视的背景下，“绿色”成为供应链体系中掌握话语权和取得道德制高点的关键，绿色壁垒成为钢铁企业参与国际竞争必须逾越的障碍，产品绿色度成为钢铁企业竞争的重要指标。高能耗、高污染的钢铁企业构建绿色供应链，既是应对挑战、提高竞争力、保持可持续发展的必要手段，也是履行社会责任的积极表现。

中国钢铁企业必须高度认识环境成本和环境风险的重要性，综合考虑环境影响和资源、能源消耗，确立绿色发展理念，其供应链应具有“资源—产品—再生资源”的物质反复循环流动的体系结构，具有废钢余能等有效回收、再生利用和妥善处置功能，具有低消耗、低污染、低排放和循环可持续等特征。这要求中国钢铁企业以系统观点，联合上下游企业共同构建绿色供应链体系，设计并执行绿色供应链管理绩效评价体系，加快实现工艺装备技术升级、制造过程低碳化和产品绿色化；将逆向供应链、敏捷供应链、静脉物流、精益生产和大规模定制等方法与技术融入钢铁制造流程。

中国钢铁企业应将规模化生产的产业优势转化为节能减排优势，将产业的节能减排潜力转化为可持续发展的能力；优秀钢铁企

业应增强自身在供应链体系中的资源配置能力、规则设计能力和标准制定能力，实现碳资产在供应链体系中的优化配置，降低供应链体系的单位产出能耗，提高单位碳排放生产力；应积极参与碳排放权交易，这既可以降低钢铁企业绿色发展成本，甚至可能成为在节能减排方面表现优异的钢铁企业的新的盈利模式，改变节能减排领域“只有投入，没有收入”的现象。

## 五、以竞合理念实现稳定发展与共赢

钢铁企业与供应链上下游各方互动的主要目标是稳定发展：对上游，主要是为了保障稳定供给、增加影响力、掌握成本信息等情报和发展动态；手段是战略投资和贸易谈判等。对下游，主要是为了提升市场份额、降低需求波动，在某些下游产业保持影响力或一定的控制力；手段是产业链延伸、参控股和其他形式的合作等。中国钢铁企业要对包括原材料供应商、下游战略客户乃至国内外其他钢铁公司等利益相关者，分别采取合适的竞合模式，实现稳定的可持续发展。如可与产品互补性强、市场区域竞争性弱的其他钢铁企业组建战略联盟，形成合力优势应对竞争；通过有利于共同发展的投资来发展并稳固与上游供应商的竞合关系；发挥钢铁行业协会的统筹协调作用避免恶性竞争等。在竞合理念指导下与上下游各方建立更广泛、更深入的战略合作关系，优化主要供应模式的供应链结构，应用“向供应链上下游延伸”“向价值链两端拓展”和“以品牌经营为基础提升价值链”等多种方法提升企业价值。

钢铁产业新的发展形势对中国钢铁企业的竞合能力提出了更高要求。中国钢铁龙头企业需要尽快形成产业组织者的能力，通过优化资源配置、提升品牌经营、改变交易结构和调整利益关系等手段实现价值链结构的改变与提升，力求获取、巩固作为本企业所处供应链的“链主”地位，通过在上下游参控股、建立供产销或研发合作联盟等战略合作方式，结合供应链整合、流程再造和优化，提升供应链整体价值，形成相对其他供应链的整体竞争优势。进而在不影响甚至提高上下游相关企业利益的前提下，达到供应链上相关企业多赢的目标，提高本企业和供应链整体的赢利能力。

执笔：项安波　徐和　李昆鹏

## 参考文献

[1] 谢企华. 企业竞争的新焦点——战略供应链. 钢铁，2004（8）

[2] 商务部. 全球价值链专家研讨会，2012－9

[3] 中国科学院数学与系统科学研究院. 全球价值链与国际贸易利益关系. 商务部2012年5月委托

[4] 清华大学. 全球价值链与经济结构调整国际讨论会，2013－6

[5] OECD. Interconnected Economies：Benefiting from Global Value Chains，2013

[6] WTO. Global Value Chains in a Changing World. Fung Global Institute. Temasek Foundation，2013

[7] UNCTAD. World Investment Report 2013：Global Value Chains：Investment and Trade for Development，2013

[8] Sarkis J. A strategic decision framework for green supply chain management. Journal of Cleaner Production，2003，11（4），397－409

[9] Sarkis J，Zhu Q，Lai K. An organizational theoretic review of green supply chain management literature. Int. J. Production Economics，2011，130（1），1－15

## 第二节　努力提升企业专利数量和质量

中国专利数量近些年来大幅提升，引发了有关“垃圾专利”的争论。中国确实存在因政策优惠导致的部分垃圾专利，但本研究认为，要提升中国企业国际竞争力仍需大幅提升专利数量。原因在于如下几点：首先，国际国内经验表明，专利数量与企业竞争力是正相关关系；其次，从人均数据来看，中国人均专利数量仍然远远少于美、日、欧、韩等国家和地区；第三，专利数量的提升是提升质量的必经阶段，是技术后发企业和国家争取市场空间的重要手段。为避免垃圾专利，更好地促进专利数量与质量的同时提升，建议国家政策优惠要有适当调整，国家知识产权局不应单方面提高专利审查标准，企业和国家层面在注重专利数量的同时要注重专利运营。

根据《国家知识产权局统计年报》数据显示，2013 年，中国发明专利、实用新型专利和外观设计专利 3 种专利申请的受理量达 237.7 万余件，是 2001 年的 11 倍，年增长幅度超过 23%。其中，中国发明专利申请受理量为 82.5 万件，国内发明专利申请受理量为 70.5 万件，同比增长 31.8%；国内发明专利授权量为 14.4 万件。专利授权量同比降低了 4.1%；中国企业发明专利申请 42.7 万件，占国内总量的 60.6%；企业获得发明专利授权 7.9 万件，占国内总量的 54.9%。国内企业授权发明专利从仅占 2001 年总数的

1%（1089件），快速增长到2013年的54.9%（7.9万件）。

中国专利申请与授权数量的急增，引起了国内外高度关注，也导致一些质疑。最普遍的质疑是中国含金量高的专利数量少，而含金量低甚至没有价值的“垃圾专利”为数不少，对于提升企业竞争力意义不大，所以应该追求的是专利质量的提升，而不是数量的快速增长。通过研究我们认为，在持续提升专利质量的同时，中国企业仍有必要继续提升拥有的专利数量。

本研究报告第一部分根据公开数据发现中国企业近些年来快速增长的专利数量与其国际竞争力的提升呈正相关关系；第二部分在前述分析的基础上，探讨中国当前阶段仍应注重提升专利数量；第三部分则分析中国在提升专利数量时应当注意的几个方面。

## 一、专利数量与企业竞争力提升正相关

国家知识产权局统计显示，“十一五”期间，国家知识产权局受理的中国发明专利申请量快速增长，达到145.1万件，是“十五”期间的2.6倍。PCT国际专利申请3.6万件，是“十五”期间的4.3倍，在世界的排位从第10位升至第4位。与此同时，中兴通信、华为技术有限公司、三一重工有限公司、海信集团、海尔电器公司等一大批中国企业，近年来正是通过自主创新以及发明专利数量的大幅增加，提升了市场竞争能力，获得了健康快速的发展，成为市场竞争的佼佼者。

2010～2014年间，国家知识产权局发布的国内企业专利授权数量排行榜也表明，拥有专利数量多的企业其国际竞争力相对较强（见表4.2.1）。

表 4.2.1　2010～2013 年国内企业专利授权数量及排行榜　单位：件

| 序号 | 2010 年 | 2011 年 | 2012 年 | 2013 年 |
|---|---|---|---|---|
| 1 | 华为 2776 | 中兴通信 3178 | 华为 2734 | 华为 2251 |
| 2 | 中兴通信 2434 | 华为技术 2751 | 中兴通信 2727 | 中石化 1627 |
| 3 | 鸿富锦精密工业 819 | 鸿富锦精密工业 862 | 鸿富锦精密工业 1099 | 中兴通信 1448 |
| 4 | 友达光电 551 | 中石油 587 | 中石油 1044 | 中石油 527 |
| 5 | 中石油 516 | 杭州华三 481 | 中芯国际 530 | 海洋王照明 460 |
| 6 | 杭州华三 442 | 友达光电 471 | 比亚迪 510 | 中芯国际 374 |
| 7 | 比亚迪 395 | 比亚迪 453 | 华为终端 347 | 比亚迪 340 |
| 8 | 中芯国际 372 | 大唐移动 367 | 杭州华三 318 | 华为终端 288 |
| 9 | 腾讯 335 | 中芯国际 364 | 中国移动通信 303 | 奇瑞汽车 276 |
| 10 | 大唐移动 240 | 英业达 320 | 奇瑞汽车股份 293 | 中海油 275 |

世界知识产权组织（WIPO）公布的 2010 年数据显示，2010 年，全球专利申请的前 10 名企业中，中兴、华为、爱立信及 NEC 分别位列第二、第四、第九和第十位。其中，尤属中兴增长速度最快，中兴通信专利申请量和排名连续 5 年大幅跨越。自中兴通信 2006 年专利合作协定排名首度进入全球 TOP100 以来，迅速从第 52 位、第 38 位、第 23 位，一路拉升至 2010 年的全球第二位。

全球专利数量的提升及国际布局的成功直接带来企业的全球竞争力的大幅提升。中兴通信在国际专利数量快速上升期间，全球竞争力亦同比上升，海外业务增长迅猛——2006 年、2007 年、2008 年，中兴通信海外收入占总收入的比例分别达到 44%、57.8% 和 60%。即使近两年西方同行受金融危机影响业绩大幅下滑，中兴通信依然实现稳步增长，2010 年全年实现营业收入 703.3 亿元，同比增长 16.69%。

中兴和华为等企业明确的专利部署战略为扫清国际化进程中的竞争壁垒发挥了巨大作用。华为基本完成专利的全球布局，实现与竞争对手的专利交叉许可，这既需要提升专利质量，也需要进一步提升专利数量。中兴方面也表示，中兴希望将其 LTE 专利占总数的比率从目前的 7% 提升至 10% 。

在一些传统行业，专利数量同样发挥了市场占有的重要作用。“王麻子”和杭州的“张小泉”是中国有着悠久历史的驰名剪刀品牌，但是，目前国内市场上最常见的却是广东的阳江“十八子”剪刀。阳江十八子公司 1983 年成立，依靠大量申请专利不断扩大市场、垄断市场，最终把“王麻子”“张小泉”挤出了市场。

## 二、中国需要继续注重专利数量的提升

### （一）企业没有专利数量的支撑，难以形成强大的国际竞争力

一流通信名企爱立信明确指出，电信业竞争需要专利质量和数量的同时提升。“爱立信的团队一方面进行最尖端技术的研发，另一方面也将创新理念与开发可盈利的产品和解决方案的目标紧密地结合在一起。”前者形成核心专利（即一般认为的高质量专利），后者形成大批量的一般专利，其技术突破虽然不如前者，但对于技术的产业化以及市场占有将发挥不可替代的作用。2010 年，爱立信在研发领域的投资超过 300 亿瑞典克朗（约合 320 亿元人民币），并持有 27000 项获批专利。爱立信预计将在所有 LTE 核心专利中占有 25% 的比例，是爱立信核心国际竞争力的所在。

日本更是经历了以数量战胜质量，并最终实现数量和质量同时

提升的阶段。日本专利制度里面规定的“可专利标准”低于美国，这就是一般理解的“专利质量低于美国”，该制度持续至今。这种规定可以使日本产出大量的小的渐进式创新的专利，使得有技术突破的核心专利（高质量专利）在进行商业化应用时无法绕开这些小专利（一般意义上的低质量专利）。有核心专利的美国公司不得不和有小专利的日本公司进行交叉许可，从而使日本公司获得市场空间。这就是日本的专利围堵战略。

日本索尼公司的随身听（walkman）的发展是以大数量的小专利围堵高质量核心专利的一个典型例子。磁带灌录的核心技术突破发生在美国，日本索尼前主席 AKIO MORITA 认为，年轻人会喜欢随身携带音乐，因此，他要求公司在了解核心技术后，在随身携带的技术方面进行研究。索尼于 20 世纪 80 年代推出随身听，获得可观的市场效益。与此同时，产品不断改进，每年都有不少数量的小专利产生，每次的新产品和前款产品并没有本质不同，但随着多年的积累，产品越来越便于携带，功能越来越强大，已经和最初的产品有了很大的不同。即使是磁带灌录的核心技术拥有人想要从事随身听方面的业务，也根本不可能绕开索尼公司庞大的小专利组合。CD 及数字影音磁带（DAT）的技术就是这样渐进发展起来的。夏普的平板高清显示屏也经历了类似的发展历程。

（二）中国仍应注重专利数量的提升

从专利的人均占有数量来看，2013 年，中国每万人口的发明专利拥有量达 4.02 件，尽管较 2011 年的 2.4 件有 0.83 件的大幅提升，但较同期日本的 105.3 件、韩国的 96.1 件、美国的 35.6 件仍有非常明显的差距。由此可见，专利数量增长仍需要加大力度提升。

就发明专利而言，专利数量不足首先表现在发明专利授权比例不高。专利申请量虽然大，但专利授权量不大，很多专利申请未获授权。2013 年，国内发明专利申请量 70.5 万件，但同年的授权量为 14.4 万多件，仅约为申请量的 1/5（尽管要考虑到审查授权的滞后性）。专利数量不足还体现在发明专利授权占专利授权总比例不高，2013 年度中国授权的国内专利中，发明专利为 14.4 万件，仅占总量的 12.4%。尽管中国发明专利的申请和授权比重不断提高，结构逐渐优化，但是在高新技术领域的专利数量仍有待加强。在 WIPO（世界知识产权组织）划分的 35 个子技术领域中，2013 年国内发明专利拥有量占优势的为 21 个领域。但在光学、半导体等高新技术领域，国外仍占据明显优势。总体而言，不管是在关键、核心技术领域，还是应用类的小专利，国内拥有的数量都仍需要继续大力提升专利数量。

当前，专利数量的大幅增长是中国创新进程的必经过程，所谓垃圾专利仅占少数。没有数量上的积累，后发企业和国家不可能形成有效的质量上的提升。技术的发展有自身的规律和过程，不可能一蹴而就，因而，专利质量的提升也是一个渐进的过程。日本、印度的经验表明，专利质量的提升必然要伴随着专利数量的持续增长。中国专利转化率低并不能将之完全归结为专利质量低，更多的是中国专利转化机制不顺畅，比如，天使投资、风险投资发育不成熟，资本退出机制不丰富等原因。日本学者冢田尚稔在其研究中认为，如果专利的质量越高，专利持有者从海外提交申请的可能性越大。虽然中国大数量的专利在国外申请的从绝对数量上看还不算太多，但增幅很快，而且一些中国企业的专利或潜在可获得专利技术被认为具有极高的价值。

真正的垃圾专利的产生主要源于不合理的行政激励。市场主体自发形成的专利有可能存在质量不高也无法转化的情形，但这可以逐渐提高市场主体自身对专利的应用能力。唯有为满足行政考核，或者获取某些资质生编硬造出来的一些垃圾专利不具备任何促进市场主体能力提升的作用。国家财政为企业专利申请给予专项资金的补贴，除此之外，对地方政府、科技园区辖区内企业申请的专利数量考核，被列入政绩范畴；认定高新企业、知识产权优势企业等也需要专利数量的“硬指标”，有了专利，才有税收优惠、贴息贷款、专项优惠资金补贴等，所以，不少企业申请专利的“动机不纯”。但是也可以看到，需要通过申请垃圾专利来获取优惠资质的企业大多数是本身技术优势不明显，或者本身就是皮包公司。一些真正的知识产权优势企业不需要通过申请不需要的专利来获取这些认定，比如华为、中兴等。

## 三、注重专利数量提升需要注意的几个方面

### （一）国家专利审查机构不宜单方面提升专利审查标准

在中关村的调研中，汉王企业反映，现在企业提交的专利被批准的比例更少了，有些审查员事实上提高了“可专利标准”。“可专利标准”是一国知识产权制度中的核心条款，是知识产权制度是否配合本国产业发展程度的关键所在。日本“可专利标准”至今仍

然低于美国标准，技术落后国家其“可专利标准”相对而言低于技术发达国家。

中国“可专利标准”相对于印度等国，已经处于较高状态，和美国、日本等国基本处于同等水准，但中国的技术发达程度以及产业和企业的竞争力显然不如美国、日本。中国应当根据本国产业现状，在电信等行业可以适当提升审查标准，尽可能拓宽可专利保护范围；但在其他大部分本国较为落后的产业领域，应采用相对较低的“可专利标准”，学习印度经验，制定灵活的“可专利例外条款”。

### （二）更合理的政策支持

前期各级财政对专利申请的支持是中国专利数量快速增长的重要因素，对于提高市场主体对专利必要性的认识，加强专利创造和应用能力具有积极意义。当然，同时也滋生了“垃圾专利”等问题。在当前阶段，中国仍然有必要对于专利申请给以必要的支持，但应当在总结前期经验的基础上进行合理的调整，以便在促进专利数量和质量提升的同时，避免垃圾专利的产生。

首先，政策支持更多倾向于发明专利，在支持实用新型和外观设计时要和企业对这两类专利的实际应用相结合。垃圾专利的产生更多来源于实用新型和外观设计，因为这两类专利不需要经过实质审查，只要具备形式要件就有可能获得授权。因而，为满足考核或资质认定编造的垃圾专利多数是这两类，发明专利有实质审查程序，不太容易突击获得授权，也不容易进行编造。因而，政策补贴或者各种财税优惠可以更多倾向发明专利。但是，实用新型和外观设计也是企业软实力的重要体现。为避免垃圾专利的产生，可以在给予这两类专利政策支持时要求补充企业实际运用这两类专利的情况。

其次，政策投入也注重在专利战略的设计和应用方面。专利申请及授权以及数量和质量的提升都需要和专利运营相结合才能最大化地提升企业的竞争力。因而，建议政策支持从以往侧重于专利申请，到向申请与运用并重。专利运用的前提是企业要有好的专利战略并能实施。政府可以对企业专利战略的设计和应用给予一定的资助，对于成功应用专利战略并获得市场效益的企业给以鼓励和税收优惠等。

### （三）专利数量要与专利运营结合

专利的数量一定程度上反映了企业技术创新能力的强弱，是专利运营的前置条件，而专利的有效运营，最终决定了企业的市场竞争力。

例如，北电的4000项专利被苹果和RIM以45亿美元购得，其目的是对google的手机战略形成知识产权壁垒。这4000项专利大多数可能并不重要，但是这些专利相互关联相互交织，在移动通信的多个方面会形成无法绕过的专利障碍，对后来者形成了强大的专利壁垒。

专利数量上的优势还要与国际标准的制定紧密结合。2005年左右，全世界约1.6万项国际标准中约99.8%是由国外（主要是美国）机构所制定，中国参与制定的不足千分之二。跨国公司日益密集的国际标准“专利与芯片陷阱”已成为包括中国在内的有较好发展势头的发展中国家阻碍其有效发展本国产业的愈来愈棘手的难题。电信领域2G、3G和4G的发展过程中，中国政府和企业在专利及标准方面相配合是中国电信产业能够产生强大的国际竞争力的重要因素。中国在2G时代开始关注电信领域有关标准制定，并在3G和4G时代逐步加强有关标准制定领域的话语权，中国企业的专利成为标准构成中的一部分，开始进入标准中的中国专利也并不是核心技术，但进入标准就意味着中国企业在市场中有更多的话语权，4G时代，中国企业的专利进入标准的数量更多，质量也有了进一步提升。所以，质量固然重要，良好的专利数量的运营对于企业甚至一个国家某产业的国际竞争力的提升都至关重要。

执笔：王怀宇

## 参考文献

[1] 王怀宇．中国知识产权制度当“修闸”、“通衢”、“锻造新工具”．国务院发展研究中心调查研究报告（择要），2011年第77号，总第1703号

[2] 王怀宇．与国情紧密配合的印度专利制度．国务院发展研究中心调查研究报告，2010年第208号，总第3739

[3] 王怀宇．日本专利制度：支持企业二次创新的利器．国务院发展研究中心调查研究报告，2010年第207号，总第3738号

[4] 国家知识产权局．国家知识产权局统计年报2013. http：//www. sipo. gov. cn/tjxx/

[5] 冢田尚稔．如日中天的中国专利申请．新产经，2012-10-24

# 第五章
# 进一步完善企业国际化的体制与政策环境

## 第一节　进一步完善企业海外投资的监管体系

本部分介绍中国企业海外投资的监管及服务体系，提出改进建议。首先介绍中国企业海外投资监管及有关政策的演变、监管的法律和行政体系，之后介绍监管及服务的主要内容，最后评估监管及服务体系的现状及问题，提出改进建议。

### 一、中国企业海外投资监管体系：演变和现状

#### （一）中国企业海外投资监管体系的演变

监管体系指有关监管目标、监管对象、监管方式、监管组织及其责权流程的法律法规体系和行政管理体系。中国企业海外投资监管体系的演变，与中国经济发展、体制改革的进程及监管战略思路的变化有重要关系。本文以 2000 年、2009 年为界，分三个阶段说明近年中国监管体系演变的基本情况。

1. 2000 年以前："宽进严出"，有选择地支持海外投资

20 世纪 90 年代初，以价格为重点的计划经济体制改革，在商品市场领域已取得初步成功，但在要素市场领域还相对滞后。与传统计划体制紧密联系的审批制，尤其是投资审批制仍然是要素流动的主要管理方式。当时总的情况和认识是：中国企业不够强大，国有企业亏损严重，民营企业还很弱小；出口以中低档产品、OEM 产品及来料加工品为主；中国还处于资本积累阶段，更需要吸引外资，还未到跨国投资阶段。尽管 90 年代中期以后外汇储备开始不断增加（见表 5. 1. 1），但中国对国际资本流动监管的基本思路仍然是"宽进严出"，鼓励引进外资，限制海外投资。在这种背景下，中国企业海外投资监管的主要手段仍是项目审批和企业审批，同时有选择地允许和支持海外投资。

**表 5. 1. 1　　1993 ~ 2011 年国家外汇储备规模**　　单位：亿美元

| 年份 | 1993 | 1994 | 1995 | 1996 | 1997 | 2000 | 2009 | 2010 | 2011 |
|---|---|---|---|---|---|---|---|---|---|
| 金额 | 212 | 516 | 736 | 1050 | 1399 | 1656 | 23992 | 28473 | 31811 |

数据来源：国家外汇管理局网站。

到 20 世纪 90 年代末，中国非金融类企业海外投资监管的基本体制、做法，集中体现在三个行政法规：1989 年国务院批准的国家外汇管理局发布的《境外投资外汇管理办法》（汇管条字〔1989〕第 118 号）、国务院批转的国家计委《关于加强海外投资项目管理意见的通知》（国发〔1991〕13 号）和 1992 年国务院批准的外经贸部、中国人民银行、国务院港澳办《关于在港澳地区设立机构审批办法的通知》（商合发〔1992〕62 号）。主要内容如下。

指导思想上，对企业海外投资是限制的。国发〔1991〕13 号

文称“中国尚不具备大规模到海外投资的条件”，企业海外投资主要是“利用国外的技术、资源和市场以补充国内不足”。获得海外市场的意义放在最后，仅仅是为了“补充国内不足”。

实行四阶段审批或管理的办法。首先外汇管理局对申请海外投资的企业进行投资外汇风险和外汇资金来源审查，根据审查的书面意见由国家计委对项目建议书和可能性研究报告进行审批，而后由经贸部对投资合同、章程进行审批并对合格者颁发批准证书，最后由外汇管理局办理登记和外汇资金汇出①。

每个环节的审批都有很多严格的条件要求。如在外汇资金来源和投资外汇风险审查阶段，企业不仅要提供有关资料接受审查，还需按汇出外汇资金5%缴存汇回利润保证金（汇回利润累计达到汇出外汇数额时，退还保证金）；境内机构对其投资的境外机构融资担保必须事先得到批准；境外投资企业变更资本要事先得到批准等限制性规定。

由于1992年中国明确了市场经济的改革方向，1993年以后，贸易外汇使用开始自由化，中国外汇储备也开始增加，开始允许或鼓励企业海外上市（包括红筹上市），鼓励出口（包括劳务出口）等。而以上三个文件的具体实施也随之有所变化。

总体上看，20世纪90年代，海外投资监管的基本制度未变，政策的实施执行还是按市场化、效率化的方向演进。

---

① 凡需向国家申请资金或境外借款需国内担保或产品返销国内需国家综合平衡以及中方投资额在100万美元以上（含100万美元）的项目，按此程序审批；3000万美元以上项目由国务院审批；100万美元以下项目由省级部门审批。

2. 2000 ~ 2009 年，开始建立支持海外投资的监管体系

2000 年 10 月，中共十五届五中全会在关于“十五”计划的建议中，首次明确提出要实施允许、支持企业海外投资的“走出去”战略，企业海外投资的指导思想发生重大变化。2001 年中国加入 WTO，这是引致中国企业海外投资的战略及监管、政策体系开始改变的重要事件。中国企业海外投资的监管体系及政策体系，开始按允许、支持企业海外投资的思路逐步调整。与此同时，一系列政策法规也相继出台。

为适应 21 世纪初以后中国企业加快海外投资步伐的客观要求，以及外汇储备大幅上升的情况，根据党的十六届二中全会提出的改革决议，中国加快了包括投资管理体制在内的行政管理体制改革的步伐。2004 年 6 月和 7 月，国务院先后发布《国务院对确需保留的行政审批项目设定行政许可的决定》（以下简称《行政许可决定》）和《国务院关于投资体制改革的决定》（国发〔2004〕20 号文），直接推动了海外投资管理体制的改革。审批制改为核准制是监管模式的改变，是 21 世纪前 10 年在海外投资管理领域最重要的改革。因为审批制是政府说了算，而核准制原则上是企业可以根据规定条件，要求政府核准。

《行政许可决定》明确各部门境外投资管理职能：国家发展改革委主要负责“境外资源开发类项目和大额用汇项目的审批”，商务部负责“国内企业在境外开办企业（金融企业除外）核准”，外汇管理局负责“境外投资外汇资金（资产）来源与汇出审核、登记。商务部和发展改革委根据国务院的决定，在 2004 年 10 月初分别出台了《关于境外投资开办企业核准事项的规定》（商务部令

2004 年第 16 号）和《境外投资项目核准暂行管理办法》（发改委令〔2004〕21 号），具体落实相关措施。

2002 年以后，外汇管理体制进行了一系列改革，取消了外汇保证金制度（汇发〔2002〕101 文），取消了外汇资金使用的风险审查并简化外汇来源的手续审查（汇发〔2003〕43 号文），为解决境外企业的融资困难发布了《关于跨国公司外汇资金内部运营管理有关问题的通知》（汇发〔2004〕104 号）等。2007 年，《中国反垄断法》出台，虽然不是针对海外投资的，但中国企业的海外投资会遇到东道国及相关国的反垄断法审查，因此，《中国反垄断法》对国际反垄断和有关政策的协调很重要。2002 年开始建立的《对外直接投资统计制度》① 和《境外投资联合年检暂行办法》②，共同构成中国企业海外投资信息收集和管理的基本制度，提供了企业海外投资监管及政策评估的重要基础。此外，一系列根据国家外交战略、国际经济合作战略及鼓励企业"走出去"战略配套的有关政策，从财政、金融、税、保险等各方面逐步健全支持中国企业海外投资的政策体系。

3. 2009 年以后：以放权为重点建立更加开放的对外投资监管体系

2009 年以后，中国海外投资监管及有关政策管理体系，按更市场化及效率化、与国家开放发展战略配合的方向继续改进。推进改

---

① 2002 年，原外经贸部和国家统计局合作《对外直接投资统计制度》（外经贸合发〔2002〕549 号），2004 年、2006 年、2008 年三次修订。

② 原外经贸部会同外汇管理局颁布《境外投资联合年检暂行办法》（外经贸部、外汇局 2002 年第 32 号令），2009 年进行了调整。

变的重要原因，一是经济发展和制度变化形成的推动力，21世纪以来中国企业海外投资较快增长，核准制已将海外投资决策权实际上放给了企业，由于经济推动和制度演进逻辑形成的“路径依赖”，管理部门愿意放权；二是2007年9月全球金融危机后，更多企业希望抓住机遇能更快地“走出去”。这些变化集中表现在以下方面。

海外投资监管体系进一步改革。重要标志之一是商务部2009年出台的《境外投资管理办法》（商务部令2009年5号）和国家发展改革委2011年出台的《国家发展改革委关于做好境外投资项目下放核准权限工作的通知》（发改外资〔2011〕235号）。这两个文件修改了仅出台5年的相关规定，大幅下放核准权限。商务部核准的境外开办企业的投资规模从1000万美元以上调整为1亿美元以上，发展改革委核准的海外投资项目的投资规模，一般项目从1000万美元调整为1亿美元以上，资源类项目从3000万美元调整为3亿美元以上。

2009年6月，国家外汇局发布《关于境内企业境外放款外汇管理有关问题的通知》（汇发〔2009〕24号），主要目的是解决已“走出去”的境外中资企业在境外融资难和流动资金不足的问题，在放权的同时加强统计监测。与2004年104号文相比，进一步拓宽了境外企业的融资渠道，推进境外投资便利化（见表5.1.2）。

支持中国企业海外投资的支持与服务政策体系进一步完善。日益重视信息服务，财政、税收、政策金融和保险、外汇管理等政策手段日益完备和健全，明确有关政策服务适用各类中国企业，进一步改进了投资信息统计管理制度。

表 5.1.2　　24 号文和 104 号文境外放款的比较

| | 104 号文 | 24 号文 |
|---|---|---|
| 放款主体 | 符合条件的中外跨国公司 | 符合条件的各类所有制企业 |
| 放款的资金来源 | 自有外汇资金 | 自有外汇资金和人民币购汇资金 |
| 审批权限 | 分局初审，总局批复 | 分局核准、管理 |
| 相关核准和汇兑手续 | 均需外汇局核准 | 程序更简化，如购汇等均由外汇指定银行直接办理 |
| 统计监测 | 手工统计、监测 | 依托直接投资外汇管理信息系统 |

行政监管的具体安排日益合理。如境外开办企业的核准管理，手续更简化，据商务部发言人介绍，由于核准权下放及简化核准管理，约 85% 的申请提交申请表后 3 个工作日即可获得投资核准证书。

进一步明确了对中国对外投资企业的行为规范要求。商务部 2009 年 5 号令单列第四章，提出企业“境外投资行为规范”要求。

### （二）海外投资监管的法律法规体系和行政管理体系现状

中国企业海外投资监管的法律法规体系提供了海外投资监管和政策管理的法律依据。海外投资监管的行政管理体系指监管和政策管理部门的行政体系及权责关系。

1. 中国企业海外投资监管的法律法规体系

中国目前有效的监管海外直接投资的法律法规已形成体系，其特点是：

（1）有国家法律、国务院制定的条例、部门规章等多种形式。条例和部门规章是基本的法律形式，即许多具体行为规范由条例和部门规章规定。条例由国务院制定，部门规章需得到国务院批准，必须符合上位法（法律、条例）明确的原则、框架，但规定的具体化仍有较大的调整空间，正是这些具体规定提供了监管的操作规范。这种法律结构与中国行政部门有实际上的部分立法权及解释权的情况有关。这种体制容易带来立法的“行政化”“部门化”问题，可能存在执法的法律监管不够和公众监管不够的问题，但同时也具备有利于调整规则、推进改革的优点。在经济、法律体系急剧变化的中国，这种体制有一定的合理性。

（2）已出台的法规已涵盖海外投资核准、外汇管理、投资支持和促进服务、税收等监管和政策管理领域，涉及诸多有关部门的职责，为管理和支持中国企业海外投资发挥了重要的作用。一些主要法律及其内容例见表 5. 1. 3。

（3）国际法及条约，特别是有关国际合作、投资、税收的双边、多边协定（包括 WTO 规则），都是影响中国政府进行海外投资监管和管理的重要法律。

（4）法律体系及有关规定不断调整完善。如在前所述，对外投资项目需要国家发展改革委（过去是国家计委）审批或核准的投资规模，海外开办企业需要商务部核准的规模，都与时俱进按更为宽松的原则不断调整与改进。

**表 5. 1. 3　　中国企业海外投资主要的法律法规**

| 法律层级 | 法规、规章名称 | 年份 | 主要内容/作用 |
|---|---|---|---|
| 法律 | 《企业所得税法》 等 | 2007 | 规范企业境外所得税等 |
| 条例 | 《国务院对确需保留的行政审批项目设定行政许可的决定》 | 2004 | 发展改革委、商务部、外管局等职能定位 |
| | 《国务院关于投资管理体制改革的决定》 | 2004 | 审批制变核准制 |
| | 《外汇管理条例》 | 2008 | 资本进出管理等 |

续表

| 法律层级 | | 法规、规章名称 | 年份 | 主要内容/作用 |
|---|---|---|---|---|
| 部门规章 | 发展改革委 | 《境外投资项目核准暂行管理办法》 | 2004 | 项目核准 |
| | | 《关于做好境外投资项目下放核准权限工作的通知》 | 2011 | 下放项目核准权限 |
| | 商务部 | 《境外投资管理办法》 | 2009 | 下放企业核准权限 |
| | 外汇管理局 | 《境内机构境外直接投资外汇管理规定》《关于境内机构境外放款外汇管理有关问题的通知》 | 2009 | 境外投资外汇管理 |
| | 商务部、统计局、外汇管理局等 | 《对外直接投资统计制度》 | 2008 | 核准后监管 |
| | | 《境外投资联合年检暂行办法》 | 2009 | |
| | 商务部等 | 《对外投资合作"十二五"发展规划》 | 2012 | 统筹规划 |
| | 商务部等 | 《对外投资合作国别（地区）指南》《对外投资国别产业导向目录》等 | 每年 | 信息服务 |
| | 财政部、税务总局 | 《关于企业境外所得税收抵免有关问题的通知》 | 2009 | 财税政策 |
| | 财政部、商务部 | 《对外经济技术合作专项资金管理办法》 | 2005 | 直接补贴、优惠贷款 |

2. 海外投资监管的行政管理体系

根据公共政策目标和监管对象，中国企业海外投资的监管可分为两类：资本流动监管和政策型监管。资本流动监管的政策目标是把握资本的国际间的流动、方式（直接投资或证券投资等）、流向、流量及存量，把握资本流动对国家及国家间国际收支的影响，监管针对所有企业。政策型监管，主要服务于国家有关政策，包括外交政策、国际经济政策（含国际条约）、产业政策及产业内企业关系等，监管只涉及政策相关企业。

参与海外投资监管的国务院有关部门基本职责的分工是：国家发展改革委负责海外投资有关的总体协调及重要投资项目和大额外汇投资的管理；商务部主管境外开办企业的管理；国家外汇管理局负责与海外投资有关的外汇业务管理；外交部从外交政策角度参与对外投资管理；行业主管部门根据所管行业政策参与有关管理；财政部及税务总局负责或参与海外投资有关的财政政策或税务政策及其实施的管理；金融主管部门和反垄断政策主管部门参与有关的主管领域的海外投资管理；国务院国资委从股东监管的角度参与国有企业海外投资有关管理。

海外投资监管的基本手段有审批（主要针对财政资金和特殊领域项目）、核准、备案、报告、年检等，各部门根据其职权在相应环节通过这些手段进行监管。

中国海外投资监管的基本模式是以投资事前核准为主体的全流程监管。多部门通过企业海外投资的事前、事中、事后全流程，从资本流动和海外投资政策两方面进行管理。从监管基本流程看，国家发展改革委、商务部、国家外汇管理局是最重要的三个部门。海外投资前的核准管理由国家发展改革委和商务部负责，汇兑管理由国家外汇管理局负责。基本的对外统计投资和年检的监管由商务部、外汇局、国家统计局共同负责（见表5.1.4）。

政策型监管，由与政策相关的部门负责，或多个部门共同参与并分工负责，也使用审批、核准、登记、报告、检查等多种手段。

表 5.1.4　　海外投资监管模式及主要部门职责

| 监管环节 | 监管手段 | 监管部门 | | | |
| --- | --- | --- | --- | --- | --- |
| | | 发展改革委 | 商务部 | 外汇局 | 省级部门 |
| 事前监管 | 核准 | 权限内项目 | 权限内企业 | | 限额以下 |
| | 项目登记 | 限额以下项目 | | | |
| | 备案 | 央企限额以下、一定额度以上项目 | | | |
| | 信息报告 | 1 亿美元以上收购项目 | 确定并购意向后 | 确定并购意向后 | |
| | 外汇登记 | | | √ | |
| 事中监管 | 变更核准 | | √ | √ | √ |
| 事后监管 | 检查 | √ | | | |
| | 报告情况及资料 | | √ | √ | √ |
| | 年检 | | √ | √ | |
| | 登记 | | | √ | |
| | 统计监测 | | √ | √ | |

注：√表示相关事项由其负责。

此外，税务和金融主管部门还负责有关税务及防洗钱等监管。进出口银行、国家开发银行以及中国信用保险公司等政策性机构，在政策性金融、财政、信息服务、保险以及国际合作等方面，根据国家政策，提供相应的支持服务。

## 二、海外投资的监管及服务体系的主要内容

现行对外投资监管体系及有关政策，既有传统体制政策影响的一面，也有随改革开放按市场化方向不断演进的一面。根据监管的功能目标和法律，根据监管法的强制性及调节适用对象，监管可分为三类：第一类是规制型监管，即基于行政法和公法、针对各类企

业的行政监管，如资本流出的监管，所有企业必须按规制法规定，接受有关监管；第二类是政策型监管，即服务体系，是基于产业政策等诱导型政策的行政法和公法，是非强制性的，对象是需要政策支持的企业，主要服务于有关政策，包括国家经济政策、产业政策等；第三类是基于民商法行为的监管，如企业海外上市，会涉及公司治理、信息披露、工商登记等与公司法有关的相关行政监管；第三类监管，总体看是公司法等民商法的监管，不是行政监管，但存在相关行为的行政监管和司法监管。

本节仅介绍前两类监管，即针对所有对外投资企业的规制型监管、针对有政策支持需求企业的政策型监管。

（一）规制型监管

本小节介绍针对企业对外投资的基本监管、有关外汇兑付、税及人员出入境管理。

1. 核准管理

企业对外投资的核准管理，指境外投资项目核准管理和境外开办企业核准管理。按照现行体制和政策，除政府援外项目、部分使用国家财政资金的投资仍实行审批管理外，对大多数投资，核准管理是决定企业可否对外投资的主要监管方式，是允许兑汇和对外付汇用于对外投资的前提条件。

中国企业对外投资核准，包括国家发展改革委的投资项目核准和商务部的企业核准两类。核准管理的含义是，只要符合规定的条件，就允许企业投资或进行有关行为。核准是投资的必要环节，企业投资行为仍因此会受到相应限制，但总体地看，相对于审批，企业已获得很大的投资自由，政策或监管的不确定性大幅下降，这有利于市场机制更好地发挥作用。

（1）投资前核准

投资前核准，指项目投资和企业投资前的核准。国家发展改革委对投资项目进行核准，商务部对企业进行核准。

项目核准。国家发展改革委于2004年10月9日出台的《境外投资项目核准暂行管理办法》，是发展改革委对境外投资进行管理的主要依据。《国家发展改革委关于完善境外投资项目管理有关问题的通知》（发改外资〔2009〕1479号）和《国家发展改革委关于做好境外投资项目下放核准权限工作的通知》（发改外资〔2011〕235号）对有关规定进行了调整。

发展改革委主要对两类境外投资项目进行核准：资源开发类和大额用汇项目。根据这一管理办法，境外投资项目的市场前景、经济效益、资金来源和产品技术方案等由企业进行自主决策、自担责任和风险。国家发展改革委核准项目的条件为：①符合国家法律法规和产业政策，不危害国家主权、安全和公共利益，不违反国际法准则；②符合经济和社会可持续发展要求，有利于开发国民经济发展所需战略性资源；③符合国家关于产业结构调整的要求，促进国内具有比较优势的技术、产品、设备出口和劳务输出，吸收国外先进技术；④符合国家资本项目管理和外债管理规定；⑤投资主体具备相应的投资实力。

项目核准权限。中方投资额3亿美元及以上的资源开发类、中方投资额1亿美元及以上的非资源开发类境外投资项目，由国家发展改革委核准。地方企业实施的中方投资额3亿美元以下的资源开发类、中方投资额1亿美元以下的非资源开发类境外投资项目（特殊项目除外），由省级发展改革部门核准。

除核准监管外，还有项目登记、备案和信息报告的管理方式。

项目登记。中方投资额3000万美元以上至3亿美元以下的资源开发类、中方投资额1000万美元以上至1亿美元以下的非资源开发类境外投资项目，省级发展改革部门在下发核准文件前，需报国家发展改革委登记，国家发展改革委将在收到核准文件的5个工作日内出具《地方重大境外投资项目核准登记单》。经登记的项目核准文件是办理相关手续和享受相关政策的依据。

备案管理办法。中央管理企业的中方投资额3000万美元以上至3亿美元以下的资源开发类、中方投资额1000万美元以上至1亿美元以下的非资源开发类境外投资项目，由企业自主决策并报国家发改委备案。

信息报告。中方投资额1亿美元及以上的境外收购和竞标项目，有关企业在项目对外开展实质性工作之前，应向发展改革委报送项目信息报告，并抄报国务院行业管理部门。发展改革委出具的确认函是有关企业报送项目申请报告的必备附件。

与《境外投资项目核准暂行管理办法》相配套的，是国家发展改革委于2006年7月5日发布的《境外投资产业指导政策》和《境外投资产业指导目录》，明确规定了鼓励类和禁止类境外投资项目，对鼓励类境外投资项目，国家在宏观调控、多双边经贸政策、外交、财政、税收外汇、海关、资源信息、信贷、保险，以及双多边合作和外事工作等方面，给予相应政策支持。而对禁止类境外投资项目，国家不予核准并将采取措施予以制止。

企业核准。《境外投资管理办法》（商务部令2009年第5号）明确了企业核准的原则、核准规则及核准时间要求。

境外投资的经济技术可行性由企业自行负责。以下四种企业境外投资行为不予核准：①危害中国国家主权、安全和社会公共利益，或违反中国法律法规；②损害中国与有关国家（地区）关系；③可能违反中国对外缔结的国际条约；④涉及中国禁止出口的技术和货物。

在上述原则之下，《境外投资管理办法》规定了以下三种核准规则：

属于以下五种情况的，由商务部核准：①在与中国未建交国家的境外投资；②特定国家或地区的境外投资（具体名单由商务部会同外交部等有关部门确定）；③中方投资额1亿美元及以上的境外投资；④涉及多国（地区）利益的境外投资；⑤设立境外特殊目的公司。

属于以下三种情况的，由省级商务部门核准：①中方投资额1000万美元及以上、1亿美元以下的境外投资；②能源、矿产类境外投资；③需在国内招商的境外投资。

除了上述两种情况之外的，中央企业总部通过“境外投资管理系统”按要求填写打印申请表，报商务部核准。地方企业通过“境外投资管理系统”按要求填写打印申请表，报省级商务主管部门核准。

《境外投资管理办法》中，明确了行政审批的期限要求，根据这一办法的要求，企业对外投资，最快3天可以获得核准，最慢40天左右会得到最终核准的结果。

信息报告。2005年3月31日，商务部、国家外汇管理局发布了“关于印发《企业境外并购事项前期报告制度》的通知（商合发〔2005〕131号）”，通知规定，“企业在确定境外并购意向后，须及时向商务部及地方省级商务主管部门和国家外汇管理局及地方省级外汇管理部门报告。国务院国有资产管理委员会管理的企业直接向商务部和国家外汇管理局报告；其他企业向地方省级商务主管部门和外汇管理部门报告，地方省级商务主管部门和外汇管理部门分别向商务部和国家外汇管理局转报”。通知并规定，各有关政府部门及其相关工作人员须严格保守此项工作中接触到的企业商业秘密。

（2）投资核准后监管

核准后监管，一指对外投资核准后即时情况的了解或监管，或称投资过程中的监管；二指项目、企业的运营监管。

国家发展改革委可以对投资主体执行项目情况进行监督检查，并对查实问题依法进行处理①。商务部要求，核准后，原境外投资申请事项发生变更的，企业应按规定向原核准机关申请办理变更核准手续；企业应向原核准机关报告境外投资业务情况和统计资料②。

为加强境外投资宏观监管、掌握境外投资变动情况，中国实行境外投资联合年检制度及综合绩效评价办法③。2009年12月，商务部、国家外汇管理局《关于境外投资联合年检工作有关事项的通知》（商合函〔2009〕60号），对相关内容进行了重要调整，综合

① 《境外投资项目核准暂行管理办法》第二十四条。

② 《境外投资管理办法》第十九条、第二十五条。

③ 2002年10月，原外经贸部和国家外汇局联合制定《境外投资联合年检暂行办法》、原外经贸部于2002年10月发布《境外投资综合绩效评价办法（试行）》。

绩效评价不再作为年检内容，有关工作并入对外直接投资统计工作。同时，增加了境外投资企业的行为是否符合东道国规范的年检内容。

对外投资信息的收集和统计是核准后监管的重要内容，是国家有关部门评价对外投资效果并据以调整有关政策的基础。在国家统计局的指导下，商务部、外汇局负责对外投资情况数据的收集和统计工作①。商务部根据核准和年检环节的数据汇兑统计数据。外汇局对境外投资项下的资本流出数量（实际投资情况），以及境外投资资本存量（包括境外投资形成的总资产、总负债、总所有者权益、或有负债）的情况进行统计和监测。这两个部门的信息统计工作是有差别的：商务部的数据是为更好地把握境外企业经营、境外企业与境内企业间的贸易及资金往来等情况；外汇局的数据是为了加强对外汇使用的监管，主要是外汇资金进出的情况。

（3）对国有企业境外投资的监管

由于中国对外投资中的国有企业投资份额大，大型投资更以国有企业为主，因此，对国有企业境外投资的核准监管有专门的规定（见前述投资前核准部分，有关国有企业的规定）。已初步建立综合性管理与专业性管理相结合的体制模式，即国有资产综合管理以国资委为主，涉及境外直接投资的管理以商务部为主，其他管理机构为辅的管理模式。

《中央企业境外投资监督管理暂行办法》（国资委令第28号）与《中央企业境外国有资产监督管理暂行办法》（国资委令第26

① 2012年12月，商务部、国家统计局、国家外汇管理局发布《对外直接投资统计制度》。

号）和《中央企业境外国有产权管理暂行办法》（国资委令第27号）一起，构成国资委对中央企业境外国有资产监管的制度体系。

《中央企业境外投资监督管理暂行办法》的出台，是国资委依法履行出资人职责，完善国有资产保值增值责任体系的一项重要举措，主要内容包括：提出境外投资活动应当遵守的原则；要求中央企业建立健全境外投资管理制度；规定了中央企业境外投资计划报送制度；明确了主业境外投资项目备案和非主业境外投资项目审核的程序和内容等。

《中央企业境外国有资产监督管理暂行办法》从中央企业、国资委两个层面，第一次明确涉及境外的哪些事项要管、要怎么管，哪些事项要报告、要怎么报告。同时发布的《中央企业境外国有产权管理暂行办法》，强调产权归属原则与注册地适用原则相结合，明确中央企业是其境外国有产权管理的责任主体，并在具体规范中予以体现，填补了境外国有产权管理制度的空白。

2. 外汇管理

改革开放以前，中国对资本项目实行严格管制，资本项目交易基本空白。1978 年以后，中国开始启动了渐进的、审慎的资本账户开放进程。首先是“奖进限出”，在吸引和利用外资方面放松管制。1996 年，中国宣布实现经常项目可兑换，之后逐步开始资本项目开放。2001 年加入 WTO 后，根据经济发展和改革开放的客观需要，资本项目开放的步伐逐步加快。

在 IMF 列出的资本项目交易 40 项中，目前人民币资本项目实现部分可兑换[①]的项目有 17 项，基本可兑换[②]的项目是 8 项，完全可兑换[③]的 5 项，不可兑换[④]的 10 项。总体来看，人民币资本项目实现部分可兑换及以上的项目，合计 30 项，占全部资本交易项目的 75%。部分资本项目的实际开放程度甚至超过基于法律框架的可兑换评估程度，如境内个人境外投资房地产的交易项目虽未开放，但实际上已存在。按业务分类，直接投资业务可兑换程度比较高，信贷类业务可兑换程度居中，证券类业务可兑换程度相对偏低。

（1）对外直接投资的外汇管理

目前的对外直接投资的外汇管理主要根据《中华人民共和国外汇管理条例》（2008 年）（以下简称“条例”）及《境内机构境外直接投资外汇管理规定》（汇发〔2009〕30 号）等规章。尽管对投资外汇付出仍然实行主管部门核准后登记管理的模式，但由于近年来，外汇管理及有关监管的具体方式及政策不断调整，中国企业“走出去”发展的用汇已较便利。

《条例》针对外汇管理的全局，明确对外汇资金流入流出实施均衡管理，简化了对境外直接投资外汇的管理，增设了境内主体对外提供商业贷款等交易项目的管理等。《条例》不仅使企业境外投资用汇更方便，而且使企业投资后用汇更便利了。

---

① 是指经审批后部分交易可以做的项目，如境内商业银行从境外借入资金，不能超过有关部门事先核定的外债指标。

② 是指整个项目限制不多，经过核准或登记后可以做的项目，如对外直接投资，在汇兑环节没有前置性审批，只需作境外直接投资外汇登记。

③ 指对汇兑基本没有管制，经过主管部门或银行真实性审核后可以做的项目，如境内商业银行向国外发放贷款等交易，可以直接办理，无需审批。

④ 是指明文禁止的项目，包括法律上无明确规定但实际操作中不允许做或者没有发生的项目，属于禁止类管制，如居民个人不能向非居民提供贷款等交易。

《境内机构境外直接投资外汇管理规定》是专门针对直接投资及投资后用汇的管理规定，有关的主要措施：①扩大境外直接投资外汇资金来源。境内机构可使用自有外汇资金、符合规定的国内外汇贷款、人民币购汇或实物、无形资产、留存境外利润等多种资金来源进行境外直接投资。②将境外直接投资外汇资金来源的审核方式由事前审查改为事后登记。③对境外直接投资企业的后续融资提供支持，明确境内机构可以向其境外直接投资企业提供商业贷款及融资性担保。④将外汇局对境内机构境外投资资金汇出的管理由以往的核准制调整为登记制。境内机构向外汇指定银行提交相关文件，由银行进行真实性审核后，即可为其办理投资资金汇出。⑤允许境内机构在其境外项目正式成立前的筹建阶段，经外汇局核准，可以汇出其投资总额一定比例的前期费用。⑥明确了境外投资企业利润以及减资、转股、清算等资本变动所得留存境外或汇回境内的处置方式和管理原则。⑦建立全口径境外直接投资外汇管理体系。⑧充分利用直接投资外汇管理信息系统，构建起境外直接投资项下跨境资金流出入的统计监测机制。

加强境外投资后续资金支持。《关于境内企业境外放款外汇管理有关问题的通知》（汇发〔2009〕24 号），扩大了境外放款主体，扩大了境外放款的资金来源，简化了境外放款的核准和汇兑手续，完善了境外放款的统计监测与风险防范机制。《关于鼓励和引导民间投资健康发展有关外汇管理问题的通知》（汇发〔2012〕33 号），进一步简化境外放款外汇管理，取消境外放款资金购付汇及汇回入账核准。

进一步促进境外投资融资政策体系。《关于境内机构对外担保管理问题的通知》（汇发〔2010〕39 号），对原有对外担保管理政策进行改革，简化了对外担保管理程序，明确了相关管理要求，有利于帮助境外企业更好地获取境内信用支持。汇发〔2012〕33 号文还允许符合条件的境内个人为境外项目提供担保。

（2）QDII 的管理

目前，QDII 包括三类机构，即商业银行代客境外理财、保险资金境外运用和基金管理公司等境外证券投资。根据职责分工，QDII 管理基本框架，一是由银监会、证监会、保监会分别负责银行、证券和保险等境外投资业务的市场准入，包括资格审批、投资品种确定以及相关风险管理；二是外汇局负责 QDII 机构境外投资额度、账户及资金汇兑管理等。

（3）境外上市外资股（H 股）管理

目前，境外上市涉及的外汇管理基本上无特别的管制，只保留了登记和结汇的真实性审核。境外上市管理的基本框架：一是由证监会对企业境外上市申请进行审核，涉及国有企业的需国资委出具意见，涉及募集资金投向及产业政策的须征求发展改革委的意见；二是企业境外上市后需到外汇局办理境外上市外汇股票登记；三是资金调回需到外汇局办理备案手续，资金结汇须经外汇局核准；四是涉及境内股东增持、减持境外上市股份证监会应出具意见，增持、减持、回购境外上市股票涉及资金结汇、购付汇须经外汇局核准等。

3. 税的管理

在企业境外投资税收管理方面，主要的法律法规有《企业所得税法》《企业所得税法实施条例》《特别纳税调整实施办法（试行)》《税务登记管理办法》以及国际税收协定等。

(1) 企业所得税

《企业所得税法》以居民企业和非居民企业的分类为基础，采用居住地与收入来源地相结合的征税原则，同时采用分国不分项的限额抵免法①削减国际重复征税。根据《企业所得税法》及其实施条例，企业境外所得已在境外缴纳的所得税额，可以从其当期应纳税额中抵免，抵免限额为该项所得的应纳税额；超过抵免限额的部分，可以在以后五个年度内，用每年度抵免限额抵免当年应抵之税额后的余额进行抵补。

《关于企业境外所得税收抵免有关问题的通知》(财税〔2009〕125 号)，对企业境外分支机构取得的各项所得以及来源于境外的股息、红利、租金、特许使用权使用费、财产转让等所得的纳税义务发生时间、应纳税额、抵免限额和实际抵免额等问题进行规范，并对间接抵免规则进行细化。《企业境外所得税收抵免操作指南》(国家税务总局公告 2010 年第 1 号)，进一步明确了境外税收抵免计算的具体操作。《关于境外注册中资控股企业依据实际管理机构标准认定为居民企业有关问题的通知》(国税发〔2009〕82 号)，明确了境外注册中资控股居民企业的实际管理机构标准、认定后的待遇及审批管理程序。《关于印发〈境外注册中资控股居民企业所得税管理办法〉(试行) 的公告》，明确了企业依法申请享受居民企业待遇的具体程序和管理规定。

---

① 分国不分项抵免方法，即政府对中国企业来自不同来源国的所得，分别计算其各自的抵免限额，各个国家的超限额与抵免余额不能相互冲抵。

（2）进出口税收

《关于生产企业开展对外承包工程业务出口货物退（免）税问题的批复》（国税函〔2009〕538号），对企业以实物投资出境的设备及零部件，实行出口退（免）税政策。

（3）营业税

《关于个人金融商品买卖等营业税若干免税政策的通知》（财税〔2009〕111号），明确对中国境内单位或个人在境外提供建筑业、文化体育业劳务暂免征收营业税。

（4）特别纳税调整

《企业所得税法》及《特别纳税调整实施办法（试行）》，新增了转让定价、资本弱化、受控外国企业、预约定价、一般反避税管理等重要内容。

企业与其关联方之间的业务往来，不符合独立交易原则而减少企业或者关联方纳税收入或者所得额的，税务机关有权按照合理方法调整；企业实施其他不具有合理商业目的安排而减少其应纳税收入或者所得额的，税务机关有权按照合理方法调整。

（5）国际税收协定

截至2012年2月底，中国已对外正式签署97个双边税收协定以及与香港、澳门的2个税收安排，其中，95个协定以及与港、澳的安排已经生效执行。

4. 对外劳务合作人员出入境管理

1994年10月，商务部、劳动部发布《关于切实加强保护外派劳务人员合法权益的通知》，切实加强保护中国外派劳务人员的合法权益，不使其利益受到损害。1996年12月，商务部、外交部、公安部发布《办理外派劳务人员出国手续的暂行规定》。党的十六大明确提出“走出去”战略方针，国家也出台了一些具体政策，如对外劳务合作备用金制度、外派劳务人员出入境管理政策、外派劳务人员合法权益的保护政策、设立外派劳务援助中心及履约保证金制度。2002 年 3 月，商务部、外交部、公安部发布了《办理劳务人员出国手续的办法》及其实施细则，对护照的申办、签证的申办、适用范围和处罚进行了规定，进一步简化了劳务人员的出国审批手续，逐步与国际通行做法接轨。

（二）政策型监管及服务体系

政策型监管及服务，主要指围绕国家有关的支持政策实施，包括财政支持、政策性金融、对外投资保险及国际合作支持、信息服务等的监管和有关服务。有关政策管理及相应的实施监管，涉及国家发展改革委、商务部、财政部等综合部门及国土资源部、工信部等行业主管部门和进出口银行、国家开发银行、中国信用保险公司等政策实施及中介服务机构（见表 5.1.5）。

1. 财政支持

（1）补助、贴息

各种补贴和贴息政策，主要是降低极为重要的初期决策成本和对前期活动给予适当补贴，其作用是直接降低海外投资的成本。

主要有中小企业国际市场开拓前期费用补助①、资源类和对外

① 2000 年 10 月，外经贸部和财政部联合制定的《中小企业国际市场开拓资金管理（试行）办法》对中小企业“走出去”到海外投资办企业予以前期费用等资金补助。

经济合作项目前期费用扶持、矿产资源勘查专项资金①以及对外经济技术合作专项资金②等。

表 5.1.5　　政策工具、部门及功能

| 政策 | 政策工具 | 部门 | 功能 |
| --- | --- | --- | --- |
| 财政 | 补助<br>贴息 | 财政部<br>商务部 | 直接降低海外投资的成本<br>特别是对前期活动的支持 |
| | 税收优惠 | 税务总局 | 减少税负（收入或利润），事后激励、政策直接成本较低 |
| 政策性金融 | 政策性低息贷款<br>基金 | 进出口银行<br>国开行<br>发展改革委 | 直接降低海外投资的财务成本<br>撬动商业性融资、扩大资金供给量 |
| 信息服务 | 政策引导<br>信息提供<br>培训等 | 商务部<br>驻外使（领）馆 | 降低风险<br>提高企业人员素质 |
| 保险 | 政治保险<br>商业保险 | 发展改革委<br>中信保<br>商业保险机构 | 降低政治和商业风险 |
| 国际合作 | 对外投资协议<br>双重避税协议<br>国际发展援助 | 商务部<br>税务总局 | 理顺国内和国际关系，使激励措施落实 |

资料来源：根据相关部门文件整理。

2. 政策性金融

政策性金融主要包括政策性低息贷款、专项基金等，其意义是提供低成本资金；降低海外投资的财务成本；通过贴息、股权投资等方式撬动商业性融资，扩大海外投资的资金来源。

---

① 商务部、国土资源部 2003 年针对资源类企业设立了“境外矿产资源勘查开发专项资金”。财政部、商务部 2004 年 10 月联合下发了《关于做好 2004 年资源类境外投资和对外经济合作项目前期费用扶持有关问题的通知》，财政部 2005 年 10 月发布了《国外矿产资源风险勘查专项资金管理暂行办法》。

② 《财政部商务部关于印发〈对外经济技术合作专项资金管理办法〉的通知》（财企〔2005〕255 号。

（1）优惠贷款

优惠贷款主要由政策性银行（进出口银行、国家开发银行等）和国有商业银行提供，如 2004 年，华为公司与国家开发银行签署了一项 100 亿美元的发展融资协议；中国工商银行向中国海洋石油公司提供了 70 亿美元的长期低利贷款，资助其出价收购美国优尼科（未成功）。

2004 年和 2005 年，发展改革委分别和中国进出口银行、国家开发银行联合宣布，将为对外投资项目专门划拨一部分预算，提供至少 2% 的利率优惠及其他可能的贷款期限优惠①。实际市场利率与政策性银行的补贴利率之间的缺口将由财政部补足。

优惠利率贷款将由发展改革委审核项目并出具意见，政策性金融机构最终确定是否放贷。

（2）政府设立专项基金扶持对外投资

2005 年，财政部和商务部联合宣布，建立对外经济技术合作专项基金为海外投资的中国企业提供直接补贴和优惠贷款，以便其在国外设立研发中心，并在农、林、畜、渔行业开展各种形式的经济技术合作②。

中非发展基金、东盟—中国投资基金，以股权和准股权投资等方式支持中国企业在特定区域投资。自 2007 年 6 月以来，中非发展基金已安排对非投资项目 20 多个，安排投资 5 亿多美元，共带

① 2004 年 10 月，国家发展改革委、中国进出口银行《关于对国家鼓励的境外投资重点项目给予信贷支持的通知》。2005 年，国家发展改革委、国家开发银行《关于进一步加强对境外投资重点项目融资支持有关问题的通知》。

② 《财政部和商务部关于印发〈对外经济技术合作专项资金管理办法〉的通知》财企〔2005〕255 号。

动中国企业对非洲投资20多亿美元。

（3）信息服务

投资信息服务，指政府提供海外政治、经济、市场的基本信息服务，帮助企业进行有关决策。

商务部编制了165个国家（地区）的《对外投资合作国别（地区）指南》，定期发布《国别贸易投资环境报告》《对外投资国别产业导向目录》等。2008年，建立了集信息、统计、决策参考为一体的对外投资合作信息服务系统。为国内企业提供各国和地区法律法规、税收政策、市场状况、行业机会和企业资信等投资信息，为境外中资企业反映经营中遇到的各类问题、障碍和壁垒提供了渠道。

（4）政策性保险

政策性保险由中国信用出口保险公司承担。中国对海外投资的政策性保险支持尚处于初级阶段，政策性保险的渗透率远远低于发达国家的平均水平，这里既有市场宣传不够、企业风险意识较差等原因，也和中国出口信用保险公司的业务品种少、承保能力弱有一定关系。

（5）国际合作

中国已与130个国家和地区签署了双边投资保护协定，签署了10个自贸区协定，与25个国家签署加强基础设施领域合作政府间协议，与15个国家签署劳务合作协议，与台湾签署《海峡两岸渔船船员劳务合作协议》。

## 三、改革中国企业海外投资监管体系的建议

本节针对中国企业海外投资监管体系存在的问题，提出改革的原则及目标。建议实行以申报监管为主的分类监管模式，相应调整

部门职责及相互关系，改进信息收集和统计调查体系，改进外汇资金进出管理及相关税制。

### （一）中国企业海外投资监管存在的问题和改革思路

1. 需要进一步解决的若干问题

21 世纪以来，按照市场化、效率化的指导思想，中国企业海外投资监管体系逐渐完善，但是仍然存在一些需要解决的问题。

以核准制为主体的监管模式仍不能适应中国企业海外投资日益多元化、市场化的客观需求。相比审批制，核准制给了企业较大的自由度，加上核准权限下放等便利化措施，现行模式对促进海外投资的发展已有重大贡献。但这种模式仍以核准为企业海外投资的前置条件，可否投资的不确定性仍然存在，有可能因贻误时机而抬高企业投资的风险。

重复监管的行政体系问题没有从根本上解决。2009 年以后，国家发展改革委和商务部将核准权限部分下放给省，简化了核准申报材料。从流程角度看，提高了核准效率，但两部门重复核准、行政低效的问题没有从根本上解决。

在海外投资的事后监管和信息收集、使用方面也存在问题，如海外投资年检及投资统计制度在体系设计、制度配套方面还需完善。

2. 推进中国企业海外投资监管体系改革的原则和目标

第一，市场化原则。

市场化的实质主要表现在两个方面，投资者主要根据市场确定海外投资的方向、规模、方式，自主承担投资结果；政府监管要有利于投资者按照市场机制投资和决策，政府不承担投资的损益责任。除国家战略、产业政策的需要及特殊情况外，政府对大多数行业领域不用行政手段干预投资者合法的海外投资。这是基于国际环境变化和国家发展战略选择的要求。目前，企业海外投资的国际环境十分复杂，全球经济进一步开放化和局部领域逆开放化并存；党的十八大明确提出中国企业实力已日益壮大，将更多地走向海外发展。按市场化方向改革海外直接投资的监管，符合中国开放发展、创新开放的战略。

第二，投资便利化、监管合理化的原则。

这是市场化原则开放发展的必要条件，因为没有便利化，企业就不能按市场机制进行决策和调整。按便利、合理原则改进现有的监管体系，就是监管要尽可能方便企业，不给企业添不必要的麻烦；就是按承认企业自主权同时防止风险的原则，政府只监管必须监管的方面，监管的方式、流程及有关的部门职责都必须合理。

第三，系统设计、分步推进原则。

改革方案必须系统设计，包括目标和实施系统，目标要回答有关未来监管模式的基本问题（监管什么，监管方式及需要的基本条件）；实施系统包括组织设计（明确谁监管及其职权、监管者的相互关系）、流程、手段的设计。

改革需要分步推进。因为形成共识、调整关系及学习新知识需要时间磨合和相应进程。特别是执行，由于涉及许多隐性知识和信息，有利益关系调整问题，处理不好，不仅会带来新矛盾，甚至会影响目标的实施。分步推进，要求搞清未来目标和阶段目标，有对现状及主要约束条件的评估，要做好关键技术环节的设计和安排。21

世纪以来中国企业海外投资监管的基本模式，在2004年由审批制改为核准制，在2009年又进一步改为更便利、更放权的新核准制。这些经验表明，方向正确，分步实施，改革能很快取得较大进展。

根据上述思想及对现状的研究，我们建议，在5年左右或更短时间内完成从事前核准监管为主转为事后申报监管为主的改革。从根本上解决企业海外投资的市场化、便利化问题，形成有利于企业按市场机制海外投资发展的基本制度环境。可以分步推进改革：如先试行事前申报监管，几年后转为事后监管；或先在几个地区试行事后申报监管，几年后推开。

### （二）改革中国企业海外投资监管体系的主要建议

海外直接投资监管体系的改革要以直接投资监管模式改革为重点，从四方面相互结合地推进：一是变核准制监管模式为以申报为主的分类监管模式；二是调整部门职责及相互关系；三是要解决信息系统改进及有关法律修改等配套问题；四是要改进外汇资金进出管理及相关税制。

#### 1. 实行事后申报为主的分类监管模式

事后申报为主的分类监管模式的含义是：企业海外投资监管的基本方式是企业投资后申报监管；对企业海外投资分类，大多数领域的企业投资监管只进行申报监管；项目投资监管和开办企业监管合并为企业投资监管。

实行事后申报为主的分类监管模式，不是只有“放”而没有必要的控制。在必要的特定领域，继续实行核准乃至审批，控制必须禁止或限制的可能违背中国根本利益的投资。对需要国家政策或资金专项支持的海外投资，根据政策条件，仍保留必要的核准和审批管理。

（1）明确分类监管领域，可以取消对一般性投资的事前核准

国家发展改革委和商务部都明确企业投资的技术经济及市场效益由企业负责，重点核准企业的外部条件。发展改革委核准时看4个条件：①合法及安全；②可持续发展；③符合国家资本项目和外债管理规定；④企业有无实力。商务部明确不能核准的4个条件：⑤违法；⑥损害中国与有关国家关系；⑦违反中国缔结的国家条约；⑧涉及国家禁止出口的技术和货物。这8条中，①和⑤、⑦、⑧一样，都是要求投资合法，符合国家外交政策，不损害国家安全。因此，8个条件实际上是5个条件，只要有关法律禁止违法的对外投资，明确违法事项，明确部分领域的投资必须核准并有相应的投资禁止目录，多数领域的有关核准要求就可以取消。条件②实际上是要求投资符合产业政策、环境政策，这些问题本质上应当通过政策引导“目录”或“指南”予以解决，根本上看是遵守他国法律问题，因此，本质上看不必用核准办法把关。条件③重要，但除了特别大额的用汇项目（如10亿或20亿美元以上的项目），根据中国的情况，绝大多数项目不应有基于这个条件的核准。条件④从商业角度看重要，但在两部委已明确不对外投资商业效益、责任企业自担的情况下，如果不涉及国家资金，从监管角度看，这个条件已无意义。条件⑥涉及国家外交政策，这里需要的是国家明确政策，即明确从外交政策角度允许、禁止、限制投资的国家及领域（甚至明确禁止合作的企业、个人对象）。因此，只要明确了分类监管的领域，一般投资的事前核准就无意义了。

（2）项目核准和企业核准合并为企业投资监管

目前的两部委分别核准体制，与传统体制有关，在“奖入限出”和过渡阶段亦有一定的历史意义。但目前继续维持这种体制已无意义。首先，这种分类不合理。从业务角度看，企业任何投资都可以被认为是项目投资，但从经济关系和法律关系角度看，投资的发起者、实施者只可能是企业法人，实际方式只可能是股权投资（包括新设投资、并购投资或增资投资）或债务融资或二者的结合，投资的经济和法律责任只可能由企业法人承担，即任何项目投资都是企业投资。除了外部环境评估外，实际上发改委评估项目投资风险时的重点也是投资者企业的财务能力等实力条件。因此，本质上项目核准与企业核准不可能分割，各国通常的做法是不分项目投资和开办企业投资，只对企业的某类投资行为进行许可或申报监管。

从宏观层面来看，中国已进入企业开始较大规模海外投资发展的阶段，国家国际收支状况和外汇储备能支持企业海外投资的外汇需要。从国际经验来看，以事后申报为主的投资监管模式是有效的（见专栏1）。我们认为，目前实行事后申报为主分类监管模式的基本条件已具备，可以启动和推进改革。

2. “合理定位，减少重复”，调整部门职责及相互关系

监管机构相应的职责安排与国家经济管理部门的组织结构有关。美国和日本的模式，基本功能设计一样，但具体模式不同（参考专栏1）。这与两国有关机构的基本职责历史有关。中国进行具体模式设计也要考虑国情，如果仍然明确商务部主管海外经济活动和有关政策，则可以借鉴美日经验：不分企业和项目，只需申报的海外投资向商务部申报；需要实质审批和核准领域的海外投资，由

相应的行业或业务主管部门（包括商务部、发展改革委、其他行业主管部门）负责审批和核准；商务部与有关部门在核准监管时的合作可有两种方案，商务部先受理再转有关部门核准，或有关部门直接受理核准申请再将结果转商务部。

**专栏1　美国和日本海外投资的分类监管模式**

美、日都实行海外投资的分类监管：海外投资分为需要特许（或核准）事先报告与只需事后申报的两类或三类；大多数领域的对外投资“原则自由”，只进行投资后申报监管；申报信息是有关投资方式、用途、金额等方便验证的实际交易信息。

两国管理的组织架构有所不同。特许、申报的归口管理部门，美国是主管对外经济政策和工商业的商务部，日本是主管财政政策和国际收支的财务省。两国具体管理模式不同，但两国都无重复管理。美国是企业向行业主管部门申请或申报，各行业主管部门将有关信息转商务部，商务部还负责更深入地覆盖境外企业的统计调查。日本是企业统一向财务省申请和申报，财务省将需要特许或核准的申请转行业主管部门（多数是经产省），主管部门进行实质审查和处理后转财务省，经产省负责针对非金融业企业的年度深度统计调查。

资料来源：亓长东、吴婷撰写的专题资料，转自陈小洪负责的商务部合作司委托课题《对外投资法律法规体系研究》（未公开发表，2010年）。

3. 改进信息收集和统计调查体系

2002年以来，中国已建立海外投资的基本的信息收集和统计调查制度。现行的信息系统体系的主要构成，一是商务部、国家统计局、国家外汇管理局共同负责的《海外直接投资统计制度》，二是商务部、国家外汇管理局的《企业境外投资年检》，三是各部门掌握的海外投资和支付外汇等的业务信息统计制度。这三方面信息构成的信息系统及相应的运行监管分析活动，已经提供了掌握及研究中国企业海外投资情况，进行监管和有关政策管理的基础。需要进一步改进和研究的有以下四个问题。

当海外投资监管从核准制改为事后申报制后，目前的《企业境外投资年检》可与企业海外投资事后申报信息合并处理，这样能掌握情况，减少企业负担，亦为国际经验证明有效。

《海外直接投资统计制度》是全面反映企业境外投资情况重要的投资信息调查制度。近几年有关的统计制度不断完善，已成为掌握企业海外投资情况的重要基础。仍然需要研究的是，调查对象是否要考虑从海外投资的子公司适当延伸到孙公司，至少是规模较大的孙公司；应当增加有关海外公司经营形态、网络功能（可按研发、生产等分类）的调查；日本一般调查 6000 家企业，涉及分/子公司、孙公司。美国是调查年收入 3 亿美元以上的公司。

建议不搞全数调查，而是按一定标准抽样调查。理由是：按统计学规则，合理的抽样调查能够反映基本的全面情况；降低较小企业和政府管理的负担，亦有利于深度调查，提升调查信息质量价值；国际通行的做法。有前述以真实交易为基础的申报信息，加上必要的针对性抽样调查，可以基本掌握全面情况。

为保证信息收集的全面性和质量，一是要进一步合理明确各有关部门的职责，建立信息共享机制；二是要合理设计信息项目及其结构，所要信息应当是可操作、可检验的信息；三是根据有关法律强化企业申报信息的责任，美国和日本的法律都规定不提供或虚假提供申报信息者，不仅罚款，还有一年以内的刑狱；规定要特许或事前报告而没执行的，除罚款外可处5年以内的刑狱。

更重要的是，不仅要有完备的信息调查统计系统，还必须适时公布信息，鼓励企业、研究机构使用信息进行评估、研究，以帮助企业改进策略、帮助政府改进政策，同时强化对企业和政府必要的第三方及社会监督。

4. 进一步改进外汇资金进出管理、海外投资相关税制

实行海外投资事后申报制后，海外投资汇款将更为方便，因此，必须要求企业逐笔申报（一定规模以下的汇款可合并申报），要求汇款银行更好地承担委托监督责任，要求银行、外汇管理部门和海外投资政策主管部门形成流畅的沟通机制。

海外投资相关税制涉及企业海外投资、海外运营等各方面及有关的涉外财产交易，与各有关当事国利益紧密相关，是需要深入研究的重要问题。突出问题为：一是转移税制将成为日益重要的基本问题，二是税务监督与跨国资金往来、财产交易监督及是否需要及如何结合起来将日益重要。有关制度的改进方向是既不妨碍正常流转，又有利于控制不正当甚至非法的交易或利益输送。笔者认为，现行税制基本框架已为实行申报为主的投资监管体制提供了基本条件，同时应当包括结合国际经验研究需要进一步改进的问题。

执笔：亓长东

## 第二节　进一步强化企业国际化的人才战略

中国企业国际化面临人才匮乏的困境，国际化人才队伍的不足使得中国企业走出去风险重重，制约了中国企业的全球竞争力。中国企业国际化处于初级阶段，有能力有效使用的国际化人才有限。人才国际化战略是中国企业走出去的主要战略支撑，也是中国企业国际化的必然结果。但目前中国企业在人才国际化方面认识滞后，对国际化人才的培养和引进严重不足，缺乏开发和管理经验，引不进、留不住国际化人才，海外人才开发政策环境亟待完善。建议实施国家人才竞争战略，构建中国全球化人才战略高地，树立并促成人才大规模回流的国家人才竞争目标，大力实施各项人才计划，改革现行教育体系，提升国际化教育水平，完善签证等公共服务，建立人才移民绿卡制度，吸收技术和经济移民，实行更加具有弹性的国籍管理政策。

### 一、中国企业走出去亟须国际化的人才政策支持

#### （一）国际化人才队伍的不足制约了中国企业全球竞争力

1. 中国企业国际化人才内涵

到目前为止，学术界对国际化人才的内涵并没有形成一致的观点。早期学者们通常将具备国外语言背景视为国际化人才的必备条件，后来扩展到具有一定的国际背景和视野、熟悉相关国际惯例与

规则、较深刻地理解所在国的现实国情、能够进行跨文化管理等多种素质的人才。再后来定义为那些主要从事跨国业务合作与国际市场开发的人才，及从业务活动范围拓展方面来定义，如能在国际上施展才干、发挥作用，其覆盖范围包括政治、经济、军事和文化等多个领域的人才。

从政策范畴来看，国际化人才也有不同的理解。中央组织部在《国家中长期人才发展规划纲要（2010—2020 年）》中重点强调了企业经营管理人才的国际化要求，主要表现在具有全球战略眼光、市场开拓精神、管理创新能力和社会责任感等方面。北京市委、市政府提出国际型人才应该是具有世界战略眼光，对国际惯例与规则熟练掌握，通晓国际语言、专业基础知识扎实，在相关的专业领域具有较强的创新能力、应变能力和跨文化沟通能力的高素质人才。

2. 中国企业国际化人才的分类

从国际化人才分布的区域来看，可以按照具有不同的文化、法律、政治、社会特点具体划分为：北美业务国际化人才、欧洲业务国际化人才、东南亚业务国际化人才、中东业务国际化人才、非洲业务国际化人才、拉丁美洲业务国际化人才等。

从国际化人才在专业结构的特长方面可以分为：国际经营管理人才、国际营销人才、国际投资并购人才、国际金融人才、国际法律人才、国际财务人才、国际技术人才、国际设计人才、国际商务人才等。

从国际化人才的来源方面可以划分为：国内企业海外业务锻炼培养土生土长的国际化人才、国内拥有海外教育背景的人才即海归人才、在华外资企业有涉外业务工作历练的业务人才及管理人才、国外华人移民、国内企业雇佣本地人才、外籍人才在华工作人员、移民到中国的外国裔人才等。

3. 中国企业国际化面临人才匮乏的困境

目前，制约中国企业“走出去”战略实施的最主要、最迫切的问题就是人才问题，主要表现在缺乏足够数量、优秀适用的国际化人才。

2010 年，由中国企业家调查系统公布的一份问卷调查研究显示，企业国际化中面临的主要困难，排在第一位的就是“缺乏合格的国际化人才”，比第二位高出 24 个百分点。

国家行政学院举办的部分央企负责人培训班学员调查认为，国际化人才的缺乏，直接导致中国企业在“走出去”的战略实施过程中，经营活动无法按计划圆满实施、企业管理难以科学、有效，部分情况下甚至影响到企业“走出去”整体战略目标的顺利实现。

以鞍钢集团为例，近 14 万名员工，直接从事进出口贸易的只有 200 多人，虽然也在通过国家级国际工程承包公司间接参与国外冶金工程施工，但按照鞍钢自身的国际化战略要求，能够通过国际贸易的平台寻找资源和市场投资机会，真正具备国际化项目运作能力的人才十分缺乏，对一些项目的顺利开展也产生了一定影响。

中石油即使自认为是站在“走出去”的最前列，同样面临着人才困境。他们表示：“我们在西班牙和委内瑞拉有两个项目，生产规模每年 4000 万吨，投资 400 亿美元。中方 40% 的股份，就是 160 亿美元，但是，我们在这个项目上的真正的合格人才不到 100 人。在发展的今天，最最关键的还是人才问题。”

中国电力投资集团公司的缅甸项目就不得不面对这样的局面。

缅甸经济社会落后，教育和工业基础薄弱，技能与技术人才匮乏，短期内，项目建设所需的大量技能、技术和管理骨干难以实现本地化，几乎都要从中国派遣。而由于当地政局复杂，和平与稳定环境脆弱，项目所在地又处于温热带原始丛林，人烟稀少，传染病流行，生活和工作条件极差，给项目管理，特别是人力资源管理工作，提出了严峻挑战。

2010 年中央企业人才工作会议上认为，“中央企业国际化人才相对不足，已对企业实施‘走出去’战略、建设国际化大公司产生了重要影响。各中央企业要在全面提升人才综合素质的基础上，把促进人才国际化发展作为一项重中之重的任务来抓”。事实上，近年来，人才问题是国资委除企业改革外花费精力物力考虑最多的课题。

4. 国际化人才缺乏使得中国企业“走出去”风险重重

中国的大部分企业正处在“走出去”的“刚出门阶段”，海外投资的前景虽然光明，但投资结果大多仍处于中、低端行业，企业的国际化经验不足、管理人才缺乏，距离真正意义上的跨国公司还有较大差距。就海外投资而言，中国企业是不折不扣的“新手”，而“新手”闯天下风险重重。同国内投资相比，海外投资的风险和挑战都远远超出中国企业的想象。受缺乏经验或者形势所限制，没有形成行之有效的国际化人才培养理念，往往导致资源配置的错位和优秀人才的流失。

特别值得注意的是，掌握中国国民经济命脉的国有企业，经常以独立的项目形式推动，缺乏系统性规划，易失于片面或由于领导更替、组织变动、预算缩减等各种因素而难以长期坚持人才管理工程的构筑。由于投资决策机制和管理体系的落后，海外投资成为政令式决策，在选择项目、地点、合作伙伴、经营策略的制定、人事安排、执行及监督等方面存在不同程度的问题而投资失利。

除了决策中的盲目，更大的缺陷则是跨国经营能力的不足。一大主要障碍是缺乏擅长国际化经营的高层次、综合性的经营管理人才。中国企业由于从事跨国经营活动起步晚、发展快，因而对人才的培养跟不上企业发展的客观需求。不仅如此，人才流失的现象也大量存在，导致上述现象雪上加霜。

### （二）人才国际化战略是中国企业走出去的重要支撑战略

随着经济全球化的深入发展，人才全球化流动配置趋势将进一步增强，面临的人才国际化问题也将更加突出。中国企业要走出去，就必须实行人才国际化战略。

1. 是提高全球竞争力的需要

随着国际化竞争的不断加剧和国际化战略的不断施行，人们逐渐认识到，国际化竞争最稀缺的资源是能够帮助企业在跨国家、跨地区的市场竞争中取得优势、创造附加价值的国际化人才。在全球化趋势愈演愈烈的今天，众多的国家和企业为提升自身的竞争力而在人才领域展开了激烈的国际化竞争，人才国际化对提升企业竞争力的作用日益明显。美国等西方国家都将开发利用国际人力资源作为迈向21世纪谋求国际发展的基本战略，而且把培养和吸引高层次人才作为战略重点。在美国公司引进的各类人才中华裔占了近1/3，美国引进的本科以上的各类专业人才中来自中国大陆的有45万人。日本NEC和日立公司从早稻田大学的一个主要研究新型电子芯片的研究室里招聘了绝大部分的毕业生，已经毕业的15个高端电子经济人才中有13个被NEC和日立公司聘用，而这个实验室29个研究人员中，28个是中国清华、科技大学的高材生。这对中国企业海外投资经营提出了要尽快树立国际化的理念，积极与国际接轨，培养和吸引一支世界级人才队伍的迫切要求。

2. 是企业转型升级的需要

中国企业要从国际分工中由产业链的低端走向具有竞争力的产业链高端，并在国际化进程中有竞争力，人才资源要素的国际化程度在产业发展中日益趋于核心地位。以人才结构的国际化引领企业产业结构升级的国际化，已成为推动企业转型升级的最佳路径。国际化人才通过所掌握的国际经验、先进技术、管理能力以及信息等，直接推动企业海外投资并购、技术创新、管理创新和文化创新，大幅提高生产效率、节约交易成本和管理成本，从而有效促进企业由传统产业向具有国际竞争力的高端产业升级，提升着企业的综合实力和国际竞争力，使其在日益激烈的国际经济竞争中把握主动权，占据优势地位。因此，要加快经济发展方式转变，加强科技自主创新，加速提升经济国际化水平，必须拥有具备全球思维、战略眼光、国际经验、创新能力的国际化人才。

3. 是企业国际化的必然结果

企业人才的国际化既是企业走出去海外投资并购的迫切需要，也是企业实施国际化战略成为全球性跨国公司的必然结果。在经济全球化的世界，企业不管是否愿意，都会直接或间接地受到国际经济环境的影响。随着企业在海外的快速扩张，海外市场的人才队伍本土化也将成为一种大势所趋。

## 二、中国企业国际化人才资源分布及开发存在的问题

### （一）中国企业国际化人才潜在资源总量与分布

1. 中国企业国际化处于初级阶段，有能力有效使用的国际化人才有限

理论上，通过语言翻译人才和有吸引力的人才待遇及有效使用，海外所有企业经营管理人才都可以为中国企业海外投资经营所聘用。

但在现阶段中国企业“走出去”海外投资经营仍处于初级阶段的现实情况下，可以有效派驻使用和吸引的人才资源并不乐观，首先就是即懂中文又懂所在地区国家语言的双语人才并不多。因此，数量庞大的海外华人移民就成为一种人才资源。一方面，移民带走了资金和技术，另一方面，越来越多的海外同胞分布世界各地，成为中华民族的海外人才库，将可能为祖国带来更大的效用。

具体从分类来看，可以从国际化人才来源、国别分布、专业结构分布上来分析。

2. 从国际化人才来源渠道上看，国外仍然要以海外华人移民为主，国内以海归人员开发培养为主

（1）海外华人移民和持有绿卡的留学人员

据有关报告[①]显示，截至2013年，从中国大陆走出去的以留学生、技术移民、投资移民、对外劳务输出、亲属移民等多种形式的

① 中国与全球化智库（CCG）及社会科学文献出版社发布的《国际人才蓝皮书：中国国际移民报告（2014）》。

新移民，存量已达到934万人。这些多以知识精英和财富精英为主力军，具有数量大、层次高等特点。同时，最近也出现了“蓝领移民”现象，从2005年开始，仅有800多名村民的山东后楚庄村，却有100多人在澳大利亚打工，不少人已经获得了澳大利亚“绿卡”，成了远近闻名的“焊工村”。由于在国外打工收入高、生活质量高，“焊工村”在村民中产生了示范作用，近十年来，整个镇已有1000多人获得了在澳大利亚工作的签证，涵盖了电焊、水电安装等多个工种，其中近一半人申请了“绿卡”。2011年以来，广州出现以保姆身份移民至加拿大的热潮。

移民在所在国扎根生活所具备的经验和能力，及共同的传统文化背景，是中国企业在海外投资经营时，可以重点开发的宝贵的国际化人才资源储备。这从众多企业在海外投资经营时实际招聘人才来源分布的情况也可以看出，华人遍布世界是中国企业走出去跨国经营的一个最具有开发潜力的人力资源。

（2）海归人才

进入21世纪后，随着中国出国人员人数的增加和中国经济环境的改善，回国人数开始迅猛增加。2008年以后的两年，受发达国家经济发展的影响，回国留学人员数量大增，其中，2009年回国人数突破10万，达到10.8万人，2012年同比增长46.6%，达到历史最高值。近五年，回国人数近80万人，接近前30年的3倍。近十年来，留学人员回国数量93.78万人，按照近10年留学回国人员的平均增长估算，预计未来5年，中国从海外回国人数要大于出国人数，成为一个历史拐点。《国际人才蓝皮书：中国国际移民报告（2014）》显示：近年来，世界人才从发展中国家向欧美国家大规模流动的潮流正在悄然改变，人才逐渐从工业化国家向亚非拉国家回归。

中国经济的快速增长和稳定的就业环境是吸引留学人员回流的最主要内在原因。据《中国海归发展报告（2013）》（以下简称《报告》）蓝皮书显示：有86%的海归在六个月内找到工作，在3个月内找到工作的有65.3%。海归从事的岗位以销售、市场类和研发类为主。其中，从事销售、市场类的占33.5%，研发类的占24.2%，行政工作的占17.7%，生产运营的占7.1%，人事管理的占6.8%，财务管理的占6.4%。根据样本研究，海归创业主要集中在高新技术密集型的行业，以新一代电子信息技术行业（39.7%）和新生物和新医药行业（18.2%）为最多，互联网、IT和通信等高新产业领域创业成功的海归占到了70%以上，还有20%的海归集中在咨询、法律服务和教育等知识服务经济领域。《报告》显示，从2000~2011年，海外留学生回归人数的平均年增长率为23.7%。按此增长率估算，2012年中国海外留学生回国人数将增长到23万人次，累计回国人数达到105万人次，2017年海外留学生回国人数有望增长到66.6万人次。

海归具备一定的海外社会网络和海外优势，这为中国企业走出去海外投资经营，在培养开发具有国际化潜力的人才方面，储备了基数庞大的高素质人力资源。对那些在企业所投资经营的国家有留学生活尤其是有工作经历的海归人才，若能做到有效地开发培养和有效使用，将会成为企业国际化人才的重要力量。

（3）在华生活工作的外籍人才

据中国六普数据，居住在中国的外籍人员数量为593832人

（不含港、澳、台）。截至2010年底，在中国境内有短期和长期居留的外籍人员已达1020145人；截至2011年底，持有外国人永久居留证的外国人已有4752人。随着中国经济实力的跃升，中国不仅对海外留学生人才，对世界他国人才的吸引力也越来越大。根据英国汇丰银行对全球近100个国家的7000名移居者的调查研究，2013年，中国凭借较高的“经济收入”和“生活体验”排名第一，成为全球最受欢迎的移居地。虽然此项调查结果存在争议，但至少说明有大量的外国人才存在来华工作和生活的需求。美国曾经依靠“美国梦”成为全球人才“磁铁”，在世界格局逐渐变化的今天，“中国梦”也将会对中国企业吸引世界人才发挥越来越大的作用，在华生活工作的外籍人才也必将成为中国企业国家化人才队伍建设的重要力量。

（4）投资目的地国家本土人才

中国企业“走出去”海外投资经营发展到成熟阶段，必然是在全球进行本土化经营运作。华为目前在全球的外籍员工已有2000多名，约占公司员工的10%。

（5）“海鸥”人才

“海鸥”人才是指在国外获得绿卡或国籍并频繁来往于国内与海外，从事贸易、商务等不同项目的高层次人才。自从2009年人社部提出“赤子回国”服务行动计划以后，中国的人才政策从强调“回国服务”发展到现在同时重视“为国服务”；从强调“人的回归”，演变为同时强调“才的回归”，使“海鸥”群体也成为国家政策关注的对象，海鸥们选择经商、向国内转移技术、投资以及适应自己的方式为国服务的比例，开始显著增加。而“海鸥”群体有很强的流动性，在其经营的业务上，跨越东西方或是一两个国家，他们不一定身在国内，都成为中国国际化的先头部队，他们利用自己在国内外的人脉网络，进行商务和技术上的交流。可以预见：随着越来越多的“海鸥”回国创业，海归人才和海归创业企业中的人才的跨国活动也会越来越频繁，将来会有更多的海鸥加入到国际化人才的队伍。

一项针对加拿大海归的跨境流动的调查[1]显示：现在“海鸥”越来越多，每年平均至少往返中加一次。82%的人往返中加1～2次，4%的人每年往返中加8次以上。

3. 从国际化人才国别看，东南亚人才资源丰富便利，欧美相对丰富但有效使用挑战大，中东、非洲、拉美可开发使用国际化人才短缺

东南亚国家由于地理和历史文化渊源，华人占相当大比例，且相互投资和人员交流方面历史悠久，中国企业在东南亚地区的投资经营，在国际化人才方面资源丰富，使用便利，企业管理文化也相近，提高国际化人才的竞争力主要在企业内部管理水平方面。

而欧美地区国家，由于是中国大陆移民的主要目的地国，因此，拥有相对丰富的华人移民资源和留学生资源。中国从1990年的第七大移民输出国，上升为目前的第四大移民输出国，而美国、加拿大、澳大利亚和新西兰是中国新移民的主要目的地国。2012年，上述四国获得永久居留权的中国人（均指来自于中国大陆）分别为81784人、33018人、29547人、7723人，总数为14.8万人。

① 中国与全球化研究中心《中国海归发展报告（2013）》蓝皮书。

中国是美国第二大移民来源国，仅次于墨西哥，美国是中国海外移民的第一目的国。据美国人口普查局统计，2010 年美国共有华裔居民 430 万人，其中，约一半出生于中国大陆及港、澳、台地区。2011 年，居住在美国的外国出生移民总数为 4038 万人，其中，出生的中国大陆及港澳台地区的中国移民为 223 万人，占全部移民总数的 5.5%，是美国最大的亚裔群体。同时，赴美留学人数和获得 H－1B 临时工作签证的人数以每年 20% 左右的速度增加。2011 年以来，中国已经成为美国国际留学生第一大来源国，2012～2013 年度，来自中国的留学生达 235597 人，占美国国际留学生总数的 28.7%，比上一年增加 21.4%。2012 年，获得美国 H－1B 临时工作签证的人数达 23787 人，比 2011 年多 3937 人，增加了 19.8%。中国也是加拿大最大的国际移民来源国，1996 年加拿大政府全面开放中国大陆的独立移民申请以来，在中国出生获得加拿大永久居民签证的数量每年在 5000 人至 1 万人之间，1996 年上升到 1.75 万人，2005 年上升到 4.22 万人，2012 年仍达到 33018 人。同时近四年，中国是加拿大最大的国际留学生来源国，2012 年赴加拿大留学的学生达到 25346 人，在加拿大留学的中国学生总数达到 80638 人。中国还是澳大利亚最大投资移民来源国、第二大技术移民来源国，2008～2012 年五年间，每五个获得澳大利亚投资移民签证的外国人中就有三个是中国人。2012 年有 25509 名中国公民获得澳大利亚永久居留签证。2012 年 6 月，澳大利亚公布的 2011 年人口普查结果显示，中国人即将超过英国人，成为悉尼最大的移民族群。在新西兰，华裔成为新西兰第二大少数民族，华裔人口 1986～2006 年间从 19494 人增加至 140570 人，占新西兰总人口数的 3.4%。

2008～2013年获得新西兰永久居留签证的中国人达40888人，其中，获得商务、技术签证约占总数的39%。

相对于东南亚国家的华人资源，在欧美等发达国家投资经营并开发当地华人移民这一重要国际化人才资源的中国企业，面临着更多、更严峻的挑战。由于东西方文化和法制环境的差异，老移民、二代移民和新移民融入欧美文化的程度不同，中国企业在开发使用时需要更复杂的适应过程。

而在中东、非洲等，中国企业“走出去”范围较广、规模较大的区域，缺乏熟悉当地语言文化和法律制度的人才屈指可数，中国企业在当地无论是出现经营上的商业道德风险，还是法律政治风险等，大多与缺乏相应的国际化人才有关。在拉美更是缺乏相应的人才，因此，在拉美的投资经营范围和规模都有待提升。

### （二）中国企业国际化人才开发存在的问题

1. 认识滞后，对国际化人才的培养和引进严重不足

随着中国企业越来越广泛地向海外“走出去”投资经营，企业人才培养和引进的力度也在加大。但是，总体来说，对人力资源开发和管理的认识有待深化，人才国际化的意识还比较单薄。

从宏观看，中国是全世界人才流失最多的国家，据美国全国科学理事会统计，在美国非本土出生的科学与工程博士中有22%来自于中国大陆；另据中国科协2008年提供的报告说，1985年以来，清华大学、北京大学76%以上的高科技专业毕业生都去了美国。很多国家把中国留学生作为国际人才重点争夺对象。

除了人才大量流失外，中国在本土培养国际化人才方面也认识

不足，大多数高校仅停留在外国语言文化教学方面，中国大学生接受的教育很多并不是全球化所需的工作技能。

在我们本土培养不足的同时，也没能有效地吸引海外人才。中国接收留学生率均远低于世界平均水平，接收留学生率指本国接收高等教育留学生人数占本国高等教育人数的比例，是衡量一个国家高等教育国际化水平的最重要指标。根据联合国教科文组织《全球教育概览（2011）》统计，来华留学生有61211名，中国接收留学生率为0.2%，远远低于2%的世界平均接收留学生率、1.3%的东亚和太平洋地区平均接收留学生率。改革开放到2007年，中国累计引进外国专家281万人次，其中很多是语言专家，而美国近十年来引进的人才就达到400多万。

2. 缺乏开发和管理经验，引不进、留不住国际化人才

中国的高等职业教育发展层次较低，很多院校缺乏国际化的人才理念，本土培养人才的国际竞争力也十分不足。据麦肯锡的一份报告称，中国大学毕业生中只有不到10%拥有跨国公司工作的技能，相比之下，印度的比例则达到了25%。虽然中国大学生数量很大，每年毕业的工程类大学生是美国的九倍，但是，我们160万工程师里只有10%具有跨国公司所需的各种技能，比例相当低，国际化人才严重不足。

同时，由于中国企业走出去海外投资经营大部分还处在初级阶段，能达到华为、联想那样的经营管理水平的还很少，大部分企业的人才管理机制的不完善，使得中国企业对国际化人才的培养和引进力度不够。许多企业存在着“引人难，留人更难”的现象，而且，很多企业仍处于“使用人才，不培养人才”的状态。同时，对

于人才培养，大多数企业或多或少都存在着一些短期行为，没有形成与企业发展战略相匹配的系统性、持续性的培训机制。

3. 海外人才开发政策环境亟待完善

相对于发达国家，中国在对外籍来华工作人才、海归海鸥人才的签证、移民、双重国籍等海外人才公共服务体系等制度问题上都存在着差距，使得中国在人才引进和培养方面都大大滞后于发达国家，也滞后于印度、巴西等新兴国家。

签证制度方面，签发给外国在华留学毕业生工作签证的数量为零。根据中国现行法律，外国在华留学毕业生在没有找到工作的情况下，没有资格申请中国工作类居留许可证，因而，中国签发给外国在华留学毕业生工作签证的数量为零。向外国留学毕业生签发工作签证在发达国家和地区已经成为常例，是培养和吸引外国人才的一个重要手段。2007 年，日本向 10262 名外国留学毕业生签发了工作签证，其中 7539 名是中国留学毕业生。2011 年，澳大利亚向 21585 名外国人签发了留学毕业生技术移民签证，其中 4330 名是中国留学毕业生。中国需要尽快改变这种局面，开放给国外来华的优秀留学生发放工作签证，吸引世界优秀年轻人才来华创新创业。

尽管中国的绿卡政策于 2004 年出台，但每年能申领到的也只有 100 人左右，而美国每年 HBI（工作签证）就有 6. 5 万人，还有其他杰出人才 4 万人，投资移民 1 万人等。

持中国护照免签国数量少，出入境便利度较低。根据亨利签证受限指数 2013 的排名，护照免签国数量中国排名第 82 名，不仅落后于中国香港（152 个国家免签）和中国台湾（130 个国家免签），也落后于其他金砖国家——俄罗斯（95）、巴西（146）、智利

(141)。根据中国外交部的统计，截至2013年10月31日，中国与世界81个国家签有互免签证协议，适用于普通因私护照的只有9个国家，多数只适用于外交、公务护照或普通因公护照，普通民众无法从大多数的官方互免协定中享受到免签待遇。与中国签有免签协议和单方面给予中国免签的国家多为旅游岛国或第三世界国家，而与中国有大量经贸联系、文化联系的西方发达国家与中国却没有建立相应的便利化制度，这阻碍了人才国际化的流动。

## 三、推进中国企业人才国际化的政策建议

### （一）实施国家人才竞争战略，构建中国全球化人才战略高地

1. 树立并促成人才大规模回流的国家人才竞争目标

全球化进程中，人才的发展成为国家长期竞争力的重要组成部分。必须把培养国际化人才队伍放到更加突出的战略地位，加快建设国际化人才高地。后金融危机时代，培养适应国际竞争的人才队伍、吸引出国留学人员回国工作和为国服务、防止中国人才的大量流失是加强人才国际化工作，推动人才强国战略的紧迫任务。

从1978年正式开始向西方发达国家派出留学生，到1983年邓小平发表讲话提出要引进外国智力，中国改革开放已经30多年，随着参与国际人才竞争的程度日益加深，中国送出了全世界数量最大的留学生，外流了全世界最多的顶尖人才。未来30年，将是中国迎来人才大规模回流的关键时期。从新兴发达国家和地区的发展历程来看，任何一个新兴国家从新兴发展中国家成为新兴发达国

家，从人均年收入 3000 美元到 10000 美元以上的过程，都无一例外地成功扭转了国际人才竞争中的劣势局面。

然而，大规模的人才回流并不是那么轻易地发生。并不是经济高速增长，或政府重视人才，或人文环境开放等单方面因素就能促成。这需要政府的重视、公平有效率的法制、移民政策的保障、经济发展提供的空前机遇、兼容适宜的生活环境和人文环境等。

2. 大力实施各项人才计划

实施人才计划是许多国家打造人才优势、参与国际竞争的成功经验。中国从 20 世纪 90 年代开始也实施了一批人才工程，如“长江学者奖励计划”“百千万人才工程”“高技能人才振兴工程”等，使得中国人才规模迅速扩大，人才素质不断提高。培养国际化人才队伍，要突出组织实施创新人才推进计划、海外高层次人才引进计划等。实施人才计划的过程中要注重复合型人才培养，加大对优秀青年科技人才的发现、培养、使用和资助力度。加强产学研合作，重视企业工程技术与管理人才的培养，推动科技人才向企业集聚。发展创新文化，营造科学民主、学术自由、严谨求实、开放包容的创新氛围。

3. 改革现行教育体系，提升国际化教育水平

在正规的学校教育中强调国际化人才战略的贯彻和落实，《美国 2000 年教育目标法》提出，要通过国际交流，提高学生的全球意识、国际化观念；要鼓励学生到国外学习；扩大和加强外语教学，加强美国人对外国文化的深刻了解。1995 年，韩国推出旨在“造就能够引导国际化潮流的人才”的教改方案，加强国际理解教育，加强外语教育，实施世界化教育。印度早在 20 世纪 50 年代，

就以美国麻省理工学院为样板，集中国力兴办了6所既有公认的国际一流水平，又保持印度文化特色的理工学院。印度的大学教育在师资配备、课程设置、教材选用上，几乎全部与国际接轨。

建议加大国内高校开设国际区域法律、投资、商务、政治制度等人才严重缺乏的专业的力度。与国外名校开展合作办学，通过学分互认等方式培养国际化人才。加大吸引海外留学生的力度。

### （二）完善签证等公共服务，探索建立人才移民和较为灵活的国籍管理制度

1. 简化往返中国的签证手续

往返中国签证问题是人才回归以及人才环流的重要障碍。中国经济迅速发展，成为全球许多其他国家青年人才向往的地方，如今在华学习的外国留学生有近30万人，若能留住其中最精英的部分，便是中国人才储备的一大成果。教育部、科技部、财政部、人事部和公安部等部门联合出台了《关于鼓励海外留学人员以多种形式为国服务的若干意见》（以下简称《意见》），鼓励留学人才以多种形式为国服务，并从强调“人的回归”过渡到“才的回归”，提出对在华任职的留学归来人员以及外籍高科技、高层次管理人才提供出入境便利，对符合六类高层次外籍人才（包括外籍留学人才）可根据实际需要发给“F”或者“Z”签证。《意见》立意非常好，但实施起来难度非常大。在对高科技和高层次管理人才的界定上，忽略了企业引进海外国际化人才的需求，对那些不是副总经理以上的高级管理人才，也与国内高校无任何关系，就完全有可能被拒办。中国海外使领馆不多，手续也很繁杂，而且为了办一个长期回国签

证，就要先找到接收单位，还要符合规定的高层次，再跑到留学服务中心进行资历认证，手续也比较繁琐。

大多数国家对于本土人才出入境没有任何限制，对于外籍人才也注意简化手续。例如，欧盟成员国之间的人才能够自由流动与选择工作。法国发放等同于居留证的长期签证，不用去大使馆，抵达法国后只需在3个月内向所在地的移民融入办公室邮寄相关材料，再填写相应的官方文件、接受体检后，其居留就可以获得批准。相关部门可以借鉴，大力简化往返中国的签证手续。

2. 完善中国移民绿卡制度，吸收技术和经济移民

移民入籍、绿卡、工作签证等手段，是西方发达国家长期争夺全世界人才的基本手段。工作签证被用于短期引进外国普通人才或自身需求的劳工。而国籍与绿卡一般用于长期引进海外人才，主要针对高端人才以及长期需要的人才，并被当成招商引资的重要手段。中国2004年才出台正式绿卡制度《外国人在中国永久居留审批管理办法》，总体来说对吸引外才、外资发挥了一定的作用，在与国际化人才流动接轨方面迈出了一大步，但其中资格要求过于严格，远远不能满足中国因为自身人才缺口而导致对引进外国高层次人才的需求。中国的人才绿卡制度，并没有照顾中国海外族裔人才、中国海外留学人才、外国来华留学人员这三个特殊群体，这不符合国际惯例。在非移民国家以及拥有庞大海外族裔人才的新兴国家，如印度、俄罗斯、韩国，对本族裔人才包括留学人才从申请绿卡到移民都有特殊照顾。美国、加拿大、澳大利亚、英国、法国之所以对本国侨胞、留学生没有特别规定，是因为默认双重国籍，这些人没有任何回归障碍。中国侨务方面的国情与当时的印度有些相

似，建议适当借鉴并综合印度和韩国两个国家的经验。在目前没有双重国籍的政策下，考虑针对原籍中国（本人或父母曾拥有过中国籍）、凡具备硕士学历或在国内纳税超过一定额度、具备高层次人才标准、在边远地区工作且保持一定收入者，都可以直接申请绿卡或发放相当于绿卡的“海外华裔卡”。

建议绿卡制度采取更为开放的政策，可考虑采取国际通行的积分制，并放低门槛。目前，英国与澳大利亚都采取积分制，在申请国工作、有申请国工作聘请、在申请国居留较长时间、会汉语都是加分因素；但在国外职位很高、属于中国急需领域、拥有特殊才能等，都可列入加分因素。

建议出台绿卡入籍的政策。对于技术移民，世界上很少有国家对于计划长期引进的海外人才不考虑让其入籍。中国设置的获得绿卡的要求本来相对就高，而且绿卡并没有随后入籍的规定，与发达国家相比明显缺乏竞争力。建议获得绿卡符合一定条件、达到一定年限后可申请入籍。全球化时代，各个国家都在争夺高层次人才，各国绿卡制度无形中也处于竞争状态。因此，中国应该改革目前的绿卡制度，以便在全球人才市场争夺自己所需要的人才。

3. 探索建立较为灵活的国籍管理制度

随着全球分工协作的细化以及跨国公司的崛起，“人才环流”已经成为一个比“人才回流”更庞大的群体。从国际项目合作到政府外派外交官、跨国公司外派员工都在此范畴。国际上的研究普遍认为：双重国籍或者出台类似绿卡制度是“人才环流”的最根本保障，同时也能帮助一个国家将曾经流失的人才转化为“共享”或推动海外人才回归，以及有助于引进外国的优秀人才。2006 年，联合国秘书长在其报告中就指出："如果能够保证再度移民海外，有权在目的地国长期居留的移徙者可能更愿意返回家园尝试新生活。因此，在目的地国居住的保障可能促成回移或循环流动。同样，给予双重国籍身份也可能有助于回移。"

即使那些本土出生的华裔人才，尤其那些已经成家立业的高端人才，相比那些刚刚毕业或者在海外成就不如意的留学生，让他们放弃海外一切回到基础条件更为逊色的祖籍国重新开始，将是非常艰难的选择。但如果不须"二选一"，他们又很愿意同时贡献自己的才智为祖（籍）国的发展作出贡献，如进行项目合作、学术与技术交流、回国投资创业、为本土跨国公司在国外工作等，那么承认或默认双重国籍，或者开通绿卡与简化签证，会非常有助于这些海外人才环流到国内发挥人才作用。

承认双重国籍，并不会加快本土人才的流失。有条件也有决心移民出去的人才，不会因为要放弃本国国籍就选择不移民。决心彻底回归祖国的人才，也不会因为国家承认双重国籍就不回国效力。相反，只会坚定许多有客观原因或主观疑虑而没有放弃外国籍族裔人才回流的决心。英国公众政策研究协会（IPPR）的研究也指出："人口流动的门槛越低，永久移民的人就越少。"

"金砖四国"中，目前只有中国还没有认可双重国籍，一个理由是"有利于海外的华侨华人融入当地主流社会，在当地更好地长期生存和发展。同时，它也有利于减少疑虑，增进互信，促进中国和华侨华人住在国友好关系的发展"。这种解释实际上存在自相矛盾之处，既然承认双重国籍的呼声是由世界各地华裔多年来孜孜不倦发出，就证明它无论是在加强对海外华人的向心力、推动海外人才回归，还是在帮助海外华侨华人在当地长期生存和发展上，并不是那么“成功”。开放的国家即使移民具有双重国籍也不会受到影响，种族歧视的国家即使移民没有双重国籍也照样“不利于生存”，相反，宗主国还会因此失去帮助侨胞的理由，进而令海外侨胞感到寒心。例如，1998 年印尼屠华事件并不因为中国不承认双重国籍就不发生，中国反而不便进行任何实质性的帮助。

对于双重国籍“忠诚度”的忧虑也完全可以通过具体政策解决，例如，美国、俄罗斯默认公民的双重国籍，但只承认他们本国公民的身份；中国香港则以出入境为判断原则，并对某些重要敏感的公职岗位要求必须放弃外国籍。建议国家采用香港模式，将国籍身份以出境与否为决定因素，推广到整个中国。

世界各国都千方百计地争夺高端人才，中国也应该选择、辨别愿意同时入籍中国的外国高级人才，通过开放双重国籍来争夺国际化人才，提高中国企业的全球竞争力。

执笔：王继承

## 参考文献

[1] 李玉英，洪金. 国际化人才培训与企业国际化之路. 珠江经济，2002（6）

[2] 王辉耀. 构建中国全球化人才战略高地. 企业研究，2010（9）

[3] 赵全军，杨阳. 创新理念方法推进企业国际化人才开发与合作——2011 中国宁波国际人才高层论坛暨中日韩企业人力资源开发研讨会理论综述. 宁波经济（三江论坛），2011（10）

[4] 王辉耀. 应当建立并完善人才移民制度. 国际人才交流，2011（7）

[5] 余进. 企业国际化人才引进“四部曲”. 国际人才交流，2012（1）

[6] 杜秋永，史映雪. 中国企业国际化人才培养的问题和对策. 人力资源管理，2012（5）

[7] 韩凤艳．浅析中国企业国际化人才的培养．对外经贸，2012（11）

[8] 王辉耀，苗绿．国际人才蓝皮书：中国海归发展报告（2013）No2. 北京：社会科学文献出版社，2013

[9] 丁雪峰，王辉耀，郑金连．各国人才竞争制度最新走向．中国人才，2013（15）

[10] 王辉耀，刘国福．国际人才蓝皮书：中国国际移民报告（2014）．北京：社会科学文献出版社，2014

## 第三节　进一步消除企业海外并购的制度障碍

伴随中国经济的快速增长，中国企业的海外并购日益为世界所瞩目。海外并购本身已经从单纯的企业经营行为、制度演化、行业变迁延伸到影响整个国民经济结构乃至全球经济格局的重要方式。中国要培育出一批具有国际竞争力的大企业，必须通过海外并购在全球范围内配置资源，整合技术和市场，并在全球产业链的高端占有一席之地。海外并购是融合全球经济的重要桥梁。

从海外并购的实践来看，尽管自美国次贷危机和欧债危机后，中国企业的身影频频出现在国际并购交易的舞台，投资数量、投资规模都呈现快速增长的趋势，但与之相对应的诸多制度缺陷和障碍也日益暴露出来，如复杂的审批程序增加了海外并购的不确定性，单一的支付手段制约了大额交易的完成等。海外并购的发展需要简政放权和制度桎梏的解放。鉴于资本市场海外并购的代表性，本文分析主要以上市公司为缩影。

## 一、中国海外并购现状

近年来，中国对外投资几乎涉及国民经济所有主要行业，而海外并购已成为对外直接投资的主要方式。从统计数据来看，中国已成为全球第二大并购国，仅次于美国，并购市场总规模接近2400亿美元，但并购市场规模占GDP比重仍然较低。从境外并购的实践看，以上市公司为主体或并购后资产注入上市公司已成为全球并购的主要趋势。中国上市公司海外并购交易近年来虽有显著提升，但规模占比仍然较低。据统计，2006~2012年，中国上市公司完成海外并购210起，占中国企业海外并购1334起的15.74%，在已披露金额的205起交易中，交易金额为332.33亿美元，占全部企业海外并购金额2315.32亿美元的14.35%。反观美国上市公司海外并购占全美企业海外并购的数量已达到71%，英国、德国和法国分别为77%、55%和86%。

中国上市公司海外并购特点及趋势如下。

1. 并购行业呈多元化趋势，金融行业并购金额远超其他行业，并购案例数量以能源及矿产行业居多

2006~2012年，中国上市公司完成的海外并购交易广泛分布在能源及矿产、IT、机械制造等20多个领域。上市公司海外并购行业多元化日趋明显，2006年仅涉及两类行业，到2012年涉及15类行业，且行业分布较为平均。从并购金额方面来看，金融行业以21起并购交易、161.28亿美元的并购金额远超其他行业，其并购金额占比近五成。从并购案例数量上看，能源及矿产行业以38起海外并购位居首位，占18.10%，机械制造行业以35起位居第二。

2. 并购地域集中于经济发达或资源丰富地区，亚洲、欧洲和北美洲的并购案例总数位居前三位

2006～2012年，中国上市公司海外并购中，亚洲以71起并购数及133.28亿美元的并购金额位列境外各洲之首；欧洲、北美洲也因其发达的经济水平吸引了多家中国上市公司前往拓展并购业务，并购分别为57起、49起；由于大洋洲能源及矿产资源极其丰富，虽然仅有17起，但却以56.32亿美元的并购总额位居亚洲之后。非洲虽仅有9起并购案例，但并购交易总额高达53.37亿美元。

3. 并购主体以国有控股上市公司为主，主板上市公司占据主导地位

2006～2012年，国有控股上市公司海外并购案例为101起，并购总额达306.21亿美元，占比分别为48.1%、92.1%，虽然从并购数量看，国有控股上市公司活跃度略微低于民营上市公司，但从并购金额看，其以92.1%的压倒性优势占据主导地位。其中，主板上市公司完成135起，并购金额321.98亿美元，占比分别为64.29%、96.88%。

4. 超过1亿美元的大额并购占据主导地位，大规模高效益企业支撑巨额交易的产生

2006～2012年，1亿美元以上的并购案例共有40起，占所有披露金额并购交易总数的19.51%，虽然为数不多，但301.42亿美元的披露并购总额占所有披露总额的90.7%，大额并购主导中国上市公司海外并购市场。从实现并购的上市公司规模看，营业收入在1亿～10亿美元（含10亿）的案例数最多，达87起，占全部案例

的41.43%；虽然营业收入大于100亿美元的上市公司海外并购案例仅有26起，但其创造的并购总额最多，占全部金额的45.59%。

5. 海外并购方式以股权收购为主

目前股权收购已经成为中国上市公司海外并购的成熟交易模式，约九成以上的海外并购交易都是采用股权收购的方式。2006～2012年，中国上市公司海外并购的210起案例中，股权收购184起，占87.6%，交易金额占比高达90.63%。

6. 海外并购融资渠道逐步多元化，除了通过资本市场募集资金，还可以借助海外融资、技术使用权等出资、海外产业投资基金、私募资本和并购基金等渠道

除自有资金外，国有控股上市公司的跨境收购资金主要来源于国家开发银行、中国进出口银行和国有四大银行；民营上市公司的并购资金中，自有资金占比较多，更倾向于和国际上的PE以及大型企业组成联合体实施收购。超募资金和定向增发资金逐渐被上市公司所采用，但此类交易涉及金额较低。除现金出资和合资方式并购外，上市公司也灵活选择以技术使用权出资。私募资本和并购基金的崛起也为海外并购提供了新的资金来源。

## 二、现行海外并购制度及存在问题

近年来，海外并购的法律法规逐步完善，但从实践来看，上市公司的海外并购还存在一些需要解决的制度性问题。

1. 审批程序的复杂化，与海外并购的需求难以相适应

中国海外并购“多部委监管、串行审批”模式导致审核程序过于复杂。上市公司海外并购需先后履行发展改革委、商务部、国资

委（国有）、外汇局和证监会等多项审批程序。涉及金融、能源、传媒等敏感行业，还需行业主管部门核准。目前，如按照正常审批流程，跨境收购交易全程（包含前期尽职调查、商业谈判及后续审批）大约需要8～10个月时间，其中，国内托人、找关系履行审批约需4～6个月时间。而国外如澳大利亚财政部及外国投资审查委员会审批仅1～2个月，境内外审批时间的不匹配导致大批交易失败或支付巨额分手费。

2. 以股份为对价的障碍制约了海外并购的支付手段

从国际并购实践看，对价支付较少采用"现金"，大部分采用"股份"或"股份+现金"的方式。据统计，1990年全球海外并购，现金交易金额尚占交易总额的91%，但1999年比例下降到64%，期间换股并购的数量及金额大幅增长。1997～2005年间，股权支付方式的并购案金额比例占总交易金额的近一半，换股并购方式开始在全球成为主流。但中国尚没有关于上市公司以股份作为对价进行跨境收购的法律法规，只能参照外商企业并购境内企业的相关规定办理，而因受制于商务部"10号文"的规定，至今尚未有一家境内企业经商务部批准完成跨境换股。

3. 企业融资渠道少、速度慢，难以与收购时间要求匹配

与成熟市场相比，中国企业的融资行为仍然受到诸多限制。融资渠道相对单一。在国际并购融资中广泛使用的垃圾债券、认股权证、可交换债券、优先股等在中国海外并购融资中基本是空白。以银行贷款为主的融资模式不仅成本高，而且额度有限，阻碍上市公司大规模并购。在目前的监管体系下，直接融资、债券融资和直接外汇贷款均须符合一定程序和要求，很难实现与并购操作有效对

接。证监会《关于修改上市公司重大资产重组与配套融资相关规定的决定》，为上市公司并购提供了快捷的融资途径，部分解决了并购与融资脱节的问题。但配套融资未涉及以现金作为对价支付方式的交易，发行规模也被限定在交易总金额25%以下，难以满足大规模融资需求。

4. 现行重大资产重组相关规定较难适应海外并购的客观情况

现行重大资产重组管理办法主要是从规范A股上市公司境内交易角度立法，其中，很多规定并不符合国际惯例，较难适应海外并购的客观情况。该规定要求对上市公司拟购买资产参考评估值确定价格，对于以收益法作为评估定价依据的交易，要求卖方必须对标的资产未来3年实际利润额未达到收益法预测值的部分进行盈利预测补偿，实际可操作性差。有关信息披露的要求也不符合国际惯例。特别是财务信息方面，要求提供目标公司最近两年经审计的财务报告（按中国会计准则编制）。实践中，收购标的可能是特殊领域的非上市公司，没有完整的审计报告可提供，在交易完成前，很难要求对方提供按中国会计准则编制审计报告。

## 三、主要发达国家促进海外并购的制度

美国、德国、英国等发达国家对包括上市公司在内的本国企业海外并购，都在不同环节体现支持态度。对于企业海外并购可能遇到的种种风险和制约因素，均制定相关政策支持措施，为企业海外并购提供强有力的保障。

美国政府对本土企业海外并购的政策支持包括以下方面。

1. 建立境外投资法律体系，对跨国并购提供法律保护

美国是世界上最早通过立法对企业海外直接投资经营进行法律保护和支持的国家。美国对本国企业海外投资没有专门的法律予以直接规制，其海外投资监管的法律散见于其他相关法律，通过证券监管、出口管制、反海外腐败和反垄断等方面的专门法律，予以间接规制。1948 年，美国国会通过了《经济合作法案》，确立了对对外投资者给予“安全保证”的基本原则。美国还制定了《对外援助法》《共同安全法》等有关法律。

2. 对海外并购企业提供税收支持

美国政府为鼓励企业跨国并购等对外直接投资，早在 20 世纪初就开始对企业海外直接投资实行纳税优惠。二战后，原有政策虽经多次修改，但仍是支持和鼓励美国企业海外直接投资的重要工具。税收优惠措施主要是所得税优惠和关税优惠。其中，所得税优惠包括税收减免、税收抵免、税款亏损结算和亏损退回等。美国公司海外直接投资收入的所得税率一般要比国内投资收入税率低 18% 左右；关税优惠主要是通过实施“附加价值征税制”来实现。

3. 海外并购中的海外投资保险制度

美国是最早建立海外投资保险制度的国家。美国海外投资公司协助联邦政府对外投资政策的实施，对美国私人海外投资承担政治风险的保险、再保险以及保证，并资助美国企业在发展中国家和地区开辟新的投资市场，特别致力于鼓励及资助中小企业向发展中国家投资。

4. 促进本土企业海外并购的信息咨询服务

美国国家行政机关、国内特别机构、驻外使领馆所设的经济、

商业情报中心以及美国海外私人投资公司等机构，都对美国企业海外并购提供信息咨询服务，有效地降低了企业海外并购的前期成本。美国小企业局通过设立全天候的计算机电话答询系统，处理跨国并购等海外投资企业的信息事项，同时通过专家指导为跨国并购企业完成关键性前期工作。美国海外私人投资公司是美国国务院领导下的独立政府公司，该公司通过定期新闻专题报道，为美国公司提供海外投资情报和咨询服务。

5. 对本土企业海外并购融资方面的支持

美国政府主要通过政策性金融机构提供优惠贷款方式向本国企业跨国并购提供融资支持。对本土企业海外并购提供融资支持的机构主要为美国进出口银行和美国海外私人投资公司。美国进出口银行的贷款业务中，有两项专门支持美国公司对外直接投资的：开发资源贷款和对外私人直接投资贷款。美国海外私人投资公司在以投资保险为主要业务的同时，还对美国企业对外直接投资予以资金支持，特别是支持美国中小企业在发展中国家直接投资。

6. 对本土企业跨国并购的外交支持

美国广泛利用所发起和参与的国际组织为本国企业跨国并购等提供服务，参与和推进双边和多边贸易谈判，与其他国家签订双边或多边条约。美国在北美自由贸易协定和世界贸易组织的谈判过程中，始终把本国海外企业的利益放在首位，争取为本国企业提供更有利的海外市场准入条件和优惠待遇，并促进有关协议和条约的落实。此外，美国政府还把提供援助与要求受援国对美国企业提供资本准入和保护直接联系起来。

德国是世界上最开放的经济体之一，也是全球对外直接投资较多的国家之一。德国政府对本国企业境外并购和投资，一般无审批和登记等要求，敏感行业如军工企业等例外。

德国政府对海外并购和投资的支持政策包括：

（1）金融支持

德国联邦政府控股或参股的德国复兴信贷银行（KFW）、德国投资开发有限公司（DEG）、德国技术合作公司（GTZ）等都是相对独立的投融资机构和投融资咨询机构，在促进对外贸易、对外投资等方面发挥着重要作用。德国复兴信贷银行是德国最大的银行之一，主要业务是为德国中小企业在国内及海外投资项目提供优惠的长期信贷。德国投资开发有限公司是德国复兴信贷银行的子公司，自 1962 创立以来，在支持发展中国家和新兴市场国家的中小企业发展上，做了大量的工作。德国技术合作公司创建于 1975 年，是德国政府拥有的推动国际合作的服务性企业，主要接受德国经济合作与发展部（BMZ）等德国政府部门以及别国政府的委托，支持德国伙伴国的发展和改革。

（2）民间组织的保护作用

德国工商总会（DIHK）是 82 个独立的德国工商会的行政联合机构。德国工商总会在 70 多个国家和地区设立了 120 多个德国商会和德国经济代表处，对德国企业在当地的投资，特别是德国中小企业的投资起到了一定的保护作用。德国工商总会在中国设立有 GIC 德中工商技术咨询服务有限公司，在德国商会全球网络的有效支持下，为中小企业提供专业的市场服务。

（3）海外投资担保

德国政府建立了一整套海外直接投资担保体系，由德联邦政府根据预算法的授权，对需要扶持的德国企业境外直接投资提供政治风险担保。受联邦政府委托，普华永道公司和赫尔梅斯公司组成联合工作委员会，负责处理境外投资担保的具体事务。

（4）投资促进和保护双边协议

德国政府通过与发展中国家和新兴国家签订投资促进与保护双边协议来保障德国企业在国外的经济利益。目前，德国已经和125个国家和地区签订了双边协议，得以有效地保护跨国公司在国外的投资。投资保护协议的主要内容是：投资可以享受国民待遇和最惠国待遇；保证资本和盈利的自由汇出；用法律手段保护私有财产；投资者与所在国发生争议时可提交国际仲裁法庭解决。

## 四、完善海外并购制度的对策

借鉴发达国家经验，针对中国上市公司海外并购的制度障碍，为进一步推进中国上市公司海外并购和实现“走出去”战略，建议如下。

1. 统筹协调各监管部门，减少审批环节，简化审批内容，强化事后监管

（1）尽快推出境外投资指导性法律，理顺相关监管体系

由国务院制定国家层面的境外投资条例，由该条例来统领协调各部门的政策，然后，在适当的时候再过渡到立法层面。另外，各个立法部门也可定期整理本部门与境外投资有关的规定，编辑法典或手册，以供企业参考。

（2）对市场化程度较高的交易允许采用事后备案制

建议尽量减少前置审批程序，相关部门可以从行业、投资额度

等方面设置标准。对于所属行业市场化程度较高、交易金额不大的交易，可考虑在交易执行过程中进一步明确企业的主体责任、强调中介机构的尽责义务。监管机构则不再对此类交易进行事前审核，而是采取事后备案。

（3）完善部际工作机制，减少审批环节、提供多层次支持

对于仍需审批的交易，可考虑简化现有多部委审批环节，提高工作效率。建立和完善境外投资联席工作委员会制度，进行“一站式”审核。联席工作委员会除了由各部委的官员组成，还需吸纳各方面的专业人士，比如行业专家、并购专家、法律专家等，充分发挥其高层的沟通协调功能，为企业提供各种实质性支持。

（4）简化审批内容，对交易实施宏观监控

将审核要点从对具体交易的关注，提升至对更宏观层面的监控。关键是控制总量、结构和方向，确保境外并购行为符合中国宏观政策，交易细节由收购主体以及中介机构的专业人士自行把握。

（5）强化事后监管，建立持续评估体系，加强企业责任感

简化事前审批并非放弃监管，建议通过持续跟踪、事后问责、事后评估体系等方式形成长效的市场化监督体制。考核结果将记入企业境外并购档案，作为下次审核的重要依据；同时，也可考虑对管理层事后问责，形成切实的约束机制。

2. 健全政府职能，建立更加完善的境外投资促进、担保、税收支持和咨询等支持体系

（1）设立专门的境外投资促进机构

借鉴国际经验，中国可以将进出口银行扩展为类似日本国际协力银行的投资促进机构，专门负责境外投资融资，向符合融资条件

但担保品缺乏的企业提供信用保证，弥补其信用不足，并为银行分担贷款风险。

（2）构建有效的对外投资担保制度

中国于2001年正式设立中国出口信用保险公司作为海外投资保险的承保机构，开展海外投资保险业务，但其目前的业务仍以出口信用保险为主，海外投资保险业务尚未步入正轨，业务规定笼统，缺乏可操作性。并且，对外投资保险制度仅以出口信用保险公司业务规则的形式规定，层级不高，效力不够。建议尽快将对外投资保险制度上升至法律层面，在法律上构建有效的对外投资保险制度，也应鼓励商业性保险公司进入对外投资保险领域。

（3）完善企业对外投资税收支持政策

目前，中国的境外投资税收政策手段单一、覆盖面窄、目标不清晰，缺乏明确的产业和区域导向，并且企业境内外之间的盈亏不得互相弥补，导致中国企业在跨国竞争中不占优势。应减轻中国企业境外投资的税收负担。实施灵活的差别性优惠，减少对民营企业的歧视性政策。

（4）不断完善企业对外投资的市场信息及咨询服务

为解决海外投资信息不足问题，应完善政府在对外投资中的服务职能，构筑由政府和民间、专业团体与综合团体组成的信息收集、研究、咨询网络。

（5）制定鼓励中小企业跨境投资的措施

中国国有企业的对外投资比较容易受到政治壁垒和安全审查等的影响，而中国的中小企业大多为民营企业，在国有企业受到限制的时候，中小企业可以发挥主力军作用。可以为中小企业提供最大限度的税收优惠，也可以成立中小企业境外投资的保险机构和投资机构。

3. 放开以股份为对价的支付方式，制定相关配套政策

建议相关部委整体协调，制定单独的上市公司海外并购法律法规，以适应上市公司以股份为支付对价的特殊要求。若考虑制定政策的复杂性和时效性，建议通过解释说明等方式，先对现行规定修改完善，重点考虑针对上市公司海外并购交易，放开限制，打开以股份为支付对价的通道。

4. 进一步拓宽并购融资途径、丰富融资方式

海外并购市场化程度较高，对融资到位的确定性和时效性提出较高要求。为进一步拓宽上市公司海外并购融资渠道，可考虑建立“并购配套融资”机制，促使资本市场融资与并购交易有效衔接。

（1）设立储架发行机制

借鉴国际经验，建立储架发行机制（即一次核准、多次发行的再融资制度）。可以考虑根据发行人的公司资质、信息披露水平等做分类处理。

（2）扩大配套融资的范围和额度

目前推出的重组配套融资已受到市场的广泛关注和支持，已实施或公告多家案例。在总结现有经验的基础上，进一步发展并推广配套融资模式，将重组同时配套融资的范围进一步扩展到以现金作为支付对价的项目中，同时，适当提高目前25%的配套融资比例。

（3）放松对债券市场的管制

在发达资本市场，企业发行债券比股权融资更简便，企业债市场也往往是资本市场中最大的组成部分，但中国债券市场发展严重

不足。为满足并购需要，应改变债券的多头管理体制和过多的行政性限制，增大发行额度，扩大利率浮动范围，方便企业通过高息债券、可转换债券、票据等方式筹集并购资金。

（4）进一步拓展其他融资方式

国际上，上市公司融资方式灵活多样。建议逐步放松金融管制，允许更多战略性资金进入海外并购，鼓励联合并购。逐步允许投资银行、社会保险资金、商业保险资金、信托资金等全方位进入并购融资领域。拓宽境外融资渠道，大力鼓励和推进并购基金、并购债券等融资方式。

5. 搭建能够适应海外并购市场惯例的政策体系

建议尽快研究制定针对上市公司的海外并购制度，如重新制定新的法律法规存在操作难度，可考虑通过案例指引及法规解释等多种方式，建立更加灵活、更加有效可行监管体系。一方面，针对新问题、新情况，不断完善改进；另一方面，适当调整重大资产重组中与适应海外并购不匹配的相关规定。

6. 着力培育发展本土中介机构

投资银行等中介机构是海外并购中的核心角色，其经验和能力对海外并购成败起着关键作用。中国海外并购失败率较高与缺乏高水平的投行密切相关。为助力海外并购，应积极培育本土中介机构，提升投资银行的国际竞争力。

执笔：张永伟　李大勇

# 第六章 案例研究

## 第一节　企业案例：双汇收购史密斯菲尔德

本案例主要分析到2013年为止中国对美国最大的投资并购案。首先，总结了中国企业国际化的发展阶段和主要形式，揭示了中国企业从产品出口到资源采购转向全球整合的阶段转化。其次，分析了双汇收购史密斯菲尔德的推动因素。第三，讨论了技术、市场、经营模式和制度等对于企业全球竞争力的影响。第四，双汇并购过程中利益攸关体的表现以及双汇的应对。最后，指出了并购后整合可能面临的挑战。

### 一、中国企业国际化的发展阶段和形式

早期中国企业海外并购，主要是为了获取国际市场渠道。通过收购东道国的企业获取品牌、资质和渠道，充分发挥中国的低成本制造优势，占领国际市场。这种并购，很多是利用多年出口积累的资金和海外合作关系，可以概括为中国在出口导向型阶段，中国企

业成为全球供应商而出现“出口引发的并购”。

其中不乏成功的案例，例如，浙江万向在开拓美国市场过程中进行的6起并购扩张：2000年4月，收购美国舍勒公司的专用设备、品牌、技术专利以及全球市场网络，主要从事万向节的生产营销；2000年10月，收购美国LT公司35%的股权，成为第一大股东，从事汽车轮毂的制造和营销业务；2001年8月，收购美国上市的UAI公司200万股可立即转换的优先股，获取21%股份，成为第一大股东，从事汽车制动器的制造和营销业务；2003年9月，收购美国洛克福特公司33.5%的股权，成为第一大股东，主要从事汽车传动零部件的制造和营销业务；2005年，收购美国PS公司60%的股权，主要从事汽车连接零部件的制造与营销业务；2007年7月，收购美国AI公司30%的股权，成为第一大股东，从事汽车模块装配及物流管理业务。万向收购的这些公司多是历史悠久的老牌企业，均以汽车零部件制造和营销为主要业务，往往拥有较高的美国市场地位，是美国整车制造企业的主要供应商，与万向集团有多年的合作关系和交往历史。例如，美国舍勒公司是万向的第一个国际客户，早在1984年就向万向集团下单生产万向节，是中国零部件企业的第一次产品出口。

2000年前后，随着中国的汽车、房地产和化工等行业的大规模发展，国内进入重化工业阶段，中国企业对外并购以获取能源、矿产等资源为主，是“资源导向的并购”。由于对中国重化工业阶段的发展整体的认识和估计不足，在大宗原材料和装备上缺乏前瞻性的战略部署，中国基本上丧失了大宗商品的定价权和矿产资源的议价权。这种资源导向的并购很多是不得不从海外资源类基金或者机构的手中高价转让。例如，铁矿石自从2005年起轮番涨价，极大地推高了中国城镇化的成本。到2010年前后，国内钢铁企业才恍然大悟，原来世界各地大多数铁矿的股权早在2000年左右就被日本商社控制了。另外，在他国的土地上开采资源，由于不熟悉当地的历史文化，从产业组织角度被围追堵截，在舆论上被大肆诟病抹黑。

自2012年11月党的十八大以来，大力治理产能过剩标志着中国的重化工业阶段告一段落，国内产业发展的重心开始转向技术密集型和要求较多新规制的产业，如农业、国防工业、高新技术产业等，科技、规则和金融的融合开始初露端倪。我们认为，中国企业的海外并购应走向“立足全球整合的并购”。在这种背景下，双汇收购美国史密斯菲尔德具有划时代的意义。

2013年5月29日，双汇国际控股有限公司和美国史密斯菲尔德宣布，双汇以71亿美元收购后者已发行的全部股份。这是迄今为止中国对美国企业最大金额的并购。这次购并的双方中，双汇国际是中国最大的肉类加工企业，而美国史密斯菲尔德是全球最大的生猪养殖和猪肉加工企业，美国最大的猪肉制品供应商。

## 二、立足全球整合的国际化

当前对双汇并购史密斯菲尔德目的的分析很多，大多是从双汇在并购中的目的的角度分析，例如，先进的技术、优质的资产、健全的管理制度、专业的管理团队、完善的食品安全控制体系、领先的品牌组合等。也有分析认为，双汇收购史密斯菲尔德是醉翁之意不在后者的技术和品牌，而是看中美国安全的农场和水源供应。但是，史密斯菲尔德2012年的猪的屠宰量虽然约占美国屠宰量的四分之一，却仅占中国屠宰量的3%。指望史密斯菲尔德在短期内迅速扩大产能，并出口到中国，应该并不现实。

而且，从史密斯菲尔德的角度看，它在美国处于生猪市场规模化进程的尾端，国际化才是它的根本出路所在。它期待的是通过与双汇强强联合，引领中国这一世界最大猪肉市场的发展和现代化，扩大对亚洲这一主要增长地区的投资，加速全球扩展战略，进而影响国际市场的竞争。从双汇的角度看，通过并购史密斯菲尔德实现国际化，持续提高国际竞争力，成为国际肉类行业的前三强，是今后一段时间的基本战略。因此，这种立足全球整合的购并，应是双汇购并史密斯菲尔德保证今后融合等方面进展顺利的战略基点。

因此，在一个新阶段来临之际，市场化程度相对较高的产业大都面临产能过剩，绝大多数有成长机会的创新型产业的发展都面临巨大的挑战，需要中国的企业具备长远的战略眼光、更强的社会责任、超越竞争对手的胸怀气魄，采用立足全球整合的并购战略，带动整个国家在新的阶段顺利实现包容性的增长，保障中国的进一步崛起。

一些分析人士认为，双汇这次并购是由于国内养殖业产业链碎片化，土地和环保、疫病和免疫、品牌声誉不佳和食品安全需求升级等问题无法逾越。实际上，其中一些问题是历史积累的相对普遍性问题，如水源和土地污染等，在出口导向和重化工业阶段，企业片面追求经济增长和赚快钱，忽视节能环保和社区建设等社会责任，政府和企业、学界在相关的规制建设和监管方面长期严重不足造成水源和土地重金属污染的问题。

另外一些问题，是行业缺乏自律，法律法规不完善和监管不到位造成的，例如，2003 年以来，食品安全和质量问题层出不穷，如 2003 年金华火腿厂用敌敌畏防虫且保鲜，2004 年广州用甲醇混合酒精兑白酒，2006 年用致癌物苏丹红制红心咸鸭蛋，2008 年蒙牛等 22 家乳业公司用三聚氰胺制造乳制品，2010 年爆出 10% 的食用油用回收的地沟油制造，2011 年双汇收购用致癌的瘦肉精喂养的生猪，2013 年黄浦江上出现 13000 头死猪。这一系列事件导致中国肉品市场始终被巨大的波动所困扰，让公众对食品安全和质量严重信心不足，也让双汇这样的龙头企业无法建立具有美誉度的品牌。

规制不足在其他亟待发展的产业也同样存在。例如，由于缺乏知识产权保护和期权激励等制度，集成电路产业发展一方面在人才方面很难和公务员、投资银行和互联网产业竞争，另一方面产品市场价格面临断崖式下跌，使得很多企业很难进行像样的产品规划和战略布局，产业集中度低、企业数量过多、进口量居高不下、设计能力弱等问题长期存在。又如，由于缺乏共识，电动自行车行业至今无法确立产品的新行业标准，整个行业至今沿用 1994 年的产品标准，2012 年销售的 3500 万辆电动自行车，绝大多数超过了 1994 年标准要求的时速不超过 35 公里。

相比之下，美国新产业发展的孕育阶段，相关各方会先行推动立法支持、学科建设和人才培养、知识产权积累、投资孵化、合作联盟等方面的布局，产业发展被认为只是马拉松比赛的最后 500 米。这些方面互相促进和推动，构成一个产业早期发展的良性生态群落。例如，投资者就是根据知识产权积累程度来衡量新产业距离产业到达突破口的时间长短，而相关立法往往是投资者安排投融资前后需要考虑推动的。例如，美国互联网产业的迅速发展，和互联网上销售跨州免税的立法有直接的关系。为了推动生物医药产业的发展，美国在人类基因组计划完成后不久，在2003年就推动了按照病人基因特征的个性化药物（Personalized Medicine）的立法，但是至今个性化生物药品还未大规模上市。

过去基于出口市场和获取资源的购并中，中国的企业大都是基于短期利润的经济性考虑，很少是着眼于赚长远的钱，对东道国的法律、法规、技术标准、规范和思维习惯缺乏了解，很少全面考虑并购对象所在的产业生态的格局，因此，购并行为往往会被东道国产业群落的成员认为是破坏性和掠夺性的，很容易遭到并购对象的利益攸关体的反对，导致中国在海外的并购中成功者凤毛麟角。

因此，在中国发展的现阶段，不积极推动法制、政策和政治的完善，中国经济进一步发展的速度和质量将无法保障，不熟悉和重视法制、政策和政治的中国企业家将无法准确地理解东道国的游戏规则，无法超越东道国产业群落的利益诉求，无法确立着眼全球整合的并购战略，无法实现与全球企业的共生共长。

## 三、全球核心竞争力的构成

在双汇收购史密斯菲尔德的案例中，为什么看上去更具核心竞争力的史密斯菲尔德会被双汇并购，而不是相反？到底应该如何认识企业的全球竞争力？我们从技术、产品、业务板块、总体模式、产业发展阶段、市场成长性等比较双汇和史密斯菲尔德的核心竞争力。

例如，在技术上，史密斯菲尔德的养猪场大多是规模超过2000

头的大型养猪场，这些养猪场采用气候控制技术，相互独立，极大地降低了疾病传播的风险。相比之下，中国的猪养殖产业很零散，规模小，技术落后，70%的猪肉产自规模在500头以下、卫生设备很简陋的养猪场。中国碎片化养殖带来的疫病防治力度和食品安全问题无法解决。又如，史密斯菲尔德的母猪农场管理有方，通过应用遗传学研究，采用专用种畜，每头母猪可年产22头仔猪甚至更多。在中国，母猪年产仔猪仅14头，少了将近40%。

又如，在产品方面，纯低温产品是美国市场上的消费主力，史密斯菲尔德高利润肉制品拥有颇具吸引力的众多品牌组合，拥有9%的市场份额，仅次于Kraft的16%和Hillshire的11%。而双汇的肉制品名牌产品大多集中在高温和中温产品，这些快捷食品在城市主流消费中已经日渐没落，从欧美引入低温生产线刚起步，销售渠道正在从方便快餐转向餐厅和家庭的过程中。

从业务板块角度看，史密斯菲尔德的猪肉业务在美国高居第一，拥有28%的市场份额，高于居第二的Tyson的17%。生猪养殖方面，拥有85万头母猪，1580万头生猪，占据美国14%的市场份额，居全美第一。在中国，前三家养殖巨头的综合不足全部份额的10%，大型养殖企业的份额仍然不足1/4。

从总体模式看，史密斯菲尔德是全球规模最大的生猪生产商和猪肉供应商、美国最大的猪肉制品供应商，具有优质的资产、健全的管理制度、专业的管理团队和完善的食品安全控制体系。正如其首席执行官拉瑞·珀普（Larry Pope）评论所称："史密斯菲尔德是世界领先及最可信赖的垂直一体化生猪养殖和加工企业。"双汇还正力求通过全产业链经营实现由过去速度效益型向安全规模型转变。双汇董事长万隆认为，双汇非常看重史密斯菲尔德的是集约化的养殖模式、高效的生产组织、严格的食品安全管理、有效的环保措施，以及美国得天独厚的农业养殖业优势。

但是，史密斯菲尔德的基本缺陷在于，美国生猪市场规模化经营过程处于尾端，生猪消费趋于停滞，盈利增长难以持续，股票价格一直跑输大盘指数和食品指数。

史密斯菲尔德在美国肉类市场地位卓著，是1970年以来美国生猪屠宰和养殖产业不断整合的结果，到现在其规模化进程已经处于尾端。史密斯菲尔德处于美国已成熟的肉类市场中，猪肉在美国餐饮界的地位却不及中国，容易导致供过于求。事实上，美国市场的猪肉消费已经连续四年出现萎缩，因此，史密斯菲尔德的收入增长趋于停滞。2004年以来，三大业务增长速度明显下降，还不时出现负增长的年份。例如，猪肉业务在2006年负增长3%，2010年负增长11%；生猪生产2006年下降15%，2007年下降1%，2010年下降9%；国际业务2007年下降15%，2010年下降7%。盈利波动性较大，2009年、2010年亏损，2011年净利5.2亿美元，2012年则下滑至3.6亿美元。

从商业模式上看，史密斯菲尔德的特征是重资产、规模化、现金流波动大，在美国市场上属于非主流产业，估值不高，投资者也不青睐。养殖成本是盈利波动性大的因素之一，史密斯菲尔德曾用花生喂食生猪，现在用玉米，而玉米在这轮经济危机中大幅涨价。所以，其大股东之一的Continental Grain一直建议公司通过分拆来释放价值，比如，把周期性的、利润率较低的生猪养殖业务剥离，精力集中于业务稳定、利润率较高的肉制品加工业务上。

从2006年6月15日史密斯菲尔德的现管理团队上任到2013年5月29日被收购，史密斯菲尔德的股价下跌了1.1%，低于同期美国大盘上涨32.9%和同业公司上涨105.4%。由于美国市场容量和自身盈利增长空间两者的限制，史密斯菲尔德的市盈率仅为10左右。

这些表现与双汇发展相去甚远。在中国肉类市场，猪肉是最重要的肉类，中国所拥有的猪肉占全世界的60%。统计数据显示，中国从1970年代的每年几百万吨的肉类需求量，发展到2012年已达7000多万吨。而美国人从1960年代每年1000多万吨的需求量，发展到2012年不过3000多万吨。2012年，中国消费5196万吨猪肉，是美国总消费量851万吨的6.1倍；中国人均消费猪肉85.3磅，是美国人均消费59.3磅的1.44倍。2006年以后，中国的猪肉价格开始上涨，2008年以后总体高于美国的猪肉价格。但过去10年中，中国的猪肉生产年增长率均值是1.5%，无法赶上需求的增长速度。规模化是中国养殖业的必由之路，但也是漫长之路。双汇集团作为中国最大肉制品公司，每年不到300万吨的产量仅是全国需求中的极小一部分。双汇每年销售增长达到20%，市盈率为30倍左右，按照复权后的股票价格计算，双汇的股票相当于从2006年1月4日的1.91元上涨到近期的新高，即2013年10月22日的51.90元，上涨了27倍多。

总体上看，企业核心竞争力必须具备一定的完整性，其作用的发挥需要和产业发展阶段、市场和盈利的增长空间相结合。在美国，由于市场容量和盈利成长的限制，史密斯菲尔德是美人迟暮，英雄无用武之地。在中国，由于技术和规模的整合刚开始，双汇尚处于成长的烦恼之中。

## 四、并购过程中的利益攸关体

在双汇收购史密斯菲尔德的过程中，双汇对于收购对象的利益攸关体的处理以及遭遇的“添乱”的声音，可以有助于我们理解美国的产业生态。

在双汇并购史密斯菲尔德交易完成时，史密斯菲尔德的普通股将停止公开交易，史密斯菲尔德将成为双汇国际控股有限公司的全资独立子公司，以“史密斯菲尔德食品”名称经营。根据交易协议，首席执行官拉瑞·珀普将继续担任史密斯菲尔德总裁兼 CEO，史密斯菲尔德独立运营公司的原管理团队和职工队伍将继续保留原位。双汇将履行史密斯菲尔德代表员工以及非代表员工的现有工资和福利待遇等劳资谈判合同。交易完成后将不会关闭任何史密斯菲尔德原有工厂。双汇理解保存史密斯菲尔德遗产、价值观以及与美国社会联系的重要性，双汇承诺将维持史密斯菲尔德总部的选址，即弗吉尼亚州的史密斯菲尔德，并延续史密斯菲尔德对社区慈善事业的投资和支持。

不过，就在收购消息披露之后的一天内，“添乱”的声音就不绝于耳。

美国专业人士对史密斯菲尔德的股东是否得到了足够的补偿表示出担忧。一家名为鲍尔斯·泰勒的证券行业专业律师事务所 5 月 29 日发表声明称，至少有一名分析师之前的估算显示，史密斯菲尔德股票的真实内在价值至多可能达到每股 48 美元，因此，将就双汇国际对史密斯菲尔德的收购交易展开调查。同日，DA 戴维森的证券研究分析师发表报告，将史密斯菲尔德的目标股价提高至每股38美元，高出了双汇国际每股34美元的报价。

另据媒体报道，泰国正大食品表示考虑竞购史密斯菲尔德，同时，巴西肉类制品巨头JBS集团也在史密斯菲尔德接受双汇国际的收购之前准备提出自己的报价。根据史密斯菲尔德与双汇国际之间的协议，前者还有30天时间可以继续与正大食品以及JBS集团进行谈判。如协议第五条规定，史密斯菲尔德不得主动寻求更高的报价，但是可对高于双汇国际报价的主动的善意的竞标作出回应。

美国最大生猪及猪肉供应商史密斯菲尔德的大股东之一、基金公司Starboard Value LP曾要求史密斯菲尔德放弃出售给双汇的交易，转而对公司进行业务分拆，这样更能使股东利益最大化。

在2013年7月10日美国国会举行的听证会上，有美国官员提出，双汇在获得史密斯菲尔德先进的农业技术后，猪肉产量与质量大幅提升，或将逆转中美农业贸易格局中美国一向享有的顺差优势，也可能将促进中国在农业出口方面与美国争夺全球份额。也有参议员提出强调反对这一项交易，美国联邦机构Select USA的官员认为，面对压力，美国政府部门采取了鼓励外国投资的态度。

当然，国内媒体也对购并提出了种种质疑。例如，双汇的总资产仅200亿人民币，而收购需要47亿美元（约290亿人民币）现金。人们担心，正是因为双汇已被高盛等财团控股，双汇才这么容易买下美国巨头企业。双汇的逆袭收购实质是美资企业之间的并购和资本运作，背后的导演不是中国本土资本。又如，美国和中国的肉类标准不一，中国禁止使用瘦肉精，而在美国，瘦肉精是合法使用的饲料添加剂。双汇并购史密斯菲尔德交易完成后，将有强烈的动机游说政府放松乃至取消瘦肉精禁令。再如，2012 年全国进口猪肉 52.2 万吨，进口平均价格为每吨 1878.4 美元（约 11700 元），比国内的猪肉价格要便宜很多。双汇的收购可能会带来大量的美国猪肉进入国内市场，而美国猪肉的进入对国内的生猪养殖企业是一个巨大的冲击，对国内的养猪业可能造成灾难性的伤害。

不过，双汇顶住了层层考验。2013 年 9 月 6 日，交易通过了相关反垄断法的审核，美国联邦政府批准了这一并购案。随后，在 9 月 24 日史密斯菲尔德举行的特别会议上，参与投票的股东中超过 96% 投了赞成票，投赞成票的股东股份占公司流通普通股总股份的 76%。

在这顺利的背后，有双汇和史密斯菲尔德之间 4 年情投意合的合作，也有同为双汇和史密斯菲尔德股东的投资银行高盛的幕后运作。

## 五、并购后的整合

并购案在法律和企业层面结束，对于双汇和史密斯菲尔德来说仅仅是个开始。

海外并购涉及跨国企业不同的文化。如果跨国并购的企业不能很好地适应文化、管理模式的变化，也很难产生协同效应；如果最终失败，本土企业也将受到较大影响。史密斯菲尔德的管理团队在 2006 年上任以后业绩平平，在潜力最大的国际化方面进展不够快，管理团队的能力一直颇受质疑，被分析师认为是整个并购案潜在的主要风险之一。另外，今后国内猪肉价格能否保持相对稳定的较高价格，也是影响这次并购成败的关键因素。

跨国并购并不是单一的战略行为，必然也是金融行为。由于本次双汇并购案引入了财务投资者介入，也必然涉及投资者退出机制。与产业内的战略投资者不同，财务投资者更看重短期的盈利能力和账面的数字，对大型的固定资产投资或研发是持保留态度的，会不利于蛇吞象后的双汇的长远发展。类似的并购案主要受益者是上市公司和股东，而是否能达到战略目标还需要时间检验。

兼具专业化与国际化的人才和中介机构的配备，也是双汇面临的挑战。从专业层面提升企业海外并购的成功率，国内中介机构还需要更多地与国际接轨，需要引进通晓不同体系法律、金融市场规则的法律、金融人才，提升服务水平。培养一批专业的咨询机构、中介机构，鼓励企业在并购后更为大胆地管理，注重企业内部信息交换产生协同效应。

最后，如前所述，农业、高科技都是政策密集型、合规性要求高的行业，中美两国之间在法律、法规、技术规范等方面存在诸多的差异需要设法处理，例如，前述的瘦肉精的问题。史密斯菲尔德为扩大对中国出口猪肉，已经开始在美国生猪养殖方面尝试去瘦肉精化。

总体上看，2013 年，中国最大的肉制品企业双汇并购美国最大的猪肉生产和加工企业史密斯菲尔德，是立足于全球整合的国际化经营，对于中国企业的国际经营具有重要的意义，昭示着一个全新的趋势。几乎可以肯定，未来会出现更多立足中国整合全球的中国企业国际化经营。

执笔：李志能

## 第二节　行业案例：集成电路[①]设计产业

全球集成电路产业不断成熟和深化，从技术工艺主导转向市场需求拉动，向中国转移不断加快；同时，中国产业链发育和企业商业模式探索有较大进展，中国企业存在立足中国整合全球的机会。因此，中国集成电路设计业确实存在跨越式发展的机遇。但是，长期以来存在的IC人才激励不足、知识产权保护面临两难困境、政府资助有失偏颇、重大政策制度未能良好体现国家意志等问题，既不符合IC设计业的行业特性，更影响了中国IC设计领先企业内生性发展和外生性并购整合，阻碍IC设计企业迅速做大做强。本节提出了建立国家层面的产业投资基金、完善期权制度、调整知识产权政策法规、推动跨国并购等政策。

### 一、中国IC设计业确实存在跨越式发展的机遇

#### （一）IC行业走向成熟，增长率下降，技术推动转向市场拉动

首先，中国GDP增长率在全球大国中将长期居于前列，会促进本土IC产业发展。根据全球半导体贸易组织的统计，世界半导体市场的年均增长率，1990~2000年间为15%，1995~2005年间降到4.6%，2000~2010年间仅1.7%。全球IC产业和全球GDP相

① 集成电路，Integrated Circuits，简称IC。

关性分析表明，两者之间的相关性有逐渐变大并趋于一致的趋势，全球半导体日益走向成熟。

其次，半导体产业发展不断深化，从技术工艺主导转向日益依赖于下游电子产品需求拉动，为中国 IC 设计产业发展带来机遇。据统计，电子产品成本中半导体含量，1965 年仅为 2%，1975 年为 6%，2005 年为 21%，当前在 25% ~30% 之间。从 IC 市场角度看，中国是全球重要的电子产品生产基地，近年来，本土的手机、平板电脑以及消费电子的市场规模不断增长，在汽车电子、工业互联网等领域也将占据重要的份额，中国 IC 市场地位日益重要。IC 设计业能够运用技术迅速对市场做出反应，成为 IC 产业的关键枢纽。

（二）中国 IC 产业链趋于完整和成熟，IC 设计企业在商业模式探索方面有进展，具备越来越强的主场优势

全球 IC 产业正加速向中国转移，相关终端企业更是将中国视为重要布局点。中国已经具备了完整的由 IC 设计、晶圆代工、封测以及系统厂商构成的产业生态。经过多年的高速发展，中国消费电子产品的市场形成了一定的特异性，如产品生命周期特别短、市场给 IC 供应商提供的信息非常少、IC 厂商的毛利率低、终端产品生产商的技术水平低、消费者极其多样化等。

中国的 IC 设计企业通过与本土市场和产业链近距离密切接触，形成了与本土市场节奏充分协调的灵活性、高速度和低成本等突出优势。如在手机市场方面，跨国公司往往以 100 个工程师的团队规模，每六个月开发一款新产品。中国的手机厂商往往只用 5 ~10 个人，每三个月推出一款新产品，能够与中国市场的起伏协调一致。

中国企业能在35%的毛利率之下生存，达到20%的营业利润，跨国IC企业需要50%～55%的毛利才能达到相当的营业利润。国内的IC设计企业能向技术水平低的手机生产商提供完整的解决方案，并迅速对客户的服务要求做出响应。

例如，2012年锐迪科有300多名员工，4亿多美元的销售，人均产值超过100万美元，在亚洲的芯片公司中名列前茅；在低价竞争情况下，依然能维持32%左右的毛利和12%左右的净利；有超强的产品整合和成本控制能力，能把应用处理器、基带以及射频等多芯片整合在一个单一芯片里面，并且以芯片的高集成度带来超低的成本架构；技术全面，有超宽的产品线布局，大大加强了在供应商面前的议价能力，等等。

总体上看，中国本土领先的IC设计企业已在一些中国电子产品领域取得了领先的市场占有率，开始了主导全球电子产业的进程。

（三）中美IC产品市场和资本市场存在不对称性，中国IC企业具备立足中国整合全球的机遇

美国的消费电子市场趋于成熟，市场容量趋于稳定，只能依赖一些创新型产品间歇性实现增长，企业保持高盈利成长性相对困难，美国资本市场只认可高成长性、高创新性、高毛利率的企业并给予较高的市场估值，缺乏重大创新、以低成本和高速度制胜的中国IC设计企业很难在美国资本市场得到较高的市盈率。反之，在中国，IC产品需求仍处于高速增长期，企业规模和盈利成长性还有巨大空间，资本市场认可IC企业的高科技概念，对于一些盈利能

力较强的企业给予比美国资本市场高两到三倍的市盈率。因此，一些规模较大、经营相对稳定的 IC 企业，从美国股票市场回归到中国股票市场能够得到更高的估值。最近，展讯和锐迪科被收购并从美国 Nasdaq 市场退市显示了这一趋势。更进一步，一些国内的 IC 设计的龙头企业，完全可以利用中国产品和资本市场的优势，收购具有知识产权储备和知名品牌但增长相对停滞的全球 IC 设计企业，通过全球整合实现跨越式发展。

## 二、中国 IC 设计业跨越式发展的主要障碍

### （一）作为智力密集型行业，IC 设计业对人才激励不足，人员流动性过高，企业难以形成强大的中高层团队，产业组织分散

世界上的 IC 企业，在发展早期无力支付高工资却需要吸引顶尖的人才，在上市后需要继续激励核心经营和技术人员，在发展过程中需要引入新的核心团队成员实现企业的转型升级，都把股票期权激励作为主要的手段。但是，当前国内 IC 企业的期权运用存在诸多障碍，大大削弱了它的激励作用。

一是国内 IC 设计企业主要在美国上市，但企业市盈率仅为国内上市同类企业市盈率的三分之一左右，导致股票期权缺乏吸引力。由于 IC 设计业技术和资金高度密集，面临全球化竞争风险，产品更新换代频繁，大多数 IC 设计企业都由外资投资为主，通常倾向于在海外上市。再加上按照现行创业板的业绩要求及行政审批流程，IC 设计企业很难达到要求，导致大部分 IC 设计企业选择 NASDAQ 募集资本。

同时，国内IC设计企业大多采取低成本运营模式，低工资又期权激励不足，让准备入行的新人感觉工作辛苦且收入不稳定。在美国上市的一家国内IC设计龙头企业认为，“半导体，半条命”，在争夺电子专业的顶尖人才方面，它竞争不过政府部门、投资银行和互联网。

二是由于和《公司法》的法定资本制等规定存在冲突，国内股票期权的灵活性不够，削弱了期权的激励功能。国外的期权在一定年限内可随时行权，国内的期权在一些时间点却必须行权，比如上市之前。一旦上市时间排队拉长或者上市失败，期权所有者就会承担较高的行权风险。而且，根据国内的税收制度，股票期权的行权环节需要先交税，从而提高了股票期权的持有成本。

三是IC企业在上市之前，通常采取的主要公司创始人代持方式，存在一定的弊端。一方面，代持会成为主要创始人控制公司骨干的手段，如因为某种原因不兑现和不明确兑现时间点等；另一方面代持人的行为可能损害被代持人的利益。例如，代持人的产权纠纷会波及被代持的股权。

四是国内对IC设计企业的主要高管（如CEO和CFO）监管不足，没有类似于萨班斯—奥克斯利法案的约束，在IP侵权和财务造假方面惩罚不够。高管约束不足，一些在美国上市的IC企业成为资本市场做空和法律惩罚的对象，相应中高层人员的利益就无法得到保障。一些从业人员积累了一定的经验就选择自己开办企业。这导致中国IC设计企业数量超过全球的一半，但设计能力总体较弱。

五是从横向比较看，中国IC设计企业在人员薪酬激励方面，既不如韩国IC设计人员依托大规模的IDM（Integrated Device Manufacture，集成器件制造）模式有较高的收入保障，也不如台湾 IC 高速成长时期灵活的期权制度。当时，台湾 IC 设计企业发行低价格、低面值、人员覆盖范围广的期权，同时允许企业不将期权行权成本计减每股收益（EPS），吸引了大量人才，促进了台湾地区 IC 设计业的发展。

### （二）IP 保护面临两难困境

一方面，国内 IP 保护不力，违法成本过低，市场过度竞争，大多数 IC 设计企业普遍缺乏 IP 积累，经营和估值缺乏稳定性和连续性，无从进行相对长期的产品规划和布局，形成了恶性循环。

另一方面，国际集成电路大厂利用差别性 IP 授权、宣称专利侵权和高额海外诉讼等不公平竞争手段，来打压国内 IC 同行从而达到产业垄断。

在中国 IC 的 IP 管理方面，中国与美、日、韩以及台湾地区的主要区别之一是，IC 产品的逆向工程合法。在 IP 侵权案例的司法实践方面，对被侵权企业的直接和间接经济损失认定比较困难，对侵权企业的非法所得测算偏低，没有惩罚性条款。这些都导致 IC 企业 IP 侵权违法的成本过低。例如，最近优酷土豆集团诉百度侵权其原发视频，开出了 1050 万元的赔偿单，海淀法院一审判决判令百度赔偿优酷土豆 49 万余元。

一些企业如锐迪科放弃阻止竞争对手的拷贝，采用以低成本高速度取胜的办法，快速推出产品，让对手仿不胜仿，取得了一定的成效。但随着规模的扩大，发现没有 IP 积累难以实现从“降低价格”向“提升价值”的转型。另一些有技术竞争力的企业不得不转向一些受管制的市场，如银行卡等，以寻求建立价格相对稳定的产品线。

中国IC设计企业依赖甚至滥用IP核的情况日益严重，一些企业每推出一个产品都需要价格高昂的IP核授权。但是，国际IP供应商采取拒绝或者推迟给中国IC设计企业授权，或者以更高价格的方式进行差异化授权。而且，国外企业在IC领域起步早、技术领先，常会利用其庞大的专利库，以成本高昂的海外诉讼等手段来打压国内IC设计企业，以维持其产品垄断和向下游的电子制造业榨取高额利润。这对制造和销售两头在外、又在美国上市为主的国内IC设计企业形成巨大威胁。

（三）当前政府资助IC设计业的方式有失偏颇，项目选择评价相对片面，政府资助会抵消企业的市场优势，在重大政策制定方面未能体现国家意志

首先，由于IC设计业投资强度大、门槛高，产品生命周期短，“撒胡椒面”、缺乏连续性的资助方式难以奏效。当前，一个主流芯片的开发费用至少是2000万美元，一个年收入过亿的公司都难以承受。中国IC设计企业数达到全球总数的60%，但很多没有跨越基本的行业资金门槛，主要是靠撒胡椒面式的政府资助维持的。例如，中国IC设计业存在很多“侏儒”和“植物人”、依靠国家和地方科技项目的政府输血型公司以及只有发明创造没有销售的企业。

其次，当前政府资助过于研发（R&D）导向，而不是产业化和市场经营导向。比较成功的IC设计企业都是由市场销售行家主导、技术专家为辅的方式。中芯国际的高管认为，用来展示性能的样品（Demo）中内含的技术指标只能代表产品相关所有技术工艺的

10% ~20%，而在产业化过程中涉及的技术工艺要占到产品相关技术工艺的 80% ~90%。政府部门习惯于从 R&D 角度支持，往往是由 R&D 的节奏主导制造工艺和市场需求的节奏，导致中国 IC 产业的技术追赶战略缺乏节奏的控制，容易陷入技术追赶的陷阱。当前在企业、大学、科研机构之间的资金配置上，IC 国家重大专项往往由没有技术工艺积累和产业化市场化经验的科研单位主导重大专项的资金分配。一些地方政府投入巨资支持由技术人员主导的 IC 设计企业，由于缺乏市场的充分磨合和周密的经营策划，效果难免不佳。

第三，一些企业受益于财政支持和税收优惠等政策，扭曲了市场正常的竞争机制，形成不平等的市场竞争。一些缺乏市场竞争力的 IC 设计企业依靠财政支持和税收优惠等政策，仍可维持经营，分散了市场份额，影响一些具备市场优势的企业做大做强。例如，锐迪科的一个系列产品根据测算后的定价，可使对手无利可图，自己仍享有 30% 的毛利，试图把对手赶出市场，结果发现对手得到了 2 亿多的政府资助，算下来完全抵消了锐迪科的 30% 的毛利率优势。

第四，中国的 IC 设计业在一些产业政策方面缺乏协调，未能很好地体现国家意志。IC 产业是个国家意志突出的行业。在美国跨国 IC 大厂工作的华人从技术起步，一般很少能够到达董事的级别，没有机会参与企业高端决策和政府政策的运作。这些人离开跨国公司创立 IC 设计企业，通常依靠技术、市场以及运营方面的经验和优势，在寻求政府支持和政策优惠方面往往缺乏精力投入和人脉积累。

例如，目前博通、联发科、PMC 等厂家在新加坡的运营中心营业税仅 1% ~2%，香港的营业税率为 8.25%，在中国国家 IC 产业布局区域内的营业税率为 10% 左右。IC 实际的国内外税负差别大，导致大多数国内IC设计企业采取国内研发、境外代工生产和境外销售的模式，以规避国内的增值税。这种国际税负差异造成的代工和销售两头在外的模式，延缓了全球电子信息产业向中国转移的节奏，使得处于价值链高端的IC设计行业转移速度和规模落后于下游的电子制造业，国内销售为主的IC企业没有税负优势难以快速成长，海外销售为主的IC企业无法在国内上市，导致中国IC产业链和资本链的割裂和错位。

总体上看，IC设计业是资金、技术和智力密集型产业，产品周期性显著，全产业链紧密耦合，全球化竞争，国家意志突出。存在的上述障碍，有悖于IC设计业的行业特性，影响了中国IC设计领先企业迅速实现内生性成长，妨碍了国内IC设计业形成平台型企业和专业型企业的良性分工，导致了一些领先IC企业无法通过在国内并购实现做大做强。目前，并购重组已是中国IC企业做大做强的必然选择，已在海内外上市的十几家IC设计企业也不缺收购资金，但是缺乏并购动力。原因是，通常IC并购是为了消灭竞争对手维护价格体系，或者收购技术团队、市场渠道、IP储备等战略性资产，虽然国内有上百家公司营收过亿，但真正具有并购价值的公司不多。

## 三、对策建议

### （一）设立国家层面的IC设计业投资基金，形成中国IC产业发展的“产业基金+IC设计”的模式，促进IC设计产业的区域集中

在国家层面建立多个千亿级IC产业投资基金，适应IC产业的

发展规律，有利于推动区域集中、产业集中、产能集中、企业集中，改变当前IC设计业投资以外资为主的局面。具体而言，一是IC产业投资基金可以国家、地方和企业联合出资的方式；借鉴其他国家和地区的经验，可以采用同股不同权的方式让参与企业享有相对高的收益，鼓励企业参与。人才优势突出、相关产业链完整的北京、上海和深圳这三个国际大都市，可以积极参与产业投资基金，推动IC在其周边地区集中发展。二是可以体现国家意志，将IC政策从发展改革委、工信部和科技部等经济主管部门延伸到涵盖财政部和税务总局、海关总署、证监会等核心部门，弥补行业从业人员在争取政策支持方面不足的问题。三是吸引具有实业运作、投资运营、政策协调经验的人士，采用职业化团队、市场化运营的方式运营基金，推动基金做强做大做优。四是采用分期投入和循环投入的方式，根据各个基金的运营绩效竞争国家资金在各个基金之间的投入额度。

### （二）通过试点，适当调整相关法规，完善期权制度，积极吸引全球的人才

IC人才回国创业主要是寻求个人成就和财务收益，因此，系统完善产业生态环境助推成功创业至关重要。期权行权环节的税收问题，在金融行业信托管理创新等方面涉及产权转移的时候也存在。具体办法，一是考虑推动《公司法》中的法定资本制和法人治理结构方面的改革，允许利益相关者在一定周期内自由行权，同时扩大期权适用的范围，废弃代持的方式，维护和提高IC从业人员的收益。二是建议采取向税收部门专项核准，在行权环节可以税款递延

甚至豁免的方式，降低 IC 从业人员的行权成本。三是把期权环节作为政府部门资助的重点。例如，政府可以将资助期权的强度提高到类似期权不计减每股收益的水平，切实提高 IC 设计业对于人才的吸引力。

### （三）IP 法规方面，要考虑修订 IP 法规，加强知识产权保护，采取措施防止不平等 IP 授权

从产品设计和生产过程、有 IP 保护和无 IP 保护、简单的逆向工程和逆向创新等状况对逆向工程进行分类，简化 IP 侵权的直接和间接经济损失的认定办法，从直接和间接经济损失补偿转向相对严厉的 IP 侵权的惩罚性条款，并在司法解释和实践方面逐步趋于严厉；另一方面，为了应对国际 IC 大厂利用宣称专利侵权和高额海外诉讼等不公平竞争手段，政府应该充分发挥利用中国在全球分工中的产业链及市场优势，针对海外诉讼司法管辖权等问题采取一些行之有效的司法和行政手段。例如，针对专利侵权和海外诉讼的不公平竞争立法，各行业协会为会员企业提供海外诉讼和国内反诉讼的司法协助，海关对涉及不公平竞争企业的产品实施禁运或临时性关税惩罚等。国家可以考虑制定出新的专利游戏规则，由主管部门成立 IP 交易平台，实行国际同步统一公平的 IP 交易价格，并强制要求国内外产权拥有者平等透明地对待所有的专利用户，以减少国际间的 IP 贸易摩擦，并有效地解决国际大厂 IP 不公平授权问题。

### （四）并购政策方面，着力支持平台型公司和跨国并购，丰富支持手段，简化和完善审批流程，建立绿色通道

平台型公司对行业具有引领作用，有利于完善产业链，应是

并购政策支持的主要对象。跨国并购是今后一段时间IC设计产业的重点，国外技术团队和国内市场、资金的对接逐渐成为趋势。建议针对产权跨国平行转移的一些特别环节制定支持的政策，例如，转移税（Transfer Tax）的抵扣。在国家和地方的“千人计划”中，可以考虑设立针对并购回归的IC设计企业的类别。允许企业利用专款专用的并购高息债，鼓励更多的金融机构参与并购贷款的筹集，改变当前并购贷款来源少、适用范围窄和时间短的问题。

在跨国并购的审批方面，应着力减少并购审批的不确定性和防止事前审批环节泄密的问题，针对各个部委存在较大的差异，一方面建议都采取普通、快速和审慎的分类处理方式，建立绿色通道，另一方面可以建立以发改委或者财政部牵头的跨部门审查委员会。

执笔：李志能

## 第三节 行业案例：船舶工业

中国船舶工业发展处于结构调整关键期，提高国际竞争力是可持续发展的重要因素之一。中国造船规模已居世界第一，但大而不强的局面需要改变。只有加强技术创新和加快产业结构转型升级，才是解决中国船舶工业产能过剩的治本之策和实现可持续发展的根本之策。具体而言，可以通过提高技术等非价格竞争力打破现有世界竞争格局，提高技术能力是产业转型升级的关键所在。此外，建立合理的产业组织，提高配套企业能力，是提高中国船舶工业国际竞争力的有效办法。

中国船舶工业经过10多年的高速发展，通过引进技术消化吸收，利用自动化造船装备初步建立了现代造船模式，总装造船技术水平快速提升，具备了三大主力船型系列船型的自主设计能力，奠定了中国总装造船的技术基础，已在世界船舶行业占据重要地位，造船规模位居第一。但造船核心关键技术自给率低，基础研究能力薄弱，专利和标准主要来自于国外，研发创新受制于造船强国的局面没有根本改变。在世界经济不景气，航运市场低迷的情况下，低端船舶产能盲目扩张和高端市场开拓能力严重不足的矛盾尤为突出，影响到船舶工业的国际竞争力。

## 一、中国船舶工业发展处于结构调整关键期

### （一）船舶工业已从高速增长向低速增长转变，2012年出现利润下滑

从产值规模、销售收入运行指标来看，中国船舶工业企业一直保持增长态势，但是，近期增速度明显放缓。2012年工业总产值、主营业务收入分别为7903亿元和6162亿元，比2008年增长88.3%和74.5%。但是，工业总产值增速已从2009年的35%下降到2012年的2%，销售收入则从45%下降到零增长。2012年，行

业利润首次出现大幅下降，利润同比下降40%，已低于2008年的水平。特别是船舶制造业，2012年无论是产值、业务收入还是利润指标均进入全面下滑阶段。根据国家统计局发布的数据，2013年1~8月，中国船舶工业的销售利润率进一步下滑且未好转，8月份销售利润率仅为4%①，低于2012年的4.5%的水平②。专家预测，未来3年由于航运市场供求关系得不到改善，船舶工业市场也不会有大的改观。另外，值得注意的是，2003~2006年造船行业的投资过热期，行业的销售利润率在0~4.5%之间，非常低。

**表6.3.1　　中国船舶工业的总产值情况**　　单位：亿元

| | 2003 | 2004 | 2005 | 2006 | 2007 | 2008 | 2009 | 2010 | 2011 | 2012 |
|---|---|---|---|---|---|---|---|---|---|---|
| 船舶工业 | 687 | 903 | 1273 | 1722 | 2571 | 4197 | 5656 | 6798 | 7775 | 7903 |
| 船舶制造 | — | — | — | — | 1809 | 2939 | 4259 | 5135 | 5983 | 5951 |
| 船舶配套 | — | — | — | — | — | 470 | 716 | 769 | 909 | 1130 |
| 修船拆船 | — | — | — | — | — | 776 | 640 | 825 | 811 | 498 |

注：2012年修船拆船数据中仅含船舶修理和改装。
资料来源：中国船舶工业协会。

**表6.3.2　　中国船舶工业主营业务收入情况**　　单位：亿元

| | 2003 | 2004 | 2005 | 2006 | 2007 | 2008 | 2009 | 2010 | 2011 | 2012 |
|---|---|---|---|---|---|---|---|---|---|---|
| 船舶工业 | — | 851 | 1244 | 1560 | 2414 | 3532 | 5137 | 5271 | 6221 | 6162 |
| 船舶制造 | — | — | — | — | — | 2600 | 3879 | 3930 | 4732 | 4568 |
| 船舶配套 | — | — | — | — | — | 392 | 652 | 632 | 761 | 949 |
| 修船拆船 | — | — | — | — | — | 380 | 563 | 651 | 663 | 135 |

注：2012年修船拆船数据中仅含船舶修理和改装。
资料来源：中国船舶工业协会。

① 行业正常水平6%~7%。
② 2008年基本达到最高水平，同期销售利润率为11%。

表 6.3.3　中国船舶工业利润总额统计　单位：亿元

| | 2003 | 2004 | 2005 | 2006 | 2007 | 2008 | 2009 | 2010 | 2011 | 2012 |
|---|---|---|---|---|---|---|---|---|---|---|
| 船舶工业 | 9.6 | 19.3 | 49 | 96 | 227 | 372 | 417 | 408 | 481 | 288 |
| 船舶制造 | — | — | 25 | 53 | 142 | 269 | 320 | 328 | 402 | 225 |
| 船舶配套 | — | — | 9 | 16 | 12 | 27 | 52 | 42 | 43 | 44.3 |
| 修船拆船 | — | — | 14 | / | 73 | 75 | 39 | 33 | 33 | -0.9 |

注：2012 年修船拆船数据中仅含船舶修理。

资料来源：中国船舶工业协会。

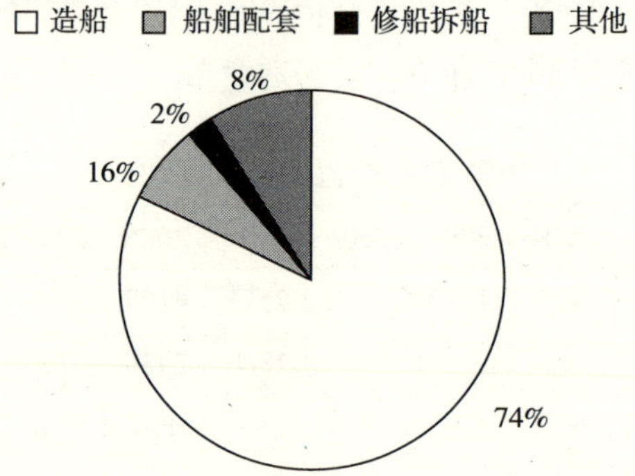


**图 6.3.1　2012 年中国船舶工业主要业务收入情况**

资料来源：中国船舶工业协会。

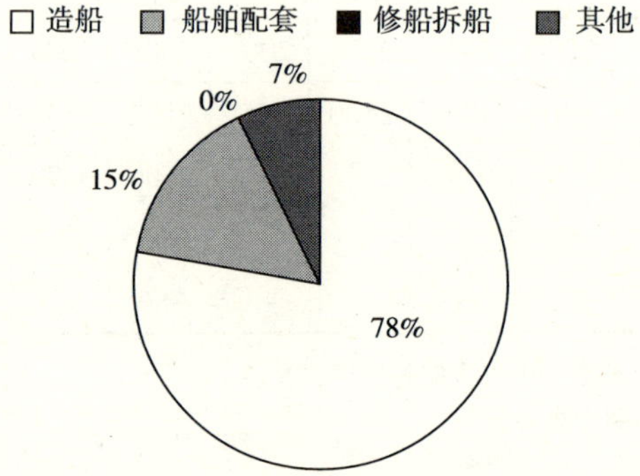


**图 6.3.2　2012 年中国船舶工业主要业务收入情况**

资料来源：中国船舶工业协会。

（二）船舶制造生产规模位居世界第一，但2012年规模大幅下降

世界造船主要被中国、韩国和日本垄断，三个国家的生产量占到全球的90%以上。中国造船业从2010年开始，全面超过韩国，成为世界第一造船大国，韩国、日本分别为第二大和第三大造船国。2012年，中国新船完工量、新接订单量和年底手持订单量所占全球份额分别为40.7%、43.6%和41.5%。从三项生产指标增幅的变化看，自2012年开始，中国造船业新接订单量和年底手持订单量均呈现大幅下降。2012年新船完工量6021万载重吨，同比减少21.4%；新接订单量2041万载重吨，同比减少43.6%；年底手持订单量10695万载重吨，同比减少28.7%。2013年1～8月三项指标有升有降，完工量下降28.7%、新接订单量上升139%、手持订单量同比下降7.4%。

**表6.3.4　　世界主要造船国家生产所占的比重（%）**

| 三大指标 | 年份 | 中国 | 韩国 | 日本 | 其他 |
|---|---|---|---|---|---|
| 完工量 | 2012年 | 40.7 | 32.8 | 19.8 | 6.7 |
| | 2013年1～9月 | 38.3 | 33.3 | 22.5 | 5.9 |
| 新接订单 | 2012年 | 43.6 | 31.6 | 19.7 | 5.1 |
| | 2013年1～9月 | 44.5 | 32.9 | 15.9 | 6.7 |
| 手持订单 | 2012年 | 41.5 | 26.6 | 22.6 | 9.3 |
| | 2013年9月底 | 44.4 | 26.6 | 20.6 | 8.4 |

表 6.3.5　2008～2012 年中国三大造船指标变化及占全球份额

单位：万载重吨

| 三大指标 | 年份 | 中国 | 全球 | 中国份额（%） |
|---|---|---|---|---|
| 完工量 | 2008 | 2881 | 9771 | 29.5 |
| | 2009 | 4243 | 12203 | 34.8 |
| | 2010 | 6560 | 15045 | 43.6 |
| | 2011 | 7665 | 17002 | 45.1 |
| | 2012 | 6021 | 14777 | 40.7 |
| 新订单量 | 2008 | 5818 | 15438 | 37.3 |
| | 2009 | 2600 | 4219 | 61.6 |
| | 2010 | 7523 | 13728 | 54.8 |
| | 2011 | 3622 | 6942 | 52.2 |
| | 2012 | 2041 | 4686 | 43.6 |
| 手持订单 | 2008 | 20460 | 57710 | 35.5 |
| | 2009 | 18817 | 48884 | 38.5 |
| | 2010 | 19590 | 47548 | 41.2 |
| | 2011 | 14991 | 34610 | 43.3 |
| | 2012 | 10695 | 25763 | 41.5 |

资料来源：中国船舶工业协会。

### （三）中国船舶生产主要用于出口，出口增速下滑

2012 年，新船完工量、新船接单量和手持订单中出口比例分别为 82%、73% 和 83%。中国船舶出口数额最大的是散货船、油船和集装箱船，三大主流船型出口总额 275.17 亿美元，占比 70.9%（散货船 54.7%、油船 8.4%、集装箱船 7.8%）。

2012 年，中国船舶出口 388.2 亿美元，出口价格同比下降 27.8%。价格变化的特点是吨位大的船型价格上升，中小吨位的船型价格同比下降。

2012年，中国向178个国家和地区出口船舶产品，向亚洲出口排在第一位，占比58.3%，同比增长4.3%，出口价格同比增长14.2%。向欧洲出口排在第二位，占比15.4%，同比下降38.6%，出口价格同比下降55.4%。向非洲出口排在第三位，占比7%，同比下降36.7%，出口价格同比下降17.4%。

中国船舶出口的主要市场是发达国家，由于国际金融危机的影响，欧美市场和日本等市场需求减弱，直到目前，中国船舶进出口的主要市场仍然是发达国家，而对这些市场的出口中出口额、增速均为下降态势。

2012年，中国船舶出口额超过1亿美元的贸易方式有4种，占比分别为加工贸易92.6%、一般贸易3.8%、对外承包工2.2%、租赁1.3%。中国船舶出口额同比增幅最大的是对外承包工程出口货物和租赁贸易方式出口；同比增幅最小的是以加工贸易方式出口。

2012年，中国船舶企业出口中排名第一的是国有企业，出口额183.8亿美元，占比47.4%。

**表6.3.6　　2012年中国造船基本情况**　　单位：万载重吨

| 年份 | 完工量 | | | 新接订单 | | | 手持订单 | | |
|---|---|---|---|---|---|---|---|---|---|
| | 量 | 其中：出口 | | 量 | 其中：出口 | | 量 | 其中：出口 | |
| | | 量 | 比重 | | 量 | 比重 | | 量 | 比重 |
| 2012 | 6021 | 4949 | 82% | 2041 | 1496 | 73% | 10695 | 8844 | 83% |

资料来源：中国船舶工业协会。

### （四）中国大型船企世界排名领先，但近年企业出现大量亏损

中国船舶工业10年来企业数量和规模均发展迅速。2013年共

有2000多家船企，其中，规模以上企业为1471家，是2003年的5倍。一些超大型企业和大型企业发展起来，从完工量看，2012年世界排名前20的企业中，中国造船企业的数量与韩国相同（均7家），但完工量（33%）低于韩国（45%），个体规模不如韩国。

表6.3.7　　2012年船舶完工量世界排名

| 排名 | 造船公司 | 国家 | 万载重吨 |
|---|---|---|---|
| 1 | 现代重工业集团 | 韩国 | 19271 |
| 2 | 中国船舶工业集团 | 中国 | 15306 |
| 3 | 中国船舶重工集团 | 中国 | 10173 |
| 4 | 大宇造船海洋 | 韩国 | 9494 |
| 5 | 三星重工 | 韩国 | 8135 |
| 6 | 今治造船集团 | 日本 | 7975 |
| 7 | STX造船海洋集团 | 韩国 | 7767 |
| 8 | 常石造船集团 | 日本 | 5427 |
| 9 | JMU | 日本 | 4977 |
| 10 | 熔盛重工 | 中国 | 3625 |
| 11 | 川崎重工（含DNCKS、DACKS） | 日本 | 3610 |
| 12 | 城东造船 | 韩国 | 3262 |
| 13 | 新世纪造船集团 | 中国 | 3213 |
| 14 | 韩进重工集团 | 韩国 | 2995 |
| 15 | 金海重工 | 中国 | 2727 |
| 16 | 新扬子江造船集团 | 中国 | 2606 |
| 17 | 大岛造船所 | 日本 | 2390 |
| 18 | 名村造船所 | 日本 | 2155 |
| 19 | SPP造船 | 韩国 | 2141 |
| 20 | 中远造船集团 | 中国 | 2125 |

资料来源：英国克拉克松研究公司相关数据。

中国大型船企分为央企、地方国企和民营企业三类。小型和微型企业主要是民营企业，占72%[①]，抗风险能力差，金融危机后生存困难。另外，还有一些合资、独资的外资企业，占8%[②]。

**表6.3.8 中国大型船舶企业的分类和特点**

| 类型 | 代表企业 | 分布地区 | 特点 |
| --- | --- | --- | --- |
| 央企 | 中国船舶工业集团、中国船舶重工集团 | 长三角地区、珠三角地区、环渤海地区 | 中央直属企业，是超大型企业集团，在中国船舶产业中具有重要地位 |
| 大型地方国企 | 金海重工 | 长三角地区 | 省政府支持投资建立，规模大 |
| 民营企业 | 江苏熔盛重工 | 长三角地区 | 依靠融资快速发展 |

近年，亏损企业数量不断增加。据统计，2012年，国内共有247家船企亏损，亏损面达到17%；2013年亏损情况更加严重，当年8月亏损企业357家，亏损面达到24%，明显高于过去几年的平均亏损水平，其中包括熔盛重工在内的一些大型骨干船企。造成企业利润严重下滑、亏损的原因：一是受2008年金融危机带来的航运市场运力过剩、新船市场需求低迷的影响。二是原材料、人工等综合成本的上涨。三是人民币升值。目前，船舶的合同价格基本按照美元结算，只有原材料成本按照人民币结算。造船周期通常为2~3年，建造价格以合同签订价为主，人民币汇率升值意味着合同价格减少。目前，造船企业的毛利率为5%~10%，如果人民币每年以5%的速度升值，那么，必然会造成利润损失。四

① 根据《中国船舶工业年鉴2012》提供的数据计算，2011年全部1591个，其中，小型企业1103个，微型企业41个。

② 不含港、澳、台企业。

是产能过剩。

## 二、产能过剩影响中国船舶工业的国际竞争力

### （一）当前船舶工业产能严重过剩是全球性的

从近年的全球船舶市场看，除LNG和海洋工程船舶等专用船以外，三大运输船舶的造船能力严重过剩。这主要是由于2008年金融危机造成航运市场低迷，受此影响又导致世界造船市场严重萎缩。总体来看，金融危机后的全球船舶市场基本是危机前的一半，2009～2012年世界造船市场年平均成交量为8600万载重吨，2003～2008年平均成交量达到了1.6亿载重吨，最高峰值2007年曾一度高达2.7亿载重吨，而近两年世界造船成交量持续下降，2012年只有4686万载重吨。中国船舶工业目前对外公布的产能约为8010万载重吨，如果加上未统计在内的“三年以上没有产出的产能，以及转至海工和修船等部分产能”，中国实际产能为1.2亿载重吨，再加上后两位韩国6000万载重吨、日本4000万载重吨等的产能，粗略估算，世界产能超过了2.2亿载重吨，供应远远大于目前市场需求。显而易见，现阶段全球造船工业产能严重过剩。

### （二）中国船舶工业产能过剩在全球最严重

从近期的实地调研情况看，中国船舶行业的产能过剩程度严重超过中央文件提到的水平。中央文件提到的75%的产能利用率不包含三年以上没有产出的产能。按2013年上半年完工造船量推算，目前，中国造船产能利用率已低至50%～55%。这一数据与

当前船企的开工情况较相符。国有企业产能相对集中，中船集团、中船重工集团产能分别约为1800万载重吨和1000万载重吨。2003~2008年，大量资本涌入造船领域，是全国造船产能快速增长时期。

开工情况是衡量产能过剩的另一重要指标。目前，在船市低迷的环境下，船企开工普遍不足。据调研，当前各地区船企都大致存在1/3骨干企业生产经营正常，1/3企业任务不足，1/3企业生产难以为继的状况。调研中运营相对良好的大型国企，主要设备利用率也不到50%。部分企业已经主动调整缩减产能。如江苏新世纪造船集团为应对订单不足，已暂时关停了老厂，将订单集中在新厂建造；扬子江船业也将长博船厂和鑫福船厂转为备用船厂，而把订单集中在新扬子造船建造。

另外，造船设施的不断增加是产能扩张的具体表现。扩张的主要特点：一是大型造船设施扩张迅速，2008年危机后陆续投产的大型造船设施比之前增加了一倍多，它加剧了中国造船产业的产能过剩。2011年，30万吨以上的船坞为32座，是2008年的2倍，其中，新增的50万吨级造船坞6座。二是小型造船设施数量多，达到90%以上，其中，多数设施是在中国船舶投资热时期（2003~2008年）建造的。这些一哄而上增建的小型设施成为日后化解产能主要解决的对象。2008年以后小型造船设施投资剧降，2011年，10万吨以下造船船坞及船台为663座，仅比2008年增加40座。

表 6.3.9　　全国万吨以上造船基础设施情况统计

| 造船基础设施 | 总计 | 2008 年 | 2011 年 |
|---|---|---|---|
| | | 628 | 723 |
| 造船船坞 | 30 万吨及以上 | 15 | 32 |
| | 20 万～30 万吨 | 3 | 6 |
| | 10 万～20 万吨 | 9 | 13 |
| | 1 万～10 万吨 | 30 | 49 |
| | 小计 | 57 | 100 |
| 造船船台 | 15 万吨及以上 | 0 | 1 |
| | 10 万～15 万吨 | 5 | 8 |
| | 1 万～10 万吨 | 566 | 614 |
| | 小计 | 571 | 623 |

资料来源：中国船舶工业协会。

## （三）中国船舶工业结构性过剩矛盾突出

### 1. 中国造船存在产能低端过剩、高端不足的结构性过剩

尽管中国船企积极加强自主创新，推进转型升级并取得了一定成效，但是对于整体船舶工业而言，以三大主流常规船型建造为主的格局并没有改变，散货船依然是中国船企建造和承接的主要船型。按克拉克松数据统计，2010～2012 年期间，中国完工的船舶中按载重吨计算约有 70% 以上都为散货船，2012 年散货船占 77%，产能结构不合理现象突出。全球市场散货船恶性竞争最激烈，承接新船价格持续走低，产能过剩问题也最严重。

表 6.3.10　　2012 年中国新接订单船型结构（%）

| 船型 | 散货船 | 集装箱船 | 油船 | 海工辅助船 | LNG 船 | LPG 船 | 其他 |
|---|---|---|---|---|---|---|---|
| 占比 | 40.5 | 17.6 | 14.1 | 8.5 | 4.8 | 3.5 | 11 |

注：数据按克拉克松数据统计，占比按修正总吨计算，海工辅助船包括 AHT，AHTS，PSV。

表 6.3.11　　　2012 年中国完工订单船型构成（%）

| 船型 | 散货船 | 油船 | 集装箱船 | 成品油船 | 化学品船 | 其他 |
|---|---|---|---|---|---|---|
| 占比 | 77 | 9.3 | 3.6 | 2.1 | 1.6 | 6.3 |

注：占比按载重吨计算。

2. 长三角地区产能过剩相对严重

中国造船产能主要集中在三大地区：以大连、葫芦岛、青岛为主的环渤海湾地区，以上海、南通为主的长江口地区，及广州为主的珠江口地区，主要分布在江苏、上海、浙江、辽宁等省市。其中，江苏是中国第一造船大省，产能估计达到 2800 万载重吨。浙江、上海等地的产能规模均在 1500 万载重吨以上。江苏省 2012 年造船产量达到 2218 万载重吨，是上海市和浙江省的 2 倍。

2008 年以后的新增造船产能，主要集中在三大造船基地。如环渤海湾地区的山海关造船重工、天津新港、青岛北海船舶重工、青岛造船厂等；长江口地区的中船长兴造船基地、金海重工等；珠江口地区的龙穴造船等。这些企业均有大型造船设施在危机后陆续投产，是中国新增造船产能的主要部分。

从产能利用率来看，各省份的产能利用率均出现不同程度的下降。据调研，2013 年一季度，山东省船舶行业产能利用率在 50% 左右，辽宁省在 60% 左右，安徽省为 41% 左右，福建省 46%，南通市 72%，浙江省 51%。

3. 竞争力不强的民营企业产能过剩问题突出

江浙的民企问题较突出，如以 1 至 3 万吨位船只为主，被冠以全球最大中小船舶制造业基地的台州，出现了大量亏损和倒闭的小企业。但大型国有企业集中的上海造船企业产能过剩问题相对不突出。主要理由是：上海市政府部门落实中央项目审批等有关政策比较认真、扎实，没有放任造船业一哄而起；上海造船业以国有大型企业为主，发展比较规范，严格遵守关于产能方面的各项政策；这些大型国有造船企业一般还承担军品制造任务，即使在外部市场急剧萎缩的情况下，仍能维持一定的产能利用率。

（四）产能过剩影响中国船舶工业的可持续发展

造成中国船舶工业产能过剩的主要原因有以下几个。

一是市场因素。国际航运市场需求的高速增长直接推动中国船舶产能在“十一五”期间增长了6倍。金融危机爆发后，国际海运市场供大于求。主要是铁矿石、煤炭等原材料的海运量大幅减少，导致海运能力过剩，使得新订单直线下滑，经济周期性波动扩大了产能过剩的影响。另外，中国船舶业过于依赖出口。在新船订单量中海外订单约占80%，世界经济持续低迷直接影响中国船舶业的发展。而日本不完全依赖国外市场，国内订单占到75%（按照金额计算），因此，它的船舶市场总体相对稳定。

二是体制机制、管理方式、发展方式等深层次原因。体制机制不完善扭曲了造船企业的投资行为，鼓励了一些资本的投机行为。企业公平竞争的市场环境建设滞后，现行的集中审批管控造船业发展的方式并不能有效抑制产能过剩。地方政府为了追求本地经济效益，完全不顾及行业的发展规律和平衡，大力支持本地造船产业，整个行业缺乏统筹协调管理，造成市场无序竞争。

三是企业投资冲动带来的后果。2003～2008年船舶利润率高达50%，大量中小企业进入，一些非船舶行业的国有企业也开始进入。中国造船行业主要依靠投资和规模拉动，这与中国经济的发展模式非常类似。中国维持高速增长主要依靠投资，投资占 GDP 的比重远远超过日本、韩国和中国台湾等国家和地区[①]。企业在扩张政策的推动下，盲目上马扩大产能，寄希望通过规模实现快速增长。

## 三、完善产能过剩政策，提高中国船舶工业国际竞争力

### （一）中国船舶工业需要实施产能结构调整政策

船舶工业是中国的战略性行业，是为海洋运输、海洋开发及国防建设提供技术装备的综合性产业。建立有序竞争的市场对于船舶工业格外重要。因此，政府需要根据船舶重工行业国际化市场运作特点，利用产业政策以及准入标准进行结构调整。从全球船舶工业 30 多年的发展历史经验看，造船业本身多数时期为微利，如果政府完全放任市场，造船企业的利润率低于 2%，整个行业的市场竞争秩序将处于混乱状态。如果解决不好低端产品产能过剩和高端产品产能严重不足的矛盾，将会影响中国船舶工业可持续发展的能力。产能过剩会带来恶性竞争，压迫企业利润空间，影响企业对新产品和新技术的投入，导致企业创新能力和水平下降；企业为了生存，会盲目多元化经营，导致主业竞争力下降。中国船舶工业的产能过剩问题一直主要依靠市场解决，没有出台强制性干预政策，如量化产能指标等，但实际效果并不好。因此，中国船舶工业需要通过科学的产业政策与市场有机结合来解决产能调整问题。

---

① 中国 2012 年投资占 GDP 比重为 45.7%，日本 1973 年投资最高峰值占比 36.4%，韩国 1991 年占比为 38.0%，中国台湾占比为 30.9%

### （二）“四个一批”措施有待完善

当前化解产能过剩“四个一批”政策大方向是正确的，但也面临一些具体实施的困难。化解产能是一个艰巨而长远的工程，不能急于求成。

第一，消化一批产能渠道有限。短时间内扩大需求只能依靠政府采购，这也是国外通行的做法，扩大军用船和公务执法船等采购可以改善部分需求结构。“国轮国造”消化产能困难最大。目前，在国内航运公司同样面临经营困难的条件下，寄希望扩大“国轮”需求增加极难；由于中国船企产品质量和技术仍与国外有差距，“国轮”即便有需求订单也交给外国企业制造；鼓励“国轮国造”的政策也有待完善。另外，向海洋工程装备转移难度大。一是市场容量有限，深海装备以特殊定制为主，不会形成批量生产。二是深海技术与通用船舶技术差别大，需要多年的技术储备，普通造船企业很难向海洋装备技术发展。三是需要企业有相当大的资金实力，且投资风险巨大。目前，许多海洋工程装备名义上是中国企业和国外公司联合设计，但实际上概念和初步设计都来自于外方，技术上中国仍处于学习阶段。

第二，向国外转移一批产能提法不准确。准确的提法是进一步扩大产品出口，三大常规船舶市场需求仍是主流，应该提高中国船舶行业的综合国际竞争能力，特别是非价格竞争力，增加国际订单量来化解产能。另外，中国目前无论从市场、成本还是气候环境等，综合制造环境比其他发展中国家好，韩国、日本都将制造基地放在中国，新兴国家越南、巴西也在支持发展本国的船舶业，我们走出去没有竞争力。

第三，整合一批产能需要根据行业情况制定细则。目前的兼并重组主要在大集团内部实施，跨地区、跨行业的兼并重组少。据调研，一些地方政府和骨干企业有兼并重组的积极性，但存在一些制度障碍，如央企兼并民营企业存在体制、管理、文化上的差异等。还有人认为，船企间的技术差距不大，横向兼并没有意义。

第四，淘汰落实产能应成为政策重点。据调研，尽管依靠市场淘汰了一批落实产能，但是淘汰步子缓慢，目前，仍然存在一批僵尸企业，这些“僵而不死”的企业靠低价扰乱市场，通过多元化经营维持生存，期待市场好转。地方政府从本地区的利益和发展出发，对淘汰落后产能积极性不高。另外，船舶工业退出壁垒高，也是退出缓慢的一个重要原因，如船舶专用设备难以转为他用、造成岸线资源浪费等。

建议：进一步扩大军工和公务船舶的建造计划消化产能。通过军民的技术融合，加强国际互动，提升高技术船舶的核心能力。根据国际市场区域化的特点，组织优势企业，形成产业链战略联盟，利用国家战略拓展船舶和海洋工程的国内外市场。继续实行和完善“老旧运输船舶和单壳油船报废更新补贴政策”，及时兑现补贴资金作为国造新船的首付款；实行积极的金融支持政策扩大国际市场船舶出口，以贴息方式降低贷款利率，增加企业的出口竞争力；对出口业务多的企业进行“外币现金池”试点，降低汇兑风险和运营成本。

（三）进一步化解产能过剩的政策建议

第一，解决船舶工业产能过剩问题要从产业发展和提高产业国际竞争力角度考虑。化解产能过剩一定要坚持和产业结构调整相结合的原则，即要与技术进步和产业升级相结合、与生产布局优化相结合、与产业组织结构优化相结合。通过提升全产业的国际竞争力，提高中国船舶工业的有效供给能力。

第二，制定调整优化产业布局、化解产能过剩的实施细则。鼓励优秀企业开展兼并重组，在税收、融资等方面给予支持；制定针对船舶企业的退出制度[①]，通过国家资金或设立基金，在行业协会组织或牵头下对多余设备或者船坞等基础设施实施回购；加强行业自律管理，成立由企业、行业协会、地方政府等相关利益方组成的协调机构，负责制定和落实限产计划、业务指导计划等，政府对协调组织和活动给予补贴；加强行业监管，建立产业发展预警机制，协助市场这只“看不见的手”来治理产能过剩。

第三，提高中国产业政策制定和实施的质量。首先，应完善市场机制，减少以政府审批方式来扭曲市场的机制。其次，建立科学的政策决策机制，发挥产业政策的有效作用。逐步完善相关利益方参与政策制定的机制，特别要重视汲取产业界的意见。建立第三方政策评估制度，对政策的实施效果予以评估和修正。最后，发挥行业协会在政策制定和实施过程中的组织协调作用。提高行业协会专业化服务水平，建立以专家为主的行业协会队伍；加快行业协会向公益性法人制度改革；发挥核心企业会员的领军作用，推进政策的有效制定和实施。

① 同时，应完善市场化退出机制。主要从降低注销成本、完善破产程序以及建立资本多渠道退出机制等方面，帮助企业顺利退出，加快产业新陈代谢。

## 四、提高中国船舶工业国际竞争力的核心任务是重视技术创新和产业升级

### （一）提高技术等非价格竞争力才能打破目前的世界竞争格局

从国际竞争力看，与日本、韩国相比，中国船舶工业的竞争优势在于常规船制造的价格优势，可以利用丰富的大型船坞设施承接批量大型船舶订单。但总体上，在品质（技术能力）、交货期保证、高端专业船的应对能力以及售后服务、财务状况等方面仍落后于日、韩两国。日本是最具高端技术优势的国家，走技术路线，靠品质和建造高端专用船取胜；韩国具有较高的技术优势和价格优势，处在从规模路线向技术路线的转型中。对于中国来说，建造常规船舶的竞争压力主要来自韩国。韩国除了 LNG 船之外，高端专用船的竞争压力主要来自日本。未来 3～5 年，中国船舶行业的总体竞争压力来自韩国而非日本，与日本无论是技术还是产品仍处在互补关系上。

### （二）提升技术能力是产业转型升级的关键

中国船舶工业技术能力还不强。据了解，即使是像外高桥造船等这样在国内领先的大型龙头造船企业，都认为中国造船业目前主要的问题是技术能力不强，主要优势只是在钢结构、拼装和制造环节，即所谓的“造壳子”，船舶内部高附加值的、高技术含量的动力系统、通信系统、导航系统等，基本上都是利用国外产品。中国造船业的“大而不强”的问题突出，迫切需要转型升级、实现由大到强的转变。

具体表现在造船企业的总装造船技术水平不足。如船舶整体的设计能力以及高端船舶产品和新产品的研制能力等。目前，中国船企多数没有承接高附加值船舶的能力，如具有 LNG 船制造能力的只有屈指可数的几家。此外，建造应对环境要求的绿色船舶技术低，中国建造的船舶燃油效率远远低于日本。

建议：鼓励优秀造船企业开展技术创新，形成正向激励机制。鼓励造船企业加快科技创新，实施创新驱动，提高关键配套设备和材料制造水平。推进造船企业的技术创新，满足国际新规范和新标准要求，提高船舶设计制造水平，加快发展高端产品，增强产品国际竞争力，稳定国际市场份额，拓展对外发展的新空间。提高行业整体效率。对造船企业评价以效率指标为主，如单位载重吨的能耗，排放的有害气体，耗费的原材料等。

### （三）建立合理的产业组织，提高配套企业的能力

1. 中国船舶配套水平与日韩有差距

首先，中国船舶配套企业制造技术水平较差，在船舶自动化、系统集成和动力装备等方面没有重大突破。据调研，目前，中国造船行业的平均装船率为 40% ~50%，最高的舾装件为 66%，甲板机械为 56%，舱室机械为 21%，最低的是通信导航系统，只有 6%，海洋油气开发装备关键系统和设备配套率更低。其次，中国船舶制造企业与配套企业没有形成长期合作，独自生产和研发。而日本具有完整的高水平配套能力，日本船企与配套企业是长期的战略联盟关系，它们相互参股、进行人员与技术合作，配套企业技术水平的提升使得日本造船水平大大提升。日本平均装船率可以达到

100%，其配套产品29%（按照金额计算）用于出口[①]。韩国经过多年的努力，装船率也实现了90%，但由于船企与配套企业没有形成强有力的联盟关系，所以，整体技术能力与日本仍有10年的差距。

2. 中国船舶配套企业能力面临下降

目前，中国船舶配套业处于成长期，主要船用设备还在引进技术阶段，在华的外资配套企业发展迅速，中国船配市场的竞争越来越激烈，一些本土船舶配套业已遭受重创并陷入困境。2012年，中国规模以上船舶配套企业总产值同比增长23%，营业收入增长22%，但利润下降8%。2012年，中国船用低速机产量为332台和404万千瓦，同比均下降29%；船用中速机产量为13268台和649万千瓦，同比分别下降10%和20%。受下游企业的影响，承接订单情况普遍惨淡，产能出现闲置，不少企业面临转产和破产，国产设备装船率有可能下降。

**表6.3.12　　2011～2012年中国船用配套设备制造业主要经济指标**

| | 2011年 | 2012年 | 同比增长 |
|---|---|---|---|
| 企业数量（个） | 519 | 546 | 6% |
| 工业总产值（亿元，当年价） | 921.27 | 1130 | 23% |
| 主营业务收入（亿元） | 869.91 | 1055.3 | 22% |
| 利润总额（亿元） | 58.25 | 53.76 | -8% |
| 船用低速机产量（台/万千瓦） | 467/569.33 | 332/404 | -29%/-29% |
| 船用中速机产量（台/万千瓦） | 14619/808.25 | 13268/649 | -10%/-20% |

注：2011年数据源自《中国船舶工业年鉴2012》；2012年数源自船舶行业协会和CEIC。

① 公益财团法人日本海事中心、2012《关于从海外航运业看中国造船业的现状与问题的调查报告》。

3. 产业集中度下降迅速，两极分化严重

目前，前 10 家造船企业造船完工量占全国总量不到 50%，2006 年为 68%，产业集中度在近几年下降幅度较大，进入世界造船前十强企业只有 3 家，而韩国产业集中度始终保持在 85% ~98% 之间。但从 39 家被重点监视船企（全部的 3%）的造船完工量约占全国总量的 90% 看，中国造船行业的产业集中度还算可以。更值得重视的是，中国船企两极分化严重，80% 的中小企业因资源过度分散、产品同质化严重，造成市场无序竞争，技术水平难以提高。

建议：优化船舶工业企业的产业结构，引导中国大中小型船舶工业企业形成合理的产业组织分工。一是大力支持船舶配套业发展，鼓励上下游企业和跨国企业合作。支持骨干船企与配套企业建立长期稳定的合作关系，共同研发配套关键产品和关键材料；推进船用动力设备集群发展，加快船用大功率曲轴产品等研发生产；鼓励船企与钢铁企业合作，联合开发轻型高强度船舶用钢等。二是鼓励更多的骨干民营船企参与兼并重组。三是做好基础工作，完善船舶工业统计制度，行业协会无偿、定期向社会发布统计信息，增加市场的透明度。

执笔：马淑萍　项安波

## 参考文献

[1] 财团法人，海事产业研究所 . 20 世纪世界造船业的趋势分析与研究，2003（3）

[2] 社团法人日本中小造船工业会，财团法人日本船舶技术研究协会 . 中国造船情况 2011，2012（2）

## 第四节 行业案例：新兴制造业

新兴制造业代表了一国工业的发展趋势和未来方向，是中国工业走上创新驱动、转型升级之路的必然选择。实践中，有一批中国企业在国际化的道路中呈现出新的模式：从低层次参与国际分工的单一模式走向高层次国际运营战略，由世界工厂的“打工者”向全球资源的“整合者”转变。在产业发展和技术进步日新月异的背景下，任何一个企业都难以仅通过自身资源和能力满足日渐庞大和充满不确定性的市场。企业需要通过产业链整合或寻求和其他企业的战略合作，在全球范围内动态地获取资源和能力。企业的国际化新模式主要有以下三类：①通过企业价值链的内部整合来提供系统性的产品或服务；②通过主导企业间价值链的系统构建来进行全产业竞争；③为快速进入新的产业领域而积极主动地成为国际化的学习者。这是中国企业在发展中获得国际竞争优势的重要选择。本研究以江苏牧羊集团、青岛软控公司和液晶平板显示产业三个企业（产业）案例的形式，展示上述三种不同类型的国际化模式。通过案例，我们发现，国际化的新模式是中国企业转型升级的重要组成部分。但国际化不是企业发展的目标，而是实现发展目标的战略途径。国际化新模式的本质是一种新的竞争战略，是如何以更大的优势参与到国际竞争的问题。

**制造业是工业体系的核心，是国家综合实力和国际竞争力的重**

要体现。新兴制造业则代表了一国工业的发展趋势和未来方向，是中国工业走上创新驱动、转型升级之路的必然选择。新兴的制造业主要包含两类：一类是用高新技术改造传统制造业形成附加值比较高的新的产业。比如第一次工业革命时期，用蒸汽机技术改造手工纺机，推动了整个纺织工业的飞速发展。纺织工业在当时就是新兴制造业。在当代工业社会中，新兴制造业体现为不断吸收电子信息、计算机、机械、材料以及现代管理技术等方面的高新技术成果；另一类是由新技术产业化形成的产业。科学技术成果从实验室逐步产业化，最后形成一种产业。典型地如生物工程科技、IT 产业等。新兴制造业相比于传统制造业，表现出鲜明的特点。首先表现为知识、技术密集型，体现多学科和多领域先进技术的集成；其次是处于价值链高端，具有高附加值特征，同时，它也是产业链的核心部分，其发展水平决定产业链的整体竞争力。

从其内涵中也不难看出，新兴制造业是一个动态的历史的概念。在不同的国家，不同的工业发展阶段，所包含的内容都是不同的。比如在 20 世纪 80 年代，欧美发达国家的汽车工业已经“沦为”传统制造业，但中国汽车工业在当时还处于发展的早期，属于新兴制造业的范畴。而对于在中国已经成为传统行业的钢铁工业，对于第三世界工业比较薄弱的国家，可能仍是新兴制造业。甚至在上述的第一类中，大量的传统制造业都可以通过技术改造的手段成为新兴制造业。因此，要讨论当前中国新兴制造业的国际化，需要放在中国作为工业发展和技术创新的后进者和赶超者这一宏观的现实背景中，这样更有利于理解中国的新兴制造业走了几种特殊的国际化新模式，以及这样的新模式是如何影响一个企业乃至一国工业的竞争力的。

在实践中，我们发现一批企业在国际化的道路中呈现出了新的模式：它们从低层次参与国际分工的战略走向高层次国际运营战略，由世界工厂的“打工者”向全球资源的“整合者”转变。中国企业传统参与国际化的形式比较单一，多以 OEM（代工生产）的低层次模式来参与国际产业分工，使中国企业在国际产业价值链分配中处于不利地位。而在技术发展和产业进步日新月异的背景下，任何一个企业都难以仅通过自身资源和自有能力满足这种日渐庞大和不确定性的市场。企业需要通过产业链的整合或者寻求和其他企业的战略合作，在全球范围内动态地获取资源和能力，以适应复杂的环境和巨大的市场，因此，通过建立在自身能力上的企业价值链的内部整合来提供系统性的服务，或是通过主导企业间价值链的系统构建来进行全产业竞争，以及为快速进入新的竞争性产业领域而积极主动地成为国际化的学习者是企业获得竞争优势的现实选择。本研究以江苏牧羊集团、青岛软控公司和液晶平板显示产业三个企业（产业）案例的形式，展示上述三种不同类型的国际化模式。

通过分析这些企业案例，我们发现，国际化的新模式是中国企业转型升级的重要组成部分。但国际化不是企业发展的目标，而是实现发展目标的战略途径。国际化新模式的本质是一种新的竞争战略，是如何以更大的优势参与到国际竞争的问题。

### 案例一：牧羊集团的国际化模式

江苏牧羊集团有限公司（以下简称“牧羊集团”或“牧羊”）是一家研发和制造饲料机械工业装备的企业。经过 40 多年的发展壮大，牧羊从一个几十人的县区粮机厂发展到产值超 70 亿元的行业内亚洲第一、全球第二的知名企业。尽管在国内市场上，牧羊早就是知名品牌，但涉足国际市场的时间并不长。从 1999 年取得自营进出口权到 2002 年成立国际事业部至今，短短十几年的时间，连续六年占据全国饲料机械出口总量的 60% 以上，产品行销全球 104 个国家和地区，在全球拥有近 50 个办事处。全球排名前 10 位的饲料供应商，有 6 家与牧羊建立起良好的合作关系。

牧羊的快速成长，得益于其在系统层次上的产品创新，带动了饲料机械这一传统制造业转型升级为新兴制造业，走出了国际化的新模式。公司主要产品有饲料工程、养殖工程、食品工程三大核心产业，围绕“为客户提供系统解决方案”，牧羊还发展了“仓储、输送、自动化控制”等专业化公司，形成了三大核心产业与专业化公司组合发展的“十”字形产业模式。

### （一）牧羊集团：国内饲料机械行业的领先者

牧羊集团的前身为创建于 1967 年的国营邗江粮食机械修配厂。1979 年 12 月更名为“国营邗江粮食饲料机械厂”，曾根据县粮食局的设计图纸研制出中国第一台混合机和第一台粉碎机，迈出了饲料机械制造的第一步。1985 年更名为扬州粮机厂。在很长一段时期内，粮机厂都是计划经济体制下的一个按照计划指令和上级单位提供图纸进行生产的“工厂”。1996 年初，江苏牧羊集团有限公司成立，从工厂制过渡到公司制。基于当时整个饲料机械行业技术水平落后于国外的现状，成立之初的牧羊在技术研发上投注了大量精力，先后与无锡粮科院、武汉粮科院、江南大学、中国农业大学等单位建立和升级了合作关系，不断做强主营业务。2001 年，在当地政府的支持下，牧羊以五名经营者为核心实行了 MBO 股权改革，着手建立法人治理结构，把一个完全的国有企业改制为股份制民营企业。

如何寻找新的盈利机会一直是改制后的企业经营层重点考虑的问题。要增加新的盈利，主要是两种做法，一种是多元化，进入新的领域；另一种是走专业化道路，继续寻找新的市场。多元化的特点是可以迅速做大，但投入较大，收效缓慢。尽管从 1997 年就开始了多元化的道路，牧羊为发展钢结构和仓储工程新投入了大量的资金和人力资源，但由于新业务拓展难度大，再加上牧羊对新产业，对多元化企业的管理能力不足，使得企业在多元化道路上进展缓慢。而牧羊所在的主营业务领域，国内市场在 2000 年之后也出现了一些新的变化。全国饲料产量到 2006 年增速明显放缓，传统饲料主产区发展速度下降，饲料生产企业从原来工业发展较快的沿海地区如广东、江苏、山东等地向辽宁等传统粮区集中。由于兼并重组和破产的影响，行业集中度不断提高，饲料企业经过多年增长后于 2006 年首次出现了下降，此后呈现连年下降趋势，由于几年来饲料工业的快速发展，饲料企业积累大量的闲置产能，减少了对设备的投资，导致饲料机械需求量的下降。另外，牧羊的饲料机械在大中型成套设备市场的占有率已经多年保持在 50% 上下，想进一步扩大市场占有率的困难很大。牧羊有强劲的竞争对手江苏正昌公司，国内有一批中小企业也在快速崛起。同时，农业机械设备行业的国际领先企业，如瑞士布勒公司、CPM 等也开始关注中国市场。仅 2006 年，布勒就在中国整合兼并了常州保龙、西安粮机等两家企业。面对国内有限的市场和激烈的市场竞争，牧羊将视线转向海外市场，于2002年专门成立了国际事业部，全面开始参与国际市场的竞争。

**表6.4.1　　国际贸易和钢结构及仓储投入产出比较表**　　单位：万元

| 项目 | 人员数量（人） | 固定资产投资 | 销售额 | 利润贡献 |
|---|---|---|---|---|
| 国际贸易 | 50 | 100 | 11000 | 3000 |
| 钢结构和仓储 | 400 | 4000 | 20000 | 1000 |

### （二）牧羊国际化的路径选择

牧羊的国际销售合同自1999年开始至今，每年达到近100%的增速。从1999年的28万美元，到2013年的25亿美元左右，产品销往104个国家和地区，骄人的成绩背后是牧羊十几年来对国际化道路的不断探索和对国际市场的积极开拓。

牧羊产品要走出国门，首先遇到的问题是如何被国际客户所认可。与国际知名品牌布勒、CPM等相比，牧羊的品牌比较弱势。特别是当时中国外贸企业的整体形象处于劣势，牧羊产品性能的不稳定性及缺少自主创新，牧羊产品给国际客户的感觉是一个市场跟随者与模仿者，是仅仅靠低价竞争的销售者。比如，在牧羊接触的众多客户中，在同等情况下，即使布勒与牧羊的产品相比价格高约20%，客户仍会选择布勒，显示出了布勒品牌强大的影响力。

影响品牌的实质是其背后的技术能力。当时牧羊具有自主知识产权的产品并不多，技术水平与发达国家企业的差距还较大。特别是在颗粒机、膨化机等主机设备方面，由于属引进技术，受技术转让合同的限制，出口区域受限制。虽然每年都有新产品问世，但在这些新开发的产品中，70%是消化吸收的局部创新，完全自主创新的产品在数量上不到开发产品的30%。许多高新技术，在牧羊中还是从无到有，而在发达国家企业中却已是从好到精。发达国家企业对高新技术的垄断和保护，对技术转让的限制和高额要价，致使牧羊引进真正先进的技术困难重重。同样，牧羊的研究水平相对较低，没有完善的试验条件，缺少能进行创造性研究的领军人物。因此，牧羊要真正无障碍地走向国际市场，越过发达国家先进企业的技术障碍，就迫切需要加快技术创新步伐。

此外，牧羊早期的国际销售网络的建设也不健全。牧羊的销售网络采取代理制，市场开拓与产品维护过于依赖代理商。虽然代理模式可降低市场开拓成本，但代理商的长期性与稳定性需要长期的考验。对牧羊产品市场开拓较顺利的地区，代理商可以保持一定的稳定性，但是当市场出现波动或者市场开拓长期打不开局面，比如北美或者欧洲等发达市场，由于牧羊是后来者，认可度比较低，进入难度较大，需要长期努力以从根本上改变当地客户对牧羊的认可度，而代理制采用提取佣金的方式，不利于保持代理商的忠诚度。

因此，把什么样的产品以何种方式卖到什么样的市场去，就成为牧羊国际化战略要解决的首要问题。牧羊花了大量的时间和精力进行前期分析，把国际市场分为四个部分。

一是美国、加拿大、日本以及西欧市场，属于成熟市场。其要求的设备技术含量高，对于产品的技术性能细节比较看重，比如环保、安全、卫生等。这些市场大部分已经被国际领先企业的产品所占领，且在知识产权保护方面存在很多壁垒。但进入这些市场对产品的质量性能的要求高，可以提升产品质量、提升管理理念。

二是大部分的经济相对比较好的发展中国家，如东南亚、中东、拉美等一些国家，像马来西亚、印度尼西亚、越南、菲律宾，以及印度、哈萨克斯坦、巴西、墨西哥、阿根廷等国。这些发展中国家基础比较薄弱、发展速度比较快，又以农业为主。他们对设备质量和技术要求不是特别高，但注重价格和服务。这些国家是中国企业的主要市场。该类市场占到中国企业国外市场的65%。这些国家对中国产品的性价比比较认可，他们认为，牧羊饲料机械与欧美等国产品差异性较少，是欧美等国产品的较理想的替代产品。

三是俄罗斯、乌克兰以及伊朗等国，曾经经济比较发达，后来由于种种原因导致经济有一定滞后的国家。随着经济的复苏，越来越多的厂需要购买产品。这些国家对产品的需求量会越来越大。

四是非洲的大部分地区和朝鲜市场，这些国家和地区经济相对欠发达，主要是一些小型项目，对于这些培育性市场，牧羊认为，需要利用目前良好的政治关系，采取先入为主的原则。一旦培育起来，将是非常广阔的市场。

由于牧羊在国内就拥有开拓从中低端市场到高端市场的丰富经验，对不同国家、地区的不同市场类型，牧羊都容易找到市场空间。根据所处的市场地位及技术水平，牧羊的国际化市场战略是以饲料机械及工程为主业，在巩固东南亚以及中东等传统市场的前提下，着重开发南美、东欧市场，同时培育非洲市场，适时挺进美国、西欧等发达国家。在竞争策略上继续保持牧羊饲料机械良好的性价比形象，更加注重对客户的快速服务，满足客户个性化需求。牧羊认为，“东南亚市场与发展程度相近，文化相近，地理位置相近，有如此之多的有利条件，没有理由做不好。欧美发达国家市场是牧羊是否真的成为一个世界一流设备供应商的试金石，只有我们通过了这一市场的考试，才能说牧羊真正地实现了国际化的目标”。

要推进牧羊真正实现贴近国际市场的目标。不论是销售网络，抑或生产与销售服务网络，还是研发，都要贴近消费者，贴近市场，了解客户需求，尽快地满足客户需求，企业才能取得成功。相比于国外竞争者，牧羊能尽快地保质保量地交货。例如，牧羊提供的平均交货期为 2 个月，只有国外同行的 1/2 ~ 1/3 的时间。从牧羊的国内承建的饲料成套的历史看，牧羊的工程建设周期大约为 4.5 个月。因为牧羊有自己的钢结构公司，加上土建周期，大约 6 个月就可以让一座饲料厂平地而起，而国外最少也需要 12 个月以上。

这十五年的海外奋斗历程，牧羊主要经历了三个阶段。

第一阶段，从 1998 ~ 2005 年，牧羊通过代理制打开了海外市场的第一个切入口。2001 年 6 月 13 日，牧羊的第一座国际成套工程合同与马来西亚 DBE 公司成功签订，合同金额为 63.5 万美元，该项目后来荣获马来西亚最佳饲料厂称号；2002 年，牧羊国际事业部（现为国际营销与服务中心）正式成立，此后牧羊海外销售代理机构的数量进一步增加，于 2005 年 3 月在总部扬州成功召开了第一次全球代理商大会。

第二阶段，2006 ~ 2011 年，牧羊通过代理制对全球重点市场的需求有了充分了解，逐渐开始布局全球销售以及服务网点。同时，牧羊保持每年参加二十多次的国际和区域性展览会、区域技术研讨会，并在五十多本国际行业杂志、多语言宣传网站以及电子杂志上展开了全方位、国际化的品牌宣传策划。2006 年 12 月与俄罗斯公司签订第一个欧洲成套工程，当年海外销售突破1.5亿元，同年，牧羊成立了第一个驻外机构——巴西办事处；2007年4月，牧羊海外销售额突破3亿元，2009年牧羊突破5亿元。牧羊不仅在重点区域布点，还在一些发展迅速的新兴国家，如印度、中东、南美以及南非等构建销售、服务网点，为当地的客户提供全套解决方案。同时，牧羊还实现了销售、服务等各网点间的交流，促进知识的共享，提升全球市场反应能力，打造出营销、物流、服务等“一站式”优势。

第三阶段，2012年至今，通过前期海外代理机构、销售及服务网点的全球布局，牧羊进一步整合全球资源优势，按照“3∶7”的原则（30%的中国外派员工，70%的本土员工），实行技术、营销、服务等整个系统的本土化，并持续打造三个全球化。一是研发机构全球化。牧羊将继续推进亚、欧、美三位一体的研发平台建设，持续提升研发核心驱动力，打造“牧羊产品，全球设计”。二是生产基地全球化。通过埃及基地的投产运营全力推进南美、印度、独联体项目的规划，打造“牧羊产品，全球制造”。三是营销网络全球化。整合全球销售资源，构建起饲料工程、养殖工程、食品工程、仓储、输送、自动化控制等农牧全产业链一体化的营销分公司，打造“牧羊产品，全球销售”。

（三）国际化新模式——向系统服务提供商的转变

牧羊在总结国际化道路成功的原因时，认为是建立国际品牌、狠抓产品质量和技术创新、建设国际销售网络、保证售后服务以及引进国际化的人才。但深入分析牧羊的国际化进程，我们发现，牧羊能够在国际市场上获得核心竞争的重要原因，在于其开创了“饲料工程总承包服务模式”，从系统层次上进行的产品集成创新，为客户提供从设计、制造到安装、调试的一条龙的优质高效的系统解决方案。到目前，牧羊已经在中国及东南亚、中东、北美、澳洲等几十个国家和地区承建了各类饲料工程近 3800 多座，包括畜禽饲料工程、普通水产饲料工程、特种水产饲料工程、宠物饲料工程、牧草饲料工程、预混饲料工程、浓缩饲料工程、酶蛋白生物饲料工程、啤酒花颗粒生产线，赢得了国内外用户的广泛认同。

这得益于牧羊在市场销售过程中，逐渐发现卖产品一厢情愿不行，要真正考虑客户需求。在整个工业流程完整项目中，用户关注点不是项目中单个零部件，也不是单件饲料机械，而是整体项目功能是否满足需求。在工业领域，专业化系统服务成为消费趋势，这就需要企业向用户提供完整的解决方案。于是，牧羊改变单一服务观念，逐步转变为饲料机械系统的供应商和服务商。通过交钥匙工程，解决饲料生产整个系统的问题，甚至是整个流程的问题，最大限度地适应客户的需求。根据对市场的理解，牧羊也逐渐从一个生产饲料机械为主的比较单一的公司，发展成 9 个分公司，产品从 4 个系列 26 个规格品种，发展到 40 个系列近 300 个规格品种。在 1997 年就围绕着饲料机械的主业开始了企业内部价值链的整合。牧羊不仅仅制造饲料机械，牧羊钢板仓、钢结构、输送设备和电控系统均有牧羊专业分公司，完善的配套资源精细化管理，专业分工整合成一个项目部系统服务。发展到今天，牧羊产品和服务能贯穿饲料加工的整条价值链，包括总平规划、土建、钢结构、仓储到资料机械、智能包装、电控系统的各个环节，立志“成为技术领先的世界级机械制造和工程服务企业”。当这些节点全部串联起来，便是牧羊真正意义上具备与客户实现无缝对接的综合实力。国际事业部的工程服务人员常驻300天，几乎全年驻外扎根在离客户最近的地方来了解客户的需求。牧羊集团的盈利点有两个，机械制造和工程服务。其中，机械制造的盈利占15%，而工程服务占85%，而且工程服务还有增长的趋势。牧羊集团成为全球成套工程数最多的公司。

为更好地为国际客户提供系统服务，牧羊在以下三个方面作出努力：一是研发机构全球化。牧羊推进亚、欧、美三位一体的研发平台建设，持续提升研发核心驱动力，打造“牧羊产品，全球设计”，2012年建立了欧洲研究院，2013年完成了美国研究院的建设；二是生产基地全球化。实现本土化，牧羊积极在当地寻找外协供应商，同时以中东为试点，逐步在全球4~5个地区建设生产基地，将销售、设计、服务放在离客户最近的地方。通过埃及基地的投产运营全力推进南美、印度、独联体项目的规划，打造“牧羊产品，全球制造”。本土化经营能使牧羊和当地的市场以及文化更好地融合，规避时间差、语言不通等问题，更好地贴近客户。三是营销网络全球化。整合全球销售资源，构建起饲料工程、养殖工程、食品工程、仓储、钢构、输送、土建、自动化控制等农牧全产业链一体化的营销分公司，打造“牧羊产品，全球销售”。

牧羊集团的商业模式也推动了组织架构的转变。2012年开始，牧羊集团重新整合设计了组织运作模式以提升组织能力和竞争力。重点是全面整合了前端的营销平台。配合系统服务提供商的企业价值定位，产品营销也要从系统的角度进行转变。牧羊把原来各事业部的营销队伍整合在同一个大的营销平台上。所有的销售人员都隶属于集团营销平台。“前方的展示一定要服从平台总经理的只会，要讲究作战纪律，一招一式要到位，要做正规集团军，而非无组织、无纪律的散兵游勇。遇到困难，前方要主动求助，集团作战，防止贻误战机；后方要乐于助人，主动对接，确保合同成交。赢单率是平台整合后成功与否的重要衡量指标。”工程销售作为整条业务链的龙头，是牧羊提供系统工程服务的起点。而这种商业模式本身也要求组织成员协同合作，共担责任，才能更好地发挥组织能力。

通过整合企业内产业链，提供系统的服务来参与国际化竞争的方式，牧羊集团获得了国际客户的认可。2011 年，牧羊集团与沙特富豪 Sulaiman AIRajhi 签订了中东最大的牛羊饲料工程成套项目。该项目涉及饲料机械工程出口订单总额近亿元，建成后将成为中东最大的牛羊饲料机械工程成套项目。全部设备和技术均为中国自主研发，标志着中国在饲料机械及加工领域已跨入国际先进行列。2012 年 8 月 6 日，印度 Godrej 与牧羊签约印度单场最大型综合水产饲料厂，该项目是印度 Godrej 集团从传统畜禽饲料加工向高档水产饲料加工转型的第一步，是印度单产最高、品种最全的高档水产饲料加工厂。2012 年 8 月 8 日，牧羊集团与菲律宾 Unifeeds 集团成功签订了一条 20TPH 的 1610 制粒生产线，配套 4X1500T 的筒仓、原料、成品和豆粕库房。该项目是 Unifeeds 集团与牧羊集团战略合作的第一步，建成后将是牧羊在菲律宾中南部单产最大、设备选型最先进的成套样板工程。同年 8 月 14 日，牧羊集团与台湾大成集团成功签约台湾最大饲料厂项目，建成后可实现年产 60 万吨高档畜禽饲料。到2012年，国际事业部东南亚分公司实现净利润同比增长204%。

### 案例二：青岛软控

青岛软控股份有限公司（以下简称“青岛软控”或“软控”）是一家研发和制造橡胶轮胎工业装备的企业。这家从橡胶轮胎机械的软件系统起家的小企业，在过去十几年的时间里快速成长，不仅成为名列全球第二的橡胶设备厂商，还极大地推动了中国橡胶轮胎工业的复兴。更值得关注的是，以青岛软控为核心的国家轮胎工艺与控制工程技术研究中心这一技术和产业联盟，正在以一种新的国际化模式参与全球橡胶轮胎行业的竞争。青岛软控在国际化道路上不仅做到了产品系统层次上的创新，而且实现了在产业链层次上的系统创新。本研究把这种国际化模式概括为通过主导企业间价值链的系统构建来进行全产业竞争模式

（一）青岛软控：橡胶机械工业的系统集成者

青岛软控是从青岛科技大学校办产业独立出来的企业。20世纪80年代末90年代初，全国高校兴起了科研成果转化、组办校产企业的热潮。青岛软控就是从这些企业中成长起来的一个。青岛软控的起家产品为上辅机系统。上辅机是轮胎生产第一道工序“密炼”所需的设备，即将炭黑、天然胶、合成胶、油料等各种原材料按比例称量后输送进密炼机，炼制出轮胎的胶胚，其性能的核心在于保证原料比例的准确和输送过程的协调。当时，国内上辅机市场被德国、意大利、英国三家公司垄断。外国设备的重点放在机械质

量上，而动辄上吨的配料称量、输送却要靠工人手工操作，容易出现质量不稳定。青岛科技大学的老师为解决这个问题，设计出一套对各种化学原料进行储存、称量、输送的程序与规则，完成了控制系统软件的研发，并通过模仿和借助合作方完成了硬件载体。这种以控制软件为核心的上辅机系统使配料效率大大提升，第一套卖给了山东荣成一家村办橡胶厂。上辅机后来赢得了市场的广泛认可，毛利高达50%以上，迄今已累积占到国内市场的85%以上，并获得国家科技进步二等奖。

2000年，青岛科技大学老师袁仲雪没要学校一分钱，自筹50万元，带着密炼机—上辅机项目成立了青岛高校软控股份公司。青岛软控成立后，因资本很少，所以还是从软件做起，把控制系统的思路延伸到其他设备上，对行业内现有外国设备的软件进行升级改造。但生产企业并不看重软件，许多企业也不愿意让软控在它们的设备上安装、更新软件。软控逐渐意识到，要想把软件控制系统卖出去，就必须有设备载体。以上辅机为起点，青岛软控在向其他设备延伸软件控制系统的同时，也开始开发这些设备。当时软控并没有多少做设备的能力，于是就依靠“外协”。在高峰时期，软控在全国有100多家外协制造企业，在事实上成为以软件系统集成各种设备的“系统集成”方式。

提供优良的生产系统需要掌握硬件的核心技术，于是，软控把目光投向海外。斯洛伐克的橡机工业历史悠久，起步比德国还要早，特别是该国的斯大林橡胶技术中心，曾经是苏联东欧阵营定点研发橡机的唯一机构，在苏联解体后苦于没有市场，它与寻求合作的青岛软控一拍即合。2001年，软控就从对方采购设备；从2002

年起，双方就开始在压延、裁断、成型机等多个核心设备上全面合作。软控发展壮大后，于2009年收购了这个研究中心，使其成为软控的欧洲研发中心。国内的很多外协企业最后同样被内化为软控集团的一部分，如软控重工、软控精工等。就这样，以软件起家的青岛软控成为一个能够提供全部橡胶轮胎生产设备的制造商。

软控的产品开发一旦延伸到所有的设备，各个设备之间的协调就成为新课题。通过跟客户的接触，软控发现，中国轮胎和国外轮胎的主要差距在于质量均一性很难保障。由于轮胎生产工序多，设备多，人为操作的因素很难避免。以及监控信息不对称，职能部门之间的相互推诿，生产脱节时有发生。这恰恰又是软件控制系统可以发挥优势的地方。软件控制系统不仅能控制单个设备的运转，更能通过数据采集、监控、调配多个设备间的协作而提升整个生产过程的效率。但开发出来这样的系统软件，需要深入了解轮胎生产的实际过程，掌握完整的作业信息。很多轮胎生产企业不愿意对软控开放生产过程的信息，面对这种障碍，软控于2002年11月发起成立一个新的轮胎制造企业，青岛赛轮子午线轮胎信息化生产示范基地有限公司（以下简称“青岛赛轮”）。青岛赛轮成立后，最初的使命是成为一个中试基地，将软控开发的软件控制系统和新设备、新材料、新工艺都拿到赛轮做实验。赛轮在应用了这整套信息控制平台后，成长突飞猛进，现已跻身世界轮胎75强的第44位，是中国成立时间最短、发展速度最快的轮胎制造企业。2011年，赛轮成功上市，软控成为它的第二大股东。

经过近十年的不懈努力，青岛软控从单个设备的控制软件起步，最终不仅能够提供全部生产设备，而且开发出来世界上第一个轮胎生产的操作系统。原本新建一个年产 30 万条轮胎的工厂需要 8 亿元的投资，而软控的整体解决方案把同等规模工厂的投资降到 3 亿元，或同样 8 亿元的投资就可以建成 150 万套子午线轮胎的生产线，使投资效率整整提高了五倍。青岛软控的“轮胎企业生产制造执行系统”——即“卖工厂”模式颠覆了传统轮胎生产模式，大大提高了中国工业的技术水平，大大降低了新企业进入的门槛。许多需要改造的老企业和打算进入的潜在投资人到赛轮参观后纷纷拍板建厂。这种整体解决方案模式对沈阳和平、大连轮胎厂等老牌轮胎厂的信息化改造产生了良好效益，更是直接导致了中国（特别是山东）民营轮胎企业的迅速崛起。

（二）国际化新模式：整合全产业链

目前，全国大大小小的轮胎企业多达 4000 多家，规模以上的也超过 300 家。随着中国轮胎工业的高速成长，软控到 2011 年成为全球排名第二位的橡胶设备商。多国的出口反倾销和美国特保案也使软控领导人开始反思，工厂整体解决方案模式还不是中国轮胎工业升级的最优模式。面对跨国公司的寡头垄断，中国工业大而不强，中间环节多、分散的结构经常导致恶性竞争，交易成本很高，既阻碍了规模收益，也不利于新技术的推广，导致许多制造企业出现亏损。因此，从升级需要来说，还应该在产业层次上进行系统集成。

2009 年 2 月 26 日，经国家科技部批准，由青岛科技大学、青岛软控和青岛赛轮牵头组建国家轮胎工艺与控制工程技术研究中心（以下简称“中心”）。这是中国橡胶轮胎行业唯一的国家级工程技术中心，其使命是对橡胶轮胎行业的重大关键、基础、共性技术难题进行研发，为规模化生产提供成熟配套的工程化技术。同时，对于立志推动中国橡胶轮胎工业升级的软控领导人来说，中心的成立也提供了一个层次更高的平台，使他们可以动员各种资源重塑产业链。

中心确立了八大产业板块：科研技术、材料化工、信息装备、战略新兴产业、橡胶轮胎、循环利用、平台金融、营销物流，作为产业发展的核心环节。中心的工作方式是出面组织在这八个领域的科研项目，将项目直接对口企业，并将业内相应的研发人员集中到项目组，成果由联盟内的企业共享，产出利润按比例再次进入研发环节；对全新项目，则待成熟后再以中心为发起方，吸引业内投资组建公司来推进产业化。中心整合全球范围内的资源构建全产业链竞争。

具体地说，科研技术板块，中心成立了专门的材料研究院，投入9亿资金，引进一大批国际知名专家和高水平研究人员。首席科学家为国际著名橡胶轮胎领域专家，获美国化学学会橡胶分会接触科学技术奖，终身荣誉会员。目前，材料研究院已经初步形成100多人的研究队伍。

在橡胶轮胎板块，中心以技术输出的形式，为国内外企业提供交钥匙工程。国外工厂有伊朗的金石轮胎、缅甸MEC轮胎、泰国利士中轮胎、泰国OTANI轮胎、越南VRG轮胎和越南DR轮胎厂。

在循环利用板块，中心探索废旧轮胎的综合利用发展，自主研发“轮胎循环利用生产性”，为客户提供卡车、客车、轿车轮胎翻新解决方案。在澳洲建立了废旧轮胎回收网络。

在营销物流板块，保税区建“保税仓库”，与 COSCO 等国际公司进行战略合作，增加生产计划的柔性和可控性，解决生产和消费时间上不一致等问题。对于下游的终端市场，中心组织力量在北美建立详细的需求信息系统，试图建立与国内供销商直接对接的网络。与跨国公司拥有自己的营销网络不同，中国存在着一个庞大的中间商群体，一方面不断压缩生产企业的价格和利润，另一方面又无法满足国际市场对多品种规模供货的需要。中心通过由软控收购美国 WYKO 轮胎技术公司、由赛轮进口轮胎翻新业务，不断熟悉并渗透进入美国市场的渠道，又通过招募和培训留学生在北美逐步建立详实的需求信息网络。在此基础上，中心以青岛保税区仓库作为调配国际订单的平台，已经试行直接配置国际销售的物流，包括跨越洲际、州级、市级的三层网络，与美国细分市场形成点对点的销售，并提供整体配套、维修一条龙服务。

此外，中心为控制上游原材料的供应，在泰国、缅甸成立了橡胶工业园和天然橡胶应用技术研究所，并在山东莱西建立反式异戊橡胶产业化基地。

中心的战略目标实际上是创造出一个包括产业链主要环节和主要企业在内的产业网络。这种网络与跨国公司的一体化模式不同，它是由独立企业所组成的；但它又与市场模式不同，网络中的企业具有互相依存和上下游协调的关系。中心通过这个网络发挥产业发展计划者的作用，但中心的计划权并非来自所有权，而是来自 3 个职能：第一，产业的协调者。目前，中心已经吸纳近 30 家主要企业加盟，其高层每个月集中开会商讨产业发展的举措。第二，新技术的提供者。中心吸引了一大批国内外一流专家，包括来自斯洛伐克、美国、德国、法国、日本的国际专家，中国轮胎工业的资深专家（来自十多个企业总经理或总工级别率领的近200名技术人员），国内高校和科研院所的专家。这些专家领导的研发将成为中国橡胶工业新技术的源头。第三，产业生态系统的培育者。2010年，软控联合青岛科技大学和当地政府在青岛四方区打造“中国橡胶谷”产业园区，集合了行业协会、政府机构、大学、科研院所、企业（包括化工橡胶和机械电子等类）和相关中介服务机构，试图塑造一个橡胶产业的综合性交易服务平台。

## 案例三：液晶平板显示产业（TFT - LCD）

相比于前两个企业案例，平板显示产业有其特殊性。作为典型的新兴制造业，其特殊性在于，一是当中国企业决心要进入这个产业时，国际既有厂商尽管已经发展了20年，但中国却是在10年前才刚刚进入。因此，中国企业需要直面强大的竞争对手。二是作为一个高度全球化的工业，在中国企业尚未进入的时候，国内市场已经被国际企业占领。进入这一行业竞争的企业没有像其他大多数产业一样有国内市场作为避风港。三是液晶平板显示产业自身高技术密集、高资金密集型的产业特征，以及国内在该领域技术能力积累甚少以及缺少产业经验的现状，企业想要在短期内进入这一新兴行业，并能掌握核心技术，参与全球竞争，就需要采取有别于常规的企业发展模式。

### （一）产业发展背景

以TFT－LCD（Thin film transistor－Liquid crystal display，薄膜

晶体管液晶显示器，俗称“液晶面板”）为代表的平板显示器，已经成为与半导体芯片一样重要的基础电子器件，广泛地应用于从手机到电视机的各类产品中——信息时代的数字化和移动化使平板显示无处不在。中国在平板显示工业领域是落后者，当大尺寸液晶显示器正在全面替换传统 CRT 显像管的时候，中国作为电视机和计算机的全球第一大生产国和液晶电视的主要市场，却主要依赖进口来满足对液晶显示屏的需要。如果不能发展 TFT－LCD 工业，中国庞大的消费电子产业就只能保持着低附加值组装的性质。

对于平板显示技术的重要性，中国工业的决策者和社会公众是从彩电工业遭遇技术替代危机而认识到的。从 20 世纪 80 年代初到 90 年代中期，中国在 CRT 电视领域通过技术引进建立了“彩电整机—彩管—玻壳”的完整产业链。在此基础上，较早实现了市场化竞争体制的中国彩电工业，利用劳动力成本低和国内市场大等优势，发展出规模经济，以价格优势赢得国内市场，再进入国际市场，一度在产量和出口量上都名列世界第一。但现代工业技术是永远处于变化中的。在进入 21 世纪的短短几年之后，中国彩电工业就遭遇到一场“创造性毁灭”所带来的危机——以液晶面板为主的平板显示器对 CRT 显像管的技术替代。平板显示彩电从 2003 年在国内市场上初露端倪，到 2008 年在销售量上决定性地超过 CRT 彩电，前后不过 6 年的时间，其替代速度之快令中国工业的决策者们措手不及。

更严重的是，平板显示器对 CRT 的替代使中国彩电工业再次陷入对国外供应商的高度依赖：中国曾经花了几乎二十年的时间使彩电工业价值链的 95% 在本土生成，但由于 CRT 被平板显示器所

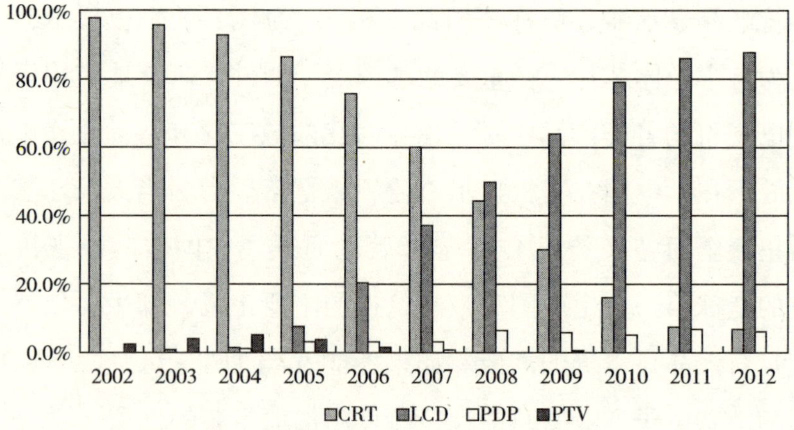


图 6.4.1 2002~2012 年国内历年彩电分品类零售量比例图

替代并不得不依靠外国厂商来获得液晶平板显示器，中国彩电工业价值链的 80% 又再度转移到国外。自 2007 年以来的短短三四年时间里，中国花了二十多年时间建立起来的彩色显像管工业就被技术替代风暴所摧毁。

从 2003 年 4 月起，若干中国企业进入了液晶平板显示工业，并建设起 5 代线（主要有京东方、上广电和昆山龙腾光电）。此后，京东方又分别在成都、合肥、北京、鄂尔多斯、重庆建设了多条平板显示产线。在 2010 年，华星光电进入这个行业，在深圳开始了 8.5 代线的建设运营。本研究以京东方和华星光电为案例，研究该产业的国际化模式。

作为 TFT－LCD 工业的后进者，进入这个工业的中国企业必须从学习、吸收外国企业已有的技术为开端，这样做的原因不仅在于技术的“成熟度”，而且在于左右市场需求的主导技术轨道和竞争标准（如价格、性能、质量等）已经形成，难以存在“另辟蹊径”的市场空间。如果中国企业仅仅停留在跟随者的状态（如依靠外国企业转让生产线来实现技术升级），就不可能在这个高度全球化的工业中站住脚。在这个技术进步速度极快的工业中，需求的增长空间以及随之而决定的市场份额和利润是由领先者所左右的，跟随者不但只能处于边缘地位，而且随时可能被技术和市场的变化所淘汰。因此，进入这个工业的中国企业面临的是一把利剑的锋刃——或者最终挤入领先者的行列，或者最后被淘汰出局——没有什么机会可以长期维持于中间状态，而赢得胜利、避免失败的唯一出路，是在学习外来技术的基础上形成自己的能力，并以不断成长的能力去参与技术变化的过程。

因此，作为后进者的中国企业，从进入高度全球化工业的第一刻开始，就已经成为一个国际化的企业，因为包括供应商、客户以及竞争对手在内的每个参与者都是国际化的。这是一个发端于美国，以日本为温床，并在韩国、中国台湾发展壮大的全球化的工业。美国的 IBM，日本的夏普、东芝、Sony 等，韩国的三星、LG、现代，以及中国台湾的友达、奇美等是液晶面板工业的主要竞争者；美国的应用材料、康宁等，日本的尼康、佳能等，以及德国的默克等都是该工业中重要的材料或设备供应商。作为一个后进国家的企业参与到高层次的国际竞争中，并立志成为这个领域的领先者，是违背新古典经济学关于“比较优势”“国际分工”等理论而发展起来的。

（二）中国液晶平板显示工业的国际化模式

如上所述，由于工业性质的特殊性，中国液晶平板显示工业崛起的过程本身就是一个国际化的过程。以下以京东方和华星光电为例，展示其国际化的模式。

1. 京东方科技集团有限公司（下简称“京东方”）

京东方的液晶战略起源于它所经历过的“毁灭”——它不仅经历过大多数国有企业都曾经历过的市场化毁灭，而且还经历过技术替代所造成的毁灭。京东方的前身是电子部所属的北京电子管厂，即774厂，是中国“一五”计划时期由苏联援建的156个重点项目之一。建国后的前三十年间，北京电子管厂曾经是中国最大、最强的电子元器件厂（60年代是亚洲最大的电子管厂），是中国电子工业和国防工业的骨干企业。但进入改革开放后的80年代，由于半导体技术对电子管技术的替代以及“军转民”对电子管厂的巨大冲击，产品市场的急剧萎缩，北京电子管厂从1986年到1992年连续七年亏损，直至陷入破产边缘。整个90年代，北京电子管厂为了生存和发展进行了各种努力，包括股份制改革、多元化经营以及创办了一堆的合资企业。

到1998年，TFT－LCD在全球平板显示技术中的优势逐渐明朗，于是，京东方把它确定为重点，从此进入TFT－LCD工业成了京东方的既定目标，但当时仍然没有解决的是怎么进入的问题。那几年，京东方的领导不断出国考察，跑遍了全球几乎所有生产TFT－LCD的公司（特别是日本企业），把所有能得到的技术资料都带回来，了解这些公司的投资和技术状况。但对于如何进入这个工业，京东方的高层仍处于困惑阶段：TFT－LCD已经进入大规模产业化阶段，率先进入的日、韩企业也已经形成了先行者优势，专利和技术壁垒一大堆；靠国内从基础开始自主研发速度太慢，而且投资门槛迅速提高。2001年“突然”出现了跨国并购的机会——

韩国现代集团的液晶业务要出售。京东方抓住了这个机会，最终通过跨国并购进入了 TFT－LCD 工业。

京东方的海外收购不是出于利用现有生产设施赚钱的战术目的，而是出于解决进入该工业所面临的技术来源、专利障碍、起步市场和核心技术人员等战略问题。收购后的 2003 年 3 月，第一批京东方专业技术和管理人员被派到 BOE－HYDIS 进行工作学习。京东方采取了“海外扎根、国内扎根”的战略，在收购的当年就在北京亦庄开发区建设 G5 代线。收购 HYDIS 并借助其技术资源建线降低了进入的门槛，大大加快了建立这个平台的速度，从而大大加快技术学习的速度。建设 5 代线时，BOE－HYDIS 派出 120 多名韩国工程师到北京亦庄，以专家的身份指导工作。为了尽快建成生产线，京东方的决策者没有打破他们的建制，让他们保持着原来的系统，而中国工程师则跟着他们工作。同时，京东方也派出人员到韩国京东方工作学习，除了派出管理人员，还派出三批共 60 多个工程师去学习和工作实习；此后还派出更多数量的生产技术和操作人员去工作实习。2005 年 1 月 28 日，京东方 5 代线生产的 17 英寸液晶显示屏首次出货，交付国际客户；5 月 25 日，京东方宣告 5 代线成功量产。此后，5 代线开始逐步冲击满产的高度，从初始阶段的 30K（即月产 3 万片）扩大到 2006 年 8 月的 60K，再到 2007 年 9 月的 80K，目前已经达到 100K，成为国际同业运行效率和盈利能力最佳的生产线之一。

建设 5 代线对于京东方而言，首先是使京东方拥有了完整的 TFT－LCD 生产设施，可以生产液晶显示屏；但更重要的是，这个过程同时就是把被收购韩国企业的技能和经验转移到京东方的过程，是京东方管理和技术团队在吸收这些经验和知识的基础上解决问题的过程——即生成和发展技术能力的过程，甚至是组成和培养工业规模级的工程师团队的过程，也是从全球 TFT - LCD 产业链吸收技术知识的过程。这个过程是京东方逐渐积累能力，参与全球产业竞争的过程。

为保证有一个起步的市场，京东方还于 2003 年花 10.3 亿港元购买了冠捷 26.38% 的股份，成为其第一大股东（在冠捷董事会占有 2 席）。在香港上市的冠捷集团是当时全球排名第二的监视器制造商，同时是排名第一的监视器 OEM 制造商，占全球监视器市场的份额 35% 以上，2005 年，液晶平板监视器销量达 2200 万台。收购冠捷股份解决了京东方 5 代线产品三分之一的市场问题。

在 2007 年之后，京东方依靠自身能力开始了一系列的扩张。2008 年 3 月，成都 G4.5 开工建设；2009 年 4 月，合肥 G6 开工建设并于次年 9 月点亮；2009 年 10 月，北京 G8.5 开工建设，于次年 6 月点亮；2011 年 8 月，鄂尔多斯的 G5.5 开工建设，于 2013 年 11 月点亮；2012 年 5 月，合肥 G8.5 开工建设；2013 年 7 月，重庆 G8.5 开工建设。通过这些产线的布局，京东方成为中国唯一一家能够生产全尺寸平板显示器件的企业，跻身全球第五。

2. 深圳市华星光电技术有限公司（以下简称“华星光电”）

华星光电是 2009 年 11 月 16 日，TCL 集团和深超科技投资有限公司宣布联手投资 245 亿元启动国内一条 8.5 代线液晶面板生产线，双方为该项目成立的合资公司深圳市华星光电技术有限公司成立。

TCL 集团是国内知名的彩电企业。由于 CRT 被液晶平板显示的替代，在国内的液晶平板显示产业崛起之前，电视机的核心元器件只能受制于人，依靠进口。尽管每年国台办都会组织电视厂商赴台面板采购，但仍然改变不了被动的地位。所以，TCL 一直想要自己能进入这个行业，掌握电视屏的技术。2006 年 4 月，深圳国资委直属的深超公司与创维、TCL 等四家国产彩电企业成立了聚龙光电，并计划合资建设一条 6 代线。由于各方的资金筹集进度不一，对液晶面板产业投资的方向也不一致，这一计划随着日本夏普抛出所谓的 7.5 代计划而被长时间搁置。聚龙计划失败后，TCL 一直寻求通过从国外企业购买技术进入液晶面板工业的途径，但困难重重，没有成功。2007 年，TCL 与三星签订技术合作协议，在三星的技术支持下（包括由三星提供人员培训和技术指导，支付了技术转让费）建设一个液晶模组厂（4 条生产线）。TCL 的液晶模组厂本来是为三星代工的，但项目的实施却使 TCL 逐渐生成了自主的能力。在这个项目的 4 条生产线中，只有第一条线是由三星协调招标，其他三条线的设备采购则都是由 TCL 自主招标、采购设备并组织建设的（采用的大多是三星供应商的设备）。TCL 负责液晶项目的是贺成明，他原在 LG－飞利浦的南京液晶模组项目工作，于 2008 年接受 TCL 董事长李东升的邀请到 TCL 负责液晶模组项目。TCL 通过这个项目建立了自己的研发团队，并通过实践获得了自主建设液晶模组生产线的能力。TCL 的液晶模组项目于 2009 年 6 月开始二期建设，又建了两条生产线。

2009 年 11 月，贺成明担任华星光电总裁，负责建设华星光电的 G8.5 线，同时这也是国内第二条 8.5 代线。尽管接触液晶模组多年，但华星光电却还没有建液晶面板产线的团队。华星没有京东方那样进行国际收购的机会，同时也不想走合资的道路。8.5 代面板厂投资大，技术难度高，在当时全球仅有数家日、韩企业拥有这一技术。而盖面板厂至少需要八十个关键人才。所以贺成明赴任后的首要任务就是组建团队。他想做自主创新的方式，所以必须拥有一支由华星来主导的技术团队。华星为了组建队伍，开始在业内到处招人，台湾企业、韩国企业和大陆企业的技术人员都在他们的范围内。幸运的是，正好赶上金融危机，以及台湾的奇美重组。郭台铭的富士康集团合并奇美，非常强势，老奇美人不适应，听说深圳的华星光电在招人就愿意过来。到 2010 年 3 月，招到了 70 多人，而在 2009 年一直就只有十几个人。此外，前奇美主管陈立宜也加入华星光电任高级副总裁。以他的技术路线主导，结合 LG 和友达的经验。由于他有研发和销售的经验，但缺乏建厂经验，华星就由从其他渠道请来有建厂经验的工程师相互配合。华星光电还从全国排名前 20 的大学招人，以和华为至少是一样的标准招了一批人，由台湾资深的工程师来带。自该项目 2009 年 11 月启动以来，贺成明和陈立宜牵头，从世界各地招募了 200 多人组成核心技术团队，使项目在短短 17 个月内投产，并拥有 570 多项技术专利。2011 年 8 月，华星光电 8.5 代线投产；2012 年 9 月实现满产，产能已达 140K。华星的 G8.5 的建设周期和爬坡速度都是业内最快的。当年投入运营当年盈利，2012 年 9 月量产达到设计产能。台湾报纸把华星光电称为“获利王”。通过建线所产生的能力支持了华星光电的进一步扩张。2013 年 11 月 16 日，华星光电在深圳启动其第二期 8.5 代面板生产线建设。

京东方和华星光电都通过国际化的战略，自主建线，逐步建立了自身的技术能力。2009 年，中国庞大的消费电子工业还处于受制于人的境地，电视面板的出货量仅占全球面板出货量的 1.67%，到 2012 年，大陆电视面板的出货量占全球的 9.86%。2013 年，大陆电视面板的出货量将达到 16.18%。短短四年间，大陆在电视用面板的出货量比例上增加近十倍。

执笔：张永伟　蔡莹莹

# 附件
# 文献综述

## 一、关于企业国际化的研究

### （一）企业国际化的概念

对于企业的国际化并不存在一个统一的定义，国外学者的研究主要体现在以下几个方面：一是部分学者用国际化来描述一家企业或集团的外向型国际经营活动（Luostarinen，1970、1979；Johanson and Wiedersheim - Paul，1975；Johanson and Vahlne，1977；Pierey，1981；Turnbull，1985），认为国际化是一种在外国市场的投资模式，可以用理性的内部化、所有权和区位优势的经济分析来解释（Williamson，1975；Dunning，1988）。二是部分学者把企业国际化界定为“不断涉及国际经营的过程” （Welch and Luostarinen，1988），认为国际化将持续演进（Melin，1992），企业将随着知识与市场投入的增加而提高在国际市场中的参与度和竞争水平（Joll-anson and vahlne，1977）。三是部分学者以“过程论”为基础，认为国际化不会一成不变（Welch and Luostarinen，1993），企业国际化同时包括内向型的国际化和外向型的国际化。四是部分学者把前面三种观点整合成一种对国际化概念的总体解释，提出企业日益意识到国际交易对其未来的直接和间接影响，并与他国建立并执行交易（Beamish，1990），并认识到国际化既有行为成分，又有经济成分。此后，外国学者对企业国际化概念的研究并未出现大的变革，而是更加专注于企业国际化理论框架的研究。

## （二）企业国际化的理论框架与演变

自20世纪60年代开始，企业国际化问题逐步引起了西方学者的重视，特定优势论和国际产品生命周期理论随之出现。70年代以来，在企业国际化的研究中出现了主要以中小型企业为对象的研究，研究的重点从企业国际化经营的动因转向土生土长的国内中小企业成长为跨国企业的动态发展过程，即“阶段理论”或“过程理论”，以Johanson和Vahlne为代表的学者提出了Uppsala－model模型和I－model模型。同时，部分学者对企业国际化的概念和动因展开研究，例如，Morrow（1988）认为，企业国际化主要是由于技术进步使得原本距离较远并缺乏联系的市场得以进入；McDougall认为，国际化主要是针对具有国际化倾向的新兴企业，或者业务范围具有国际化倾向的企业而言，其从初创期开始就具有国际化的倾向。此后，许多研究主要针对“天生国际化”展开（Knight and Cavusgil，Crick and Jones，McAuley，Madsen and Servais等），如Oviatt和McDougall就将“天生全球化”企业定义为“从成立的初始阶段就使用多个国家的资源以及在多个国家的市场中销售产品并从中获得竞争优势的企业组织”。

20世纪90年代以来，企业国际化出现了快速发展以及阶段跳跃等特点，即企业国际化出现加速迹象。在此情况下，Johanson和Mattson构建了企业国际化的网络模型，强调企业通过企业之间的微观网络以及企业与宏观网络间的互动学习获取创新发展，认为企业国际化实际上是企业与国外网络中的其他企业建立和发展关系网络的过程，即“网络理论”；而Johanson和Vahlne则运用网络理论，对Uppsala－model模型进行了扩展研究，以企业嵌入其中的商务网络为主要变量，分析企业国际化的发展过程。这一理论此后成为企业国际化研究的一个重要方向。此外，资源基础理论和国际化战略选择流派在企业国际化方面同样做出了有益的探索。

### （三）中国学者对企业国际化的研究

针对中国企业国际化的分析框架、发展路径等，王增涛等（2005）在对现有企业国际化理论所涉及变量概括与归纳的基础上，运用战略管理理论，设计了中国制造企业国际化的分析框架。李卓、刘杨、陈永清（2006）尝试建立了一个针对发展中国家跨国公司最优国际化战略选择问题的内生性模型，考察要素禀赋优势、贸易成本、市场容量以及企业自身技术水平等因素对企业国际化战略选择的影响。原磊、邱霞（2009）将中国企业国际化战略的发展历程大致分为四个阶段—准备阶段、探索阶段、加速阶段、提升阶段，并认为其有着明显的演进路径，其基本经验可以总结为24个字：把握机遇、顺势而为；试点发现、政策连续；企业主体、政府引导。

针对中国企业国际化的实践，王宏新、毛中根（2007）将中国企业的出口区位分布与对外直接投资区位分布进行了比较，发现在中国出口聚集的地区同样是对外直接投资聚集的地方，也即出现了企业出口与投资的“区位聚集”现象。赵世磊（2012）分析了中国上市公司国际化经营程度与企业绩效间的关系，探讨了国际化经营程度对企业绩效的影响程度，通过对深沪 A 股 410 个样本企业的分析，尝试构建结构方程模型（SEM）以验证中国企业国际化经营与企业绩效之间的路径关系，估计国际化经营对绩效的影响程度。

针对大企业和国有企业的国际化，罗仲伟（2008）提出，中国企业的国际化道路与经济全球化背景下国际产业变动和生产要素配置方式的变化，以及企业战略的调整密切相关，是大企业成长的必由之路。刘文炳等（2009）运用多指标综合评价方法，从影响中央企业国际竞争力的内外主要因素考虑，建立了包括竞争环境评价、企业资源评价、企业能力评价和企业机制评价等四方面的评价指标体系，并选取 94 家中央企业，对其国际竞争力进行测评。

针对民营和中小企业的国际化，李朝明（2006）通过对 2002～2005 年中国民营企业的实地考察，认为中国民营企业制造业的国际化进程依然遵循渐进的发展规律，间接出口、直接出口和设立国外分公司是中国民营企业海外经营的主要方式。刘德学、范兆斌（2009）以珠海国家高新技术开发区的数据为基础，在天生全球化理论的框架下，对中国中小企业的国际化活动进行了定量分析。纪春礼、李健（2010）以国际化方向和国际化层次两个维度构建的中小企业国际化战略杠杆模型显示，不同的国际化战略将给中小企业的国际化带来不同的发展路径。

钱海燕与杨忠（2008）对 1992 年后关于企业国际化的文献做

了统计与分析，认为研究内容主要涉及以下几个方面：一是指出中国企业特别是大中型企业已经基本具备企业国际化所应该具备的所有权优势，因而应该选择适当的时机走向具有比较优势的区位开展国际经营；二是分析中国企业外向国际化的模式；三是分析中国企业国际化的外部条件；四是提出在中国企业外向国际化管理方面，应更多注意到国际化人才缺乏所带来的约束，以及熟悉国际经营规则、法律环境和文化环境的重要性。

## 二、关于企业全球竞争力的研究

### （一）企业全球竞争力的内涵

企业全球竞争力与国际竞争力、企业核心竞争力等概念相关，但至今尚未形成统一的定义。比较权威的定义有以下两种：一是世界经济论坛（WEF）于 1985 年出版的《关于竞争力的报告》中提出，企业全球竞争力（企业国际竞争力）是企业目前和未来在各自的环境中以比其国内外竞争对手更有吸引力的价格和质量来进行设计、生产并销售货物以及提供服务的能力和机会。世界经济论坛的国别全球竞争力指数最初综合萨克斯的增长与发展指数和波特的商业竞争力指数进行编制。二是 Michael E. Porter（迈克尔·波特）在其《国家的竞争优势》一书中指出，企业国际竞争力是指企业在国际市场上以全球战略的姿态进行竞争的能力。Porter 特别强调企业要以全球战略参与国际竞争，战略是企业竞争制胜的关键。他从产业经济学的角度出发，提出影响企业国际竞争力的因素主要有：企业现有竞争对手因素、供应企业因素、客户企业因素、企业潜在竞争力因素和替代品因素。

### （二）企业全球竞争力的理论基础

从企业外部因素解释企业全球竞争力的代表性理论是比较优势理论和 Porter 的竞争优势理论。比较优势理论认为，一国、一个企业的国际竞争力来源于该国、该企业所具有的比较优势，即现有的资源优势。这一理论在一定程度上解释了一些国家或企业所具有的国际竞争力的来源基础。但现实情况是，并非具有了资源优势就一定具有更强的国际竞争力，也并不是没有资源优势就一定没有国际竞争力。Porter 从管理学角度分别提出了用以解释国家竞争力的"国家竞争优势模型"、用于解释产业竞争力的"钻石模型"、用于解释企业国际竞争力的"价值链"分析方法等理论观点，形成了涵盖国家、产业和企业等国际竞争主体的国际竞争力理论体系。竞争理论侧重于企业外部市场竞争结构分析，认为市场结构对企业竞争优势的建立有着重要作用，并提出低成本、差异化和创新是企业获得竞争优势的三种主要途径，而企业价值链的差异及产业进入与退出壁垒是企业产生竞争优势以及持续存在的主要战略原因，企业的恰当定位是获得竞争优势的基础。波特是产业竞争力的"定位学派"的代表，主要着重在国家和产业层面的分析。

从企业内部因素解释企业全球竞争力的代表性理论有企业资源基础理论和企业核心能力理论。企业资源基础理论由 Birger Wernerfelt 于 1984 年提出，其认为企业是一个资源集合体，每种资源都有多种不同的用途。资源可分为三类：有形资源、无形资源和知识资源。企业资源基础理论认为，三类资源在企业间存在差异，资源优势就会产生企业竞争优势，企业具有的价值性、稀缺性、不可复制性以及以低于价值的价格获取的资源是企业获得持续竞争优势的关键因素，企业国际竞争力就来源于那些特殊的资源。

20 世纪 80 年代开始，“企业能力理论”成为企业战略领域的研究主流。企业能力理论认为，所谓企业的能力是指企业在竞争性的环境中取得潜在竞争优势的能力。每个企业都有自身现有的和潜在的优势与劣势，企业的竞争优势应该建立在获得企业经济收益之上，而这种收益来自企业内部的效率优势。企业只有通过有效的经营才能建立长久持续的优势，并认为企业的专有能力、资产和独特机制是决定企业绩效的基本因素。在全球市场上竞争的获胜者，是那些针对市场变化能够及时作出反应、能够快速和灵活地进行产品创新、拥有有效地协调和重整内外部力量的管理能力的企业。Prahalad 和 Hamel 提出“企业核心能力”概念，认为核心能力是“组织中的积累性学识，特别是关于如何协调不同的生产技能和有机结合多种技术流派的学识”，是企业长期形成的、蕴含于企业内质中的、企业独具的、支撑企业长久发展的竞争优势，并使企业长期在竞争环境中取得主动的核心能力。

20 世纪 80 年代以来，综合了制度理论、交易成本理论、产业生态理论、演化理论，产业集群理论（马歇尔，1910；波特，1994；Carlsson，1995；Nelson，1988）成为企业战略和全球竞争力研究的重要前沿，产业集群成为企业战略的重要依托和出发点，离开集群研究企业就是“只见树木，不见森林”。企业竞争力的重要切入点，超越了企业自身的管理，而是要协调企业根植（embedded）的生态群落达到爆发的临界状态，并将政府政策和企业战略的目标从防止市场失效延伸到避免社会网络失效和制度失效。

20世纪90年代中期以来，大行其道的企业商业模式（Chesbrough，2006，2010；Teece，2010；魏炜、朱武祥，2009，2010，2012）的理论远未成形，但是，将企业核心竞争力的理论大大扩展了。如果说企业核心竞争力理论是试图提纲挈领地抽取企业的特异性的竞争力来源的话，商业模式理论试图把企业作为一个有生命的有机体完整地加以描述。商业模式在研究企业竞争力方面超越了技术、制度、市场区域、分析对象的层次和边界，在把握企业竞争力的真正根源和描述“大象无形”的跨国企业方面，具有独特的诠释力。

互联网一方面为中小企业一步登天、无孔不入地面向全球提供了完美的平台，为中小企业天生国际化提供了完美的注脚，另一方面为大数据时代揭开了帷幕（如 Mayer - Schonberger 与 Cukie，2013；大前研一，2006），数据成为战略性资源，数据获取和处理能力成为核心竞争力，企业开始走向云端。

### （三）中国学者对企业全球竞争力的研究

狄昂照等（1992）所著《国际竞争力》是国内研究国际竞争力的第一本专著。之后，国内掀起了竞争力研究热，出现了一批有代表性的成果。以金碚为首的中国社会科学院工业经济研究所自20世纪90年代中后期开始，对工业等产业竞争力及企业竞争力进行了较为系统、全面的研究，相继发表了一系列学术专著和文章。国家体改委体制改革研究院等联合研究组自1996年起，连续每年发布《中国国际竞争力发展报告》，引起了较大的社会反响。

近年来，国内学者对企业竞争力、国际竞争力、企业国际竞争力、产业国际竞争力、产业集群、商业模式、企业核心竞争力等概念与构成要素等进行了相对深入的研究。《中国出口产业国际竞争力研究报告2012》（对外经济贸易大学国际经济研究院，2012）、《中国纺织工业国际竞争力结构提升研究》（彭宇，2011）、《中国农产品国际竞争力研究：基于中美比较视角》（王永德，2009）、《中国建筑业企业：国际竞争力·柔性策略与案例分析》（申立银，赵振宇，2009）、《中国服务贸易国际竞争力研究》（万红先，2008）、《中国钢铁工业国际竞争力研究》（谭英平，2007）、《中国装备制造业国际竞争力研究》（刘平，2006）对中国不同产业的国际竞争力做了系统的研究。

同时，国内学者还在企业国际竞争力的评价方法与体系构建、国有企业国际竞争力培育、中国工业行业和企业的国际竞争力、中国大企业的国际竞争力现状与提升、中国企业500强与世界企业500强对比分析（中国企业联合会）等方面进行了研究。《创新与企业国际竞争力》（程惠芳、潘信路，2010）是国内第一部系统研究创新投入产出与企业国际竞争力的著作，对中国大中型工业企业创新投入产出能力和创新能力指数进行比较分析，从创新投入、创新产出和创新支撑体系三个方面构建基于创新的企业国际竞争力评价体系，并对不同类型的企业创新和国际竞争力的变化进行实证分析，还研究了国家创新体系对企业国际竞争力的影响程度。《中央企业国际竞争力研究：并购重组的视角》（刘文炳，2011）从论述并购重组与中央企业国际竞争力的关系出发，揭示了并购重组提升国际竞争力的机理，构建了中央企业国际竞争力的评价指标体系，同时，将中央企业与世界500强企业典型并购重组案例进行比较，并通过实证分析，提出了政策建议。

## 三、国务院发展研究中心对企业国际化和跨国公司培育的研究

国务院发展研究中心的研究人员多年来对企业国际化问题一直保持了关注。鲁志强（2000）提出了对外投资起步阶段的政策重点，建立新型政企关系，培育具有强大竞争力的企业，制定战略规划，加快调整管理体制和政策走向。2002年，大企业“走出去”课题组对大企业集团的国际化进行了专门研究，其中，张琦的《改进国有资产管理方式为大企业“走出去”创造条件》认为，行政审批难以有效防范国有企业国际经营的风险，提出要完善投资主体的公司治理结构，形成对投资主体的外部监督和约束机制。2005年，赵晋平《2006年利用外资形势展望》文章分析了中国企业国际化的若干重要问题。2011年，张丽平提出了加大中小企业国际化的支持力度和政策体系。2012年，外经部承担的重点课题《中国对外投资与中国跨国公司研究》，对中国跨国公司发展的现状、国际环境、面临的突出问题、发展的政策体制进行比较全面的研究。同年，外经部“中国和平发展的国际经贸环境与总体战略”课题组许宏强专门撰文论述《中国对外投资的外部环境》。来有为在《中

国钢铁企业“走出去”的途径与政策建议》指出，坚定不移地实施“走出去”战略，积极开展国际合作和国际化经营是进一步提升中国钢铁企业国际竞争力、形成全球配置资源的能力，实现中国钢铁企业由大变强的重要途径。张承惠提出，在未来20年的时间内，民企生存环境都将面临巨大的变化，政府应在助力民企“走出去”方面发挥更多作用。2013年，隆国强在《人民日报》等媒体发表的《中国企业“走出去”仍处于战略机遇期》《抓住海外并购的战略机遇》等文章指出，在劳动密集型产业逐渐丧失竞争力的背景下，中国企业面临的是“升级版”的战略机遇，虽然，全球性的经济增长低迷在一段时期内仍将持续，但是，中国企业“走出去”迎来了新兴经济体国家“工业化”“城镇化”需要大量设备与投资的机遇期。

企业研究所对中国企业的国际化进行了多年的跟踪研究，不少调查研究报告从不同的视角阐述了中国企业走出去的特点、模式、风险、障碍等并提出了相应的政策建议。主要包括：《中国企业国际化基本特点的初步研究》（肖庆文、马骏，2005年12月）、《利用战略联盟克服跨国并购障碍》（肖庆文、马淑萍、周燕，2009年12月）、《中国企业在非洲的社会责任状况：现状与建议》（陈小洪、贾涛、周燕，2009年12月）、《中国企业海外投资并购的商业模式：几种类型和初步讨论》（陈小洪、王继承，2010年7月）、《中国企业“走出去”正面临各种越来越多的争议：怎么看？怎么办?》（赵昌文、张政军、肖庆文、贾涛，2011年11月）、《中国企业在匈牙利、乌克兰投资情况考察报告》（中心代表团，2013）。2006年，企业所对联想、TCL、海尔等近百家“走出去”的企业开展了调研，并出版《中国企业国际化战略》，对中国企业国际化战略的总体特征、基本模式、不同主导产业以及企业的特点、政策分析以及其他国别的经验借鉴进行了全面深入的研究。近年来，每年都在年度《中国企业发展报告》中利用专门章节论述中国企业“走出去”有关问题，如 2012 年讨论了境外直接投资返程、中国企业国际化在海外遭受争议、央企能否成为跨国公司等问题；2013 年讨论了金融危机后中国对外投资的特点、37 家中国企业对外投资情况调研、中国企业的跨国并购等。

执笔：孙飞　李志能